L'évolution actuelle du Cameroun

Points de vue
Collection dirigée par Denis Pryen

Dernières parutions

Johnny Vianney BISSAKONOU, *L'autre version de la crise centrafricaine*, 2015.
Léonard MESSI, *Les sept péchés capitaux du régime de Biya*, 2015.
Karfa Sira DIALLO, *Sénégal-France, Mémoires d'Alternances inquiètes*, 2015
Moussa SANON, *Blaise Compaoré ou la fin non-glorieuse de « Monsieur Bons offices »*, 2015
Jacques SOM, *Non, l'Afrique Noire n'est pas maudite !*, 2015.
Mohamed AMARA, *Le Mali rêvé*, 2015.
Jérôme KABLAN BROU, *L'autre Côte d'Ivoire ou l'alter-émergence. Élections présidentielles 2015*, 2015.
Roger KAFFO FOUKOU, *Éduquer pour une mondialisation humaniste*, 2015.
Albert MOUTOUDOU, *L'hypothèse panafricaniste*, 2015.
Martin KUENGIENDA, *L'Afrique est-elle démocratisable ?, Constitution, sécurité et bonne gouvernance*, 2015.
SHANDA TONME, *Conflits d'éthiques et crises des relations internationales*, 2015.
Jules DJOSSOU, *Chroniques politiques béninoises. Autopsie d'une démocratie en berne*, 2014.
Jean-Bosco Germain ESAMBU MATENDA, *Conflits identitaires et enjeux économiques internationaux dans la région des Grands Lacs*, 2014.
Serge TCHAHA et Christophe DEGAULE, *Le lion's spirit*, 2014.
SHANDA TONME, *La presse en accusation. Soupçons sur un pouvoir au-dessus de tous les pouvoirs*, 2014.
Armand SALOUO, *Vaincre la corruption en Afrique, la solution patrimoniale*, 2014.
Jonas SILIADIN, *Togo, démocratie impossible ?*, 2014.
Daniel NKOUTA, *La question nationale au Congo-Brazzaville*, 2014.
Georges MAVOUBA-SOKATE, *La construction d'une conscience nationale au Congo par les musiciens*, 2014.
Martine et Jean-Pierre VERNIER – Élisabeth Zucker-Rouvillois, *Être étranger en terre d'accueil*, 2013.
Grégoire LEFOUOBA, *Curriculum vitae du Congo, Rive Droite*, 2013.
Bastaine Yannick MOUBAMBA, *Mythe de l'eldorado et psychopathologie*, 2013.
Jérôme GUIHO, *Mahamadou Danda, un Nigérien libre*, 2013.
Henri PEMOT, *Mali. Lettre ouverte au président*, 2013.

Joseph WOUAKO TCHALEU

L'évolution actuelle du Cameroun

Du même auteur

Nouvelle répression, Une critique marcusienne du totalitarisme à visage libéral, coll. « Pensée africaine », Éditions L'Harmattan, 2012

François Hollande et la Françafrique, Le défi de la rupture, coll. « Pensée africaine », Éditions L'Harmattan, 2012

L'agression libyenne, La démocratie de guerre, coll. « Défense, stratégie et relations internationales », Éditions L'Harmattan, 2014

Augustin Frédéric Kodock, L'homme politique camerounais (1933-2011), coll. « Études africaines – série politique », Éditions L'Harmattan, 2015

Le racisme colonial, Analyse de la destructivité humaine, coll. « Études africaines », Éditions L'Harmattan, 2015

© L'Harmattan, 2015
5-7, rue de l'Ecole-Polytechnique, 75005 Paris

http://www.harmattan.fr
diffusion.harmattan@wanadoo.fr

ISBN : 978-2-343-07160-2
EAN : 9782343071602

Avant-propos

Le texte qu'on va lire est un recueil d'articles et de communications que j'ai publiés dans l'organe d'information et d'animation du Parti historique, l'Union des populations du Cameroun (UPC) et présentés lors de différents séminaires et conférences, au cours des années 1990-2000. Tous ces textes se ramènent en dernière analyse à une racine unique : L'évolution de la politique camerounaise vers le retour au Parti unique.

Fallait-il le rappeler, la Constitution du Cameroun du 18 janvier 1996 fut le résultat d'âpres négociations menées par l'UPC et le RDPC dans le cadre de l'Alliance RDPC-UPC du 28 septembre 1992. En effet, cette Constitution consacrait la fin des lois d'exception, la démocratie, la limitation des mandats présidentiels, la décentralisation, etc. Or, en modifiant cette Constitution de façon dictatoriale pour y faire sauter le verrou de la limitation des mandats présidentiels, l'Etat-RDPC consacrait la logique du pouvoir éternel, plongeant alors le Cameroun dans un avenir incertain.

Tout se passait comme si le théâtre politique n'était rien d'autre qu'une arène où s'exerçaient les forces de vulgaires comploteurs qui entendaient contrôler des pans entiers de l'Etat, dans les domaines de l'investissement, du commerce et des négociations avec l'étranger. Pour cela, ils organisaient et entretenaient les intrigues, la délation, la haine, etc. Ils avaient une vision sectaire et rétrograde de la société. Leurs cibles privilégiées, c'était les cadres reconnus pour leurs compétences aux plans national et international, et qui avaient toujours mis tout leur génie au service du pays.

Tandis qu'ailleurs la démocratie et les droits de l'homme engendraient le progrès lié à la division du travail social, ici, par contre, le triomphe de l'esprit mythique restait sous-tendu par le culte de la personnalité voué à un homme et par l'idéologie surannée du pouvoir éternel référant à la domination d'un personnage exceptionnel et emblématique : Guide, Père de la nation, Héros, Apôtre ou Dieu.

Dès lors, la pensée critique, en tant qu'elle mettait en cause la réalité de la domination autocratique dans notre société, était vouée aux gémonies. Elle était mise sur la sellette et frappée d'ostracisme. Toute attitude de fierté hautaine animée par l'esprit critique ainsi que l'ambition de ne relever que de soi-même, s'avéraient provocateurs et suscitaient la suspicion. D'année en année, des médiocres, auxquels succédaient d'autres médiocres, gagnaient en considération

Or, il n'y avait rien de plus dangereux, pour un pays quel qu'il fût, qu'une élite intellectuelle bornée et sans idéal.

Une élite à l'esprit médiocre, facilement corruptible, portée aux intrigues au moment où elle devait éclairer son peuple, faisait faillite. Il y avait donc lieu de relever ici la faillite honteuse de l'élite intellectuelle au Cameroun.

Qui plus est, dans la société camerounaise, le nivellement des valeurs par le bas avait suscité le développement d'habitudes et de comportements dictés par référence à des valeurs archaïques.

Ce fut ainsi qu'on se livrait à la destruction des hommes qu'on avait formés pendant des dizaines d'années. Il s'agissait là des tares qui avaient amené les Camerounais à détruire eux-mêmes ce qui représentait leurs instruments précieux dans la lutte pour l'existence.

Ce fut ainsi encore que la systématisation du sectarisme dans certains domaines, la montée de la méchanceté dans les rapports entre les cadres eux-mêmes et la vision sectaire, rétrograde, de la société, avaient empêché la mobilisation des compétences nationales.

A cet égard, une question de fond se posait : Les lois existantes apportaient-elles une solution aux problèmes brûlants que soulevait l'immobilisme qui caractérisait les institutions héritées de la période coloniale? Et quelle solution ?

Dans ce contexte particulièrement délétère, la problématique du progrès au Cameroun s'énonçait de la manière suivante : L'accès du peuple camerounais à la liberté, dans la mesure où les contraintes majeures imposées par la rigidité du régime en place, pouvaient entraver son accès à la liberté.

Yaoundé, le 21 mai 2015

Joseph Wouako Tchaleu

INTRODUCTION

Les années 1990 avaient consacré le retour du multipartisme au Cameroun, caractérisé notamment par des élections pluralistes. Les échéances électorales de 1992 s'ouvraient par les élections législatives. Ces législatives allaient marquer un moment décisif dans l'histoire de la politique camerounaise. Tant les adeptes de la politicaillerie et du boycott semblaient avoir compris la nécessité de faire entendre leurs voix au rendez-vous de l'édification démocratique.

Seulement, ce qui subsistait comme un point d'ombre dans ce contexte pré-électoral, c'était que la division du travail entre les deux structures chargées d'organiser les élections laissait encore la part belle à l'Administration Territoriale, en ce qui concernait l'organisation matérielle des élections. Au point où l'on se demandait de quels moyens de pression disposait l'Observatoire national des élections (ONEL) pour garantir la régularité des opérations électorales.

Donc, les autorités administratives avaient encore un important rôle à jouer dans ce contexte. Il suivait que l'ONEL allait s'occuper du côté jardin, c'est-à-dire du côté de la surveillance et du contrôle de surface, tandis que l'A.T. allait s'occuper du côté cour, c'est-à-dire du côté du travail effectif et de fond sur le terrain. Donc, la possibilité de l'organisation d'élections libres et transparentes au Cameroun, organisation dans laquelle l'Administration Territoriale jouerait un rôle prépondérant, demeurait irréelle.

Après l'élection présidentielle de 2004, des courants divers, centrifuges et centripètes, firent leur apparition dans le théâtre politique. Leur objectif était de torpiller le septennat des « Grandes ambitions » par de sordides manœuvres de positionnement. Tout se passait comme si le théâtre politique n'était rien d'autre qu'une arène où s'exerçaient les forces de vulgaires comploteurs qui entendaient contrôler des pans entiers de l'Etat dans les domaines de l'investissement, du commerce et des négociations avec l'étranger. Pour cela, ils organisaient et entretiennent les intrigues, la délation, la haine, etc. Ils avaient une vision sectaire et rétrograde de la société. Leurs cibles privilégiées, c'était les cadres reconnus pour leurs compétences aux plans national et international et qui avaient toujours mis tout leur génie au service du pays.

Dans cette atmosphère particulièrement délétère qui jetait une ombre inquiétante sur l'avenir du Cameroun, les élites de la province du Sud assumant pour la plupart de hautes fonctions au sein de l'appareil d'Etat, s'étaient données la main pour se retrouver ensemble dans leur province d'origine, en vue d'y sacrifier à un rituel ancré dans la politique camerounaise : La célébration, dans une ambiance folklorique, et, ce, aux côtés des « frères du village», de la haute confiance placée en eux par le chef de l'Etat, autant que leur déférente allégeance à la magnanimité de celui-ci.

Au sortir de cette célébration, ces élites avaient affirmé que la limitation des mandats présidentiels au Cameroun était un procédé anti-démocratique. Elles avaient ainsi jeté un énorme pavé dans la mare, augurant alors des lendemains incertains en matière d'alternance politique au Cameroun. Ainsi subsistait la logique funeste de dirigeants régnant sans partage sur leur peuple depuis des décennies et qui entendaient perpétrer cette tradition de l'autoritarisme napoléonien, en se cramponnant au pouvoir.

La situation générale du pays était donc caractérisée par le mensonge comme moyen de gouvernement, par la corruption des populations et particulièrement la jeunesse, enfin, par la tricherie et la tromperie.

Faut-il le rappeler, la Constitution du Cameroun du 18 janvier 1996 fut le résultat d'âpres négociations menées par l'UPC et le RDPC dans le cadre de l'Alliance RDPC-UPC du 28 septembre 1992. En effet, cette Constitution consacrait la fin des lois d'exception, la démocratie, la limitation des mandats présidentiels, la décentralisation, etc.

A cet effet, le Parti historique avait le devoir de prêcher par l'exemple en prônant le respect des lois du pays. L'UPC devait ainsi défendre le Cameroun contre vents et marées et mettre à nu les imposteurs dont les racines étaient ailleurs et dont l'ambition était d'asservir le Cameroun.

Qui plus est, dans la société camerounaise, le nivellement des valeurs par le bas avait suscité le développement d'habitudes et de comportements dictés par référence à des valeurs archaïques. Ce fut ainsi qu'on se livrait à la destruction des hommes qu'on avait formés pendant des dizaines d'années. Il s'agissait là des tares qui avaient amené les Camerounais à détruire eux-mêmes ce qui représentait leurs instruments précieux dans la lutte pour l'existence.

Ce fut ainsi encore que la systématisation du sectarisme dans certains domaines, la montée de la méchanceté dans les rapports entre les cadres eux-mêmes et la vision sectaire, rétrograde, de la société, avaient empêché la mobilisation des compétences nationales.

Le fonctionnement de cette société mettait en saillie la corruption tous azimuts et la généralisation de la fraude, notamment au cours des opérations électorales.

A cet égard, une question de fond se posait : Les lois existantes apportaient-elles une solution aux problèmes brûlants que soulevait l'immobilisme qui caractérisait les institutions héritées de la période coloniale? Et quelle solution?

Au point de départ, le nœud de la question de la fraude électorale apparaissait au niveau de la distinction qu'il convenait d'établir entre la majorité politique du pays, appréciable par rapport au corps électoral, en général, et la majorité juridique, appréciable par rapport aux participants à la votation populaire. Posée de cette façon, cette question emportait le constat suivant : L'absence d'une majorité politique en faveur des lois existantes, malgré une majorité juridique qui trompait parfois les caciques rétrogrades du monolithisme, rendait improbable toute solution réelle aux grands problèmes qui se posaient à la nation camerounaise.

Il existait une typologie de la fraude électorale, dont la mise en relief des éléments angulaires permettait d'établir qu'au Cameroun, et cela depuis la restauration du multipartisme, les consultations électorales qui s'étaient déroulées avaient été entachées de graves irrégularités qui avaient faussé la transparence des scrutins.

Les partis politiques de l'opposition, qui concouraient à l'expression du suffrage universel, se mobilisaient en vue d'affronter les élections. Les cadres de ces formations politiques parcouraient les provinces du pays, afin de pouvoir faire sortir des listes honorables là où c'était possible.

Seulement, ces cadres rencontraient, à cet effet, une résistance organisée au niveau des autorités préfectorales, dont l'omniprésence dans le processus électoral constituait le signe avant-coureur de la confrontation qui se dessinait à l'horizon. Donc, les élections que ces formations politiques préparaient ne se dérouleraient pas où on le croyait, c'est-à-dire dans les urnes, mais, que c'était sur le plan administratif que se jouerait, en fin de compte, le résultat.

Le fait que l'administration manipulait les procès-verbaux, d'une part, et, le fait de la coalition d'un parti politique avec l'administration, d'autre part, démontraient que le Cameroun ne pouvait pas atteindre la démocratie par la voie du système électoral en vigueur. Qui plus est, la collusion du Parti-Etat avec l'administration était ici la clé de voûte de ces manœuvres destinées à fausser la transparence sur le terrain.

Ce qu'on avait constaté, en effet, au cours des campagnes électorales, c'était la mobilisation du Parti-Etat, pour mettre ses rouages en branle, d'un côté, et, l'agitation fébrile de l'administration pour canaliser et orienter l'opinion publique, de l'autre.

Le zèle de certaines autorités administratives, d'une part, l'utilisation ouverte de la corruption comme moyen électoral, ajoutés aux intimidations, d'autre part, avaient marqué l'ensemble des campagnes électorales. On avait donc constaté que la corruption imposée aux populations comme une méthode électorale avait utilisé l'état de besoin dans lequel se trouvait plongée une grande partie de la population, au point où on déduisait que l'on appauvrissait les gens pour être en mesure de les acheter.

Qui plus est, on abrutissait l'opinion publique en transformant les médias d'Etat en de vulgaires instruments de propagande du Parti-Etat.

De même, à la faveur de la libéralisation de la communication sociale au Cameroun au début de la décennie 90, le paysage médiatique national avait connu une transformation fulgurante au niveau de la presse : En un temps record, des dizaines de titres avaient fait leur apparition aux côtés de la vieille garde constituée par quatre ou cinq journaux. Seulement, cette transformation radicale avait débouché sur une sorte d'alchimie de l'information dans la presse, pour autant que celle-ci restât prisonnière de la personnalisation de la politique, du sensationnalisme et de la manipulation.

Les machinations électorales avaient marqué les opérations et il était, dès le départ, impossible de renverser une machine qui avait été conditionnée pour les malversations. Cela avait abouti aux résultats programmés que tous les Camerounais connaissaient.

Quant à la mise en œuvre de la politique économique de l'Etat, Il convient de rappeler à tous les Camerounais, et, surtout, à nos jeunes que pendant plus de 20 ans après l'indépendance, l'économie nationale reposait principalement sur le cacao et le café. Nous voulons attirer l'attention sur le fait que le cacao s'étendait sur cinq provinces (aujourd'hui appelées régions) et le café sur deux provinces. Cela veut dire que la production des richesses nationales reposait sur ces deux produits essentiels qui s'étendaient sur sept provinces sur dix.

Après la déréglementation des conventions sur les produits de base imposée par les Etats-Unis d'Amérique, sous la présidence de Ronald Reagan, les secteurs cacaoyer et caféier se sont effondrés.

Le gouvernement n'arrivait plus à subventionner les nombreuses sociétés d'Etat et d'économie mixte qu'il avait créées dans le passé comme le fleuron de l'économie nationale. Il s'en est suivi la sinistrose générale au niveau des recettes fiscales intérieures et au niveau des recettes d'exportation. La source des richesses de plus de 2/3 de nos populations s'était donc tarie, plongeant le pays dans un processus d'appauvrissement continu. Ce fut cette situation qui obligea le Cameroun à recourir au Fonds monétaire international (FMI) pour un Programme d'ajustement structurel (PAS).

L'Etat avait été obligé de libéraliser les filières cacao et cafés, conformément aux accords d'ajustement structurel passés avec les bailleurs de fonds.

Parmi les conditionnalités imposées figurait en bonne place la fermeture des sociétés d'Etat et d'économie mixte.

Or, la récession de l'économie camerounaise avait eu des conséquences terribles sur le pouvoir d'achat des ménages. Ce fut ainsi que la loi des finances s'était révélée à l'opinion publique comme une pilule amère. Car, elle avait consacré le relèvement des impôts et des taxes, avec comme objectif affirmé : L'atteinte du point d'achèvement de l'Initiative PPTE. Dans une société où les entreprises et les ménages se sentaient englués dans un carcan infernal.

Pour sortir le Cameroun du marasme économique couplé au délabrement du tissu social, les bailleurs de fonds (FMI et Banque mondiale) avaient imposé un remède de cheval. Celui-ci obligeait le Cameroun à rétablir l'équilibre des comptes intérieurs et extérieurs, et à se plier au diktat de ceux qui lui fournissaient les ressources à cet effet. Les bailleurs de fonds avaient posé sur le tapis le problème de l'atteinte par le Cameroun du point d'achèvement de l'Initiative pays pauvres très endettés (PPTE). L'échéance y afférente avait d'abord été fixée en 2004 avant d'être repoussée en 2006.

Cette Initiative, aux dires de ses concepteurs, allait permettre au Cameroun de bénéficier d'une remise substantielle de sa dette extérieure. Trop facile !

A bien y regarder, c'était la politique imposée au Cameroun dans la foulée de l'ajustement structurel et les soupçons entretenus contre le Cameroun par les institutions multilatérales et bilatérales qui constituaient la clé du marasme dans lequel le Cameroun était plongé jusqu'alors.

Au début de la décennie 90, Augustin Frédéric Kodock, Secrétaire Général de l'UPC et ministre d'Etat chargé du Plan et de l'Aménagement du Territoire, alors en mission à Washington, avait réclamé le reclassement du Cameroun parmi les pays les moins avancés, afin qu'il pût bénéficier des facilités de crédits du système IDA (Association internationale de développement) mis en place par les bailleurs de fonds. En réalité, Kodock avait fait une analyse raisonnée de la situation de crise économique drastique dans laquelle le Cameroun était plongé à cette époque. Sans fards ni œillères.

Ce faisant, il avait constaté qu'en vue de juguler cette crise économique, les bailleurs de fonds (FMI et Banque mondiale) avaient imposé des mesures draconiennes. Dès lors, les effets conjugués de l'effondrement des cours du cacao et du café, à la suite de la déréglementation des accords sur les produits de base et de la dévaluation du franc CFA, plongeaient ipso facto le Cameroun dans la spirale de la misère et du marasme.

Il va sans dire qu'au-delà de l'atteinte du point d'achèvement, des perspectives colossales s'ouvraient au Cameroun, pour planifier, programmer et organiser l'aménagement du territoire national, en créant par-là de nombreux emplois décents en faveur de la jeunesse camerounaise. Collaborer à cette tâche, transformer les objectifs de développement en réalité concrète, le point d'achèvement une fois atteint, le Cameroun pourrait faire son entrée dans le concert des nations modernes.

Or, les résultats de la première enquête nationale sur l'emploi et le secteur informel avaient été officiellement présentés à Yaoundé. Réalisée par l'Institut national de la statistique avec la participation du Fonds national de l'emploi, la première phase de cette enquête portant sur l'emploi laissait clairement apparaître l'implacable vérité : Le chômage était endémique au Cameroun et menaçait l'ensemble de la jeunesse.

Bien plus, le libéralisme pur et dur imposé au Cameroun dans la foulée du Programme d'ajustement structurel, entraînait le retrait de l'Etat du secteur productif, pour se consacrer à ses fonctions dites régaliennes, notamment : La santé, l'éducation et la sécurité.

Seulement, la thérapie de cheval imposée au Cameroun dans la foulée du PAS s'était révélée être une incroyable erreur. Cette thérapie avait exposé le pays à une dangereuse évolution vers une crise sociale sans précédent. Car, en jetant des milliers de familles dans la rue en l'absence de mesures compensatoires, l'Etat avait forgé les armes de sa propre désintégration.

A ce moment, le chômage était devenu endémique, parce que l'Etat avait choisi comme politique économique, « attendre et voir », en espérant que les capitaux envoyés on ne savait par qui viendraient s'investir dans le pays.

La facilité pour gagner de l'argent par tous les moyens était devenue la pratique courante qui tenait lieu de gestion économique. Nous vivions le règne des faussaires et des contrebandiers de toute nature, qui exerçaient des commerces et des transactions licites et illicites.

L'Etat semblait démissionner envers les trafiquants internationaux. D'où la prépondérance des jeux de hasard dans la nouvelle donne économique. Au lieu de lancer des travaux d'assainissement dans les grandes villes et de construction dans les quartiers populeux, afin de fixer une partie de la jeunesse, on s'était lancé dans une fuite en avant vers l'organisation des forums pour distribuer des promesses, au lieu d'affronter les réalités. On multipliait les colloques, les symposiums, les tables-rondes, les séminaires-ateliers, comme si on pouvait régler les problèmes concrets par les bavardages et les discours.

Sur le plan économique, l'Etat avait sombré dans la polysynodie.

Au Cameroun, le peuple avait accompli un progrès considérable dans le sens de la résignation. Cette fatale attitude qui consistait à subir les événements au lieu d'anticiper sur eux. Car, après l'atteinte du point d'achèvement par le Cameroun, force était de constater que le gouvernement s'était trouvé les mains vides. Car, comment expliquer le fait que le gouvernement se soit lancé dans la polysynodie au sortir d'une échéance aussi capitale pour l'avenir du Cameroun ? Tout se passait comme si le point d'achèvement se révélait être un serpent de mer dont on appréhendait furtivement la silhouette mais dont on ne pouvait identifier ni la tête ni la queue.

Cette absence de vision prospective et stratégique du développement, qui mettait d'office l'Etat en accusation devant l'opinion publique, n'était que la manifestation la plus évidente de l'immobilisme qui caractérisait les institutions héritées de la période coloniale.

De la même façon, tous ceux qui faisaient le bruit autour du point d'achèvement et qui s'étaient plus ou moins liés aux fortunes accumulées par le négoce frauduleux ne pouvaient pas provoquer un changement dans le pays, parce qu'ils tenaient à protéger leurs biens et non l'avenir du pays.

Les ressorts de l'unité nationale, tant soutenus et défendus par le Parti historique, étaient constamment sujets à la persistance du rêve fasciste, celui précisément au travers duquel la bataille pour le pouvoir libérait des rancœurs, des sentiments de frustration à visage tribal ou régionaliste. Or, pour l'UPC, la démocratie ne saurait s'accommoder d'une identification des partis politiques à des réseaux mafieux, des clans, des tribus ou des régions. Toutes choses contraires à l'essence même de la démocratie.

Au cours des années 2000, des négociations laborieuses eurent lieu entre l'UPC et le Rassemblement démocratique du peuple camerounais (RDPC) à l'issue desquelles les deux partis signèrent, le 15 septembre 2004 à Yaoundé, une « Déclaration commune additive à l'Alliance entre le RDPC et l'UPC ». Déclaration par laquelle les deux partis convenaient de poursuivre, dans un esprit de respect mutuel renforcé, la mise en œuvre des engagements pris dans le cadre de l'Alliance conclue le 28 septembre 1992 à Yaoundé.

Cet acte confirmait l'option de l'UPC qui était de construire dans la paix, la solidarité des cœurs et des esprits, la concorde fraternelle, la réconciliation et dans le respect des lois et des institutions, la nation camerounaise qu'elle avait bâtie par sa sueur et par son sang.

L'UPC avait donc composé avec la force politique qui détenait le pouvoir et qui s'était organisée pour le conserver face à une opposition dont l'unité et le projet de société n'étaient pas encore connus. En effet, l'UPC ne pouvait pas rester en dehors des tentatives de regrouper l'opposition. Certains grands partis de l'opposition, hélas, ne cherchaient qu'à isoler l'UPC.

La coordination de l'opposition avait échoué parce que ces partis cherchaient à affaiblir l'UPC. Malgré les vociférations des populistes anarchistes et sectaires, le seul vrai parti de l'opposition restait l'UPC. Il convenait, dès lors, de reconnaître qu'un parti historique ne pouvait être ni intimidé, ni à la traîne sous quelque prétexte que ce fût. Les manipulations dans les journaux à la solde d'intérêts occultes ne trompaient que les gens non avertis.

Dans ces conditions, la stratégie qu'il convenait d'adopter était fonction du but poursuivi par le Parti alors que la tactique restait dictée par les circonstances et les entêtements des partis s'acharnant contre l'UPC. Le souci de l'UPC consistait à éviter que le régime ne réussisse à adopter efficacement la stratégie de la manipulation des groupes ethniques et des partis d'opposition par l'intéressement.

Le régime avait exacerbé leurs contradictions dictées par les ambitions personnelles et avait permis de dévoiler les perspectives hégémoniques d'une certaine opposition. L'UPC entendait contrarier toute perspective de remettre aux affaires les seuls hommes bien connus du régime et qui lui étaient inconditionnellement fidèles, sans volonté de changement.

La débandade de l'opposition occasionnée par cette stratégie avait été la première cause de l'échec de l'opposition et l'une des explications de la victoire de la majorité présidentielle. En cherchant à discréditer l'UPC, certains partis avaient, encore une fois, cassé l'opposition.

Son devoir étant d'assurer son existence sur la scène politique nationale, l'UPC devait s'organiser en conséquence pour éviter d'être noyée par des ambitieux sans scrupules, sans honneur pour défendre un grand idéal : l'indépendance et la liberté du Cameroun.

Ceux qui avaient été d'accord avec le Parti historique sur la plate-forme adoptée, avaient fait la route avec lui.

L'UPC avait respecté ses engagements tandis que le Parti au pouvoir s'était montré ingrat, surtout pour ce qui concernait non seulement la juste représentation des partis signataires de l'Alliance au sein des institutions de la République et dans les administrations publiques, mais, aussi, la création d'un Fonds national de réconciliation en faveur des familles des héros nationaux.

Le Parti au pouvoir n'avait pas voulu des alliés pour gérer le pouvoir. Il voulait des gens à sa disposition, c'est-à-dire un certain nombre de personnes pour continuer sa politique, peu importait les partis de ces personnes. Cela, l'UPC l'avait vécu. On donnait l'impression au RDPC qu'il fallait absolument garder le pouvoir. Les upécistes n'avaient pas l'impression que le Parti au pouvoir acceptait de s'engager dans une politique précise pour, ensuite, en dresser le bilan.

Lorsque l'UPC avait accepté d'entrer dans le gouvernement, elle avait négocié une plate-forme préalable. C'était a priori, pas a posteriori. Et, cette plate-forme insistait sur l'instauration d'une véritable démocratie au Cameroun. L'UPC avait énoncé les organes qui devaient gérer cette démocratie. Par exemple, l'UPC souhaitait sortir du carcan du monopartisme en aboutissant à un partage réel du pouvoir.

La liberté que l'UPC avait cherchée et qui lui avait coûté trop cher, devait permettre aux Camerounais d'être et de devenir des hommes responsables.

Si le peuple avait appris à connaître la réalité, il réagirait et agirait à bon escient et personne ne pourrait se targuer de le tromper tout le temps. Un homme politique qui excellait dans les intrigues, la machination, le double jeu, croyait que la politique était réduite à de sordides machinations.

Pour bâtir un pays solidaire, il fallait une politique ouverte et connue avec les moyens de cette politique. On ne pouvait pas conduire un peuple dans le brouillard. Il fallait l'aider à découvrir lui-même son chemin.

Collaborer à cette tâche, telle était l'ambition de l'UPC. Le Parti historique entendait alors contribuer au développement du Cameroun. Pour l'UPC, si le pays était riche, le citoyen ne devait pas être pauvre. Il s'agissait de maintenir cette philosophie dans l'action et de la faire triompher, afin de donner une base solide au Cameroun.

L'objectif pour l'UPC consistait à faire partager aux cadres et militants autant qu'à tous les citoyens camerounais, qu'un parti politique n'était pas une formation pour entretenir l'agitation ou organiser des meetings et faire des discours. Il devait agir pour améliorer les conditions de vie des populations.

Or, l'analyse spectrale de la situation sociopolitique au Cameroun mettait en évidence l'existence, au sein de l'Etat, de réseaux structurés sur une base ethnique. Le fait que ces réseaux parvenaient à se concerter pour cibler un dirigeant politique - le Secrétaire Général de l'UPC - qu'ils voulaient déstabiliser devant l'opinion publique, illustrait les dangers qui guettaient les institutions du pays. Les cibles de ces réseaux, c'était les personnalités qui voulaient faire quelque chose pour le Cameroun, ou alors, qui avaient tout donné pour le Cameroun.

L'analyse poussée sur le comportement des groupes ethniques au Cameroun révélait que certains groupes bien connus ne connaissent que leurs intérêts personnels. Ils étaient devenus ombrageux et quand on les voyait s'agiter, c'était pour gagner quelque chose ou pour profiter d'une situation. Ils avaient vite fait d'établir des réseaux interministériels et inter-communicants pour la défense de leurs intérêts propres. Cela expliquait la levée de boucliers qu'on constatait lorsqu'ils avaient désigné leurs victimes.

Or, à l'UPC, on pensait qu'il fallait favoriser la convergence de toutes les forces capitales du pays vers la réalisation d'un grand dessein, qui ne pouvait être autre chose que l'affirmation de l'unité et de la paix au sein de l'Etat-nation camerounais. Cet Etat-nation, fruit des lourds sacrifices du peuple, devait être préservé envers et contre tout. Il devait être défendu parce qu'il était l'instrument de la souveraineté du peuple, pour son développement et pour sa place dans le monde.

Pour l'UPC, le problème à ce moment était de ne ménager aucun effort pour reconstituer le courant patriotique et réhabiliter l'UPC sur la scène politique. Du coup, la décision de l'UPC de restaurer l'unité du courant patriotique dans le pays avait provoqué la réaction du pouvoir, qui encourageait les réseaux parallèles à relancer la confusion sur le terrain.

Le Parti historique avait ainsi constaté la diffusion des manifestes, des fiches et des formulaires non signés dans les villes et les villages, le lancement des tournées de banquets dans les fiefs de l'UPC, l'organisation des diversions dans les médias publics. La panique semblait donc s'emparer du pouvoir qui avait toujours organisé des divisions artificielles au sein de l'UPC.

Le pouvoir était allé plus loin, jusqu'à nommer des responsables dont l'action était de faire campagne contre le Parti historique. L'agitation constatée jusqu'alors expliquait l'embarras du pouvoir et les divagations de l'Exécutif. La hantise de la reconstitution du courant patriotique dans le pays expliquait l'attitude de certaines autorités. La perspective de la réhabilitation de l'UPC tétanisait les adeptes du Parti unique et de leurs partis satellites.

Les ennemis de la liberté, caciques rétrogrades du Parti unique, avaient programmé leurs hommes-grenouilles et les avaient torpillés en rouge flamboyant, exhibant les symboles de l'UPC, pour la pénétrer, la diviser et la détruire. L'ostentation exhibitionniste des foulards et des écharpes avec le crabe noir sur fond rouge avait servi d'alibi pour fermer les yeux du peuple camerounais, comme si tous ceux qui portaient le rouge aussi symbolique qu'évocateur étaient animés d'une foi inébranlable pour forcer la victoire.

Malheureusement, l'ennemi avait utilisé les apparences, et, comme tout le monde devait le savoir, les apparences ont toujours été trompeuses.

Seulement, l'UPC avait su résister avec détermination à toutes ces manœuvres organisées par les ennemis de la liberté pour la détruire. Il s'agissait alors, pour le Parti historique, connaissant les réalités, ayant vécu les faits, ayant compris les tournures des évènements, de poser de façon claire et nette, comment il entendait reconstruire sa base militante, malgré les calomnies et les trahisons.

Les militants de l'UPC devaient renouer avec le courant patriotique dans le pays. Ils devaient donc s'accepter et reprendre, dans l'entente et la discipline, le chemin qui menait à Canaan. Cette vision d'ensemble était elle-même articulée autour du problème éminemment existentiel de la justice sociale dans l'espèce humaine.

Par suite, la fonction cardinale dévolue à l'Etat par l'institution des « armistices sociaux » qu'étaient les lois, c'était de tenir tous les citoyens en union et obéissance en vue de garantir la sécurité de l'ensemble et de préserver l'intérêt général. En ce sens, il existait un lien étroit entre l'éducation morale et la construction d'un juste équilibre entre la liberté des particuliers et le pouvoir de l'autorité commandante.

Seulement, à l'opposé des sociétés industrielles avancées, dans lesquelles le danger de voir rompre cet équilibre résidait dans l'orientation destructive de la technologie, au Cameroun, ce furent les comportements irrationnels parce qu'étrangers à toute référence à la morale, qui compromettaient la construction de l'Etat-nation. La description des fléaux sociaux effectuée ci-dessus et qui bloquaient toute dynamique vers la modernisation du pays, participait de l'absence de vision prospective en matière d'éducation morale dans le système éducatif camerounais.

La culture de la liberté et du respect de soi et de l'autre, qui avait jadis sous-tendu l'ascension combative des peuples à l'égard des tyrans et des dieux de la terre, n'était pas une valeur dans la société camerounaise actuelle.

Qui plus est, l'humanité contemporaine s'était résolument engagée dans un processus de mondialisation secrété par la fin de l'antagonisme entre les systèmes capitaliste et communiste.

Le début de la décennie 90 fut marqué par de forts soubresauts sociopolitiques en Afrique et singulièrement dans la sous-région d'Afrique Centrale, à la faveur de ce que l'on avait appelé « Vent d'Est ».

Cette période coïncidait avec la montée du capitalisme impérial- dont la forme achevée n'était pas autre chose que la mondialisation - caractérisé notamment par : La transformation de la concurrence libre en concurrence enrégimentée, dominée par les cartels nationaux, les trusts, l'amalgame entre le capital financier et industriel, entre l'Etat et les affaires et une politique économique expansionniste vers les régions non capitalistes et les régions capitalistes plus faibles. Par exemple, une exploitation accrue des pays semi-coloniaux et dépendants.

Depuis le début de la décennie 90, et, ce, à la faveur des grands enjeux économiques et géostratégiques du moment, on avait observé qu'une forte propension aux regroupements sous régionaux, régionaux et internationaux, avait fait son lit à travers le monde.

Les peuples les mieux organisés avaient alors compris que ces regroupements constituaient les voies et les moyens les plus assurés pour tempérer la furia du capitalisme impérial et pour limiter ses effets dévastateurs, abêtissants, inhumains.

Ce fut ainsi qu'en mars 1994, les six chefs d'Etat de l'ancienne Union douanière et économique de l'Afrique Centrale (UDEAC) signèrent un traité portant création d'une Communauté économique et monétaire en Afrique Centrale (CEMAC).

Cinq des six pays qui composaient la CEMAC étaient des producteurs de l'or noir, notamment : Le Cameroun, le Gabon, le Congo-Brazzaville, la Guinée Equatoriale et le Tchad. Seule la République Centrafricaine ne disposait pas de gisements pétrolifères connus à ce jour.

Donc, comme on pouvait le constater, les pays de la CEMAC représentaient un intérêt stratégique pour le cartel pétrolier, lequel ne se sentait plus totalement en sécurité dans les régions du Moyen et du Proche-Orient terrorisées par les «fous d'Allah ».

Dans ces conditions, l'équilibre sociopolitique constaté dans la sous-région d'Afrique Centrale jusqu'alors, marqué notamment par le leadership pacifiste du Cameroun, était désormais profondément mis en question par l'ivresse de puissance ambiante sécrétée par les pétrodollars.

Dans la même perspective hégémonique, l'Organisation mondiale du commerce (OMC) organisait des conférences qui s'achevaient sur des constats d'échec, aggravés par les subventions accordées par les pays riches à leur agriculture, et dont la finalité était d'imposer les conditions d'un commerce international inégal des produits agricoles.

Faute d'avoir pu obtenir des concessions de la part des pays riches - Etats-Unis d'Amérique et Union européenne notamment - au sujet de cet épineux problème des subventions agricoles, les pays du Tiers Monde - Amérique Latine, Afrique, Asie - s'étaient mobilisés pour bloquer la suite des travaux des conférences.

Dans ces conditions, c'était la légitimité même de l'OMC qui était mise en question.

De plus, depuis sa sortie des fonds baptismaux, l'Union européenne - anciennement dénommée Communauté européenne - avait toujours entretenu avec les pays ACP - Afrique, Caraïbes et Pacifique - un rapport de forces. Celui-ci procédait essentiellement de la situation historique de la colonisation, mais, il se poursuivait aujourd'hui sous la gangue de la mondialisation.

Aux fins d'éviter l'exclusion des pays Africains noirs francophones de la source de leurs recettes en devises, l'Union européenne décida de signer avec eux des conventions d'association renouvelables, au moyen desquelles l'U.E. s'engageait à accorder des facilités aux exportations africaines, en matière de douanes et de tarifs douaniers.

En ce sens, les produits d'exportation des pays ACP devaient être exonérés des droits de douane. D'où les conventions de Yaoundé, de Lomé, et de Cotonou.

Aujourd'hui, l'U.E. a substitué, à la violence aveugle, une nouvelle forme de violence, plus insidieuse, plus mesquine, mais, aussi, plus dangereuse pour l'avenir des pays Africains : les accords de partenariat économique.

Le présent ouvrage est centré sur les articulations suivantes :

Première section : De la situation politique du pays. Cette section traite des questions relatives à : l'enjeu des élections pluralistes ; le rôle de l'administration dans le processus électoral ; la décentralisation ; la politique du chef de l'Etat ; la limitation des mandats présidentiels ; l'histoire et le progrès ; la fraude électorale ; le suffrage censitaire ; l'écume des oligarques.

Deuxième section : de la situation économique du pays. A ce niveau sont examinés notamment : le social dans la politique agricole ; les délestages ; la relance des filières cacao-cafés ; la pression fiscale ; la planification du développement ; le point d'achèvement de l'Initiative PPTE ; le chômage ; les projets économiques ; le retour du Plan de développement ; l'immobilisme et la polysynodie.

Troisième section : de la situation du Parti. Les problèmes suivants sont analysés dans cette section : La voie upéciste de l'édification démocratique ; l'enjeu de la légalité au Cameroun ; l'Alliance RDPC-UPC ; le choix du candidat du RDPC ; le Congrès de l'UPC ; la reconstruction de l'UPC militante ; le Parti des martyrs et l'évolution politique du Cameroun.

Quatrième section : de la justice et de la morale. Cette section traite des sujets ci-après : le problème de la justice dans *Le Procès* de Franz Kafka ; le problème moral et la décadence du Cameroun ; l'éducation morale.

Cinquième section : de l'intégration sous régionale. A ce stade, la réflexion est centrée sur : l'Afrique Centrale face au défi de la mondialisation ; l'intégration économico-politique en Afrique Centrale.

Sixième section : de la mondialisation. La réflexion s'articule ici autour de : le rôle de l'Etat dans les pays en voie de développement ; le fiasco de l'OMC ; l'apartheid du visa Schengen ; l'inégalité dans le rapport ACP-Union européenne.

Le présent travail est une contribution à la prise de conscience, par les Camerounais, de l'état d'infantilisation dans lequel le régime du Parti-Etat les a plongés depuis des décennies ; qu'ils prennent toute la mesure de la tournure des évènements politiques au Cameroun et qu'ils se rendent aptes à faire le choix rationnel entre la dictature, si bienveillante soit-elle, et la démocratie.

PREMIERE SECTION

De la situation politique du pays

I

L'enjeu des législatives 97

Les échéances électorales de 1997 s'ouvriront, à coup sûr, par les élections législatives. Certains facteurs marquant attestent l'imminence de la tenue effective desdites élections. Même s'il faut admettre que le léger décalage annoncé par le patron de l'Administration Territoriale à immédiatement ouvert la voie à des supputations inquiètes, aux travers desquelles certains compatriotes affirment à coup de lamentations et de cris d'indignation, qu'il s'agit là d'une manœuvre du pouvoir RDPC orchestrée en vue de rationaliser la fraude. En tout état de cause, les législatives de 1997 vont marquer un moment décisif dans l'histoire de la politique camerounaise. Tant les adeptes de la politicaillerie et du boycott semblent avoir compris la nécessité de faire entendre leur voix au rendez-vous de l'édification démocratique.

Aujourd'hui plus qu'hier, l'âme immortelle du peuple camerounais est interpellée. Car, c'est à elle qu'incombe, à chaque période capitale de l'histoire du Cameroun, la tâche d'indiquer, à partir de son incomparable lucidité patriotique, le quadruple chemin : Le chemin de la fermeté, de la vigilance, de la fraternité et de l'honnêteté. C'est en ce sens que nous convions le nationalisme camerounais à l'évaluation des possibilités réelle du Parti historique et nationaliste, afin que 1997 soit l'année du rayonnement, du succès, bref, de l'incarnation de la voie upéciste de l'édification démocratique au Cameroun.

Une telle évaluation doit s'effectuer suivant les alternatives proposées par certains partis politiques par rapport aux idéaux défendus par l'UPC. Du reste, la lucidité upéciste doit examiner froidement le contenu de tous ces discours de propagande aussi vaseux que démagogiques, proclamés à perte de vue par les partis qui s'arrogent les médailles de la légitimité populaire, mais dont l'unique programme politique consiste à évincer le parti nationaliste du jeu démocratique. Ainsi, nos enquêtes nous révèlent que dans le futur partage de sièges à l'Assemblée nationale, l'UPC aura affaire à quelques formations politiques, dont : le Parti-Etat ; 1âme des radicaux ; l'ombre du dictateur ; et, dans une certaine mesure, le cercle des trublions.

Le Parti-Etat omniprésent…Mais…!

Ainsi le Parti au pouvoir. Il contrôle l'essentiel des moyens d'Etat. D'où son statut de première formation politique à l'échelle nationale. Le Parti-Etat dispose, en quelque sorte, de moyens colossaux nécessaires au quadrillage du terrain. C'est ainsi qu'il laisse l'impression d'être un parti politique omniprésent. Seulement, la gestion du pouvoir politique n'implique pas automatiquement un investissement populaire. Cela signifie qu'en dépit de la main mise qu'il impose dans l'exercice du pouvoir, ce Parti ne peut absolument pas se prévaloir d'une majorité absolue au sortir des élections en cours de préparation. Déjà, toutes les difficultés éprouvées par ce Parti lors des élections de 1992 est significative à plus d'un titre.

Dès lors, le Parti-Etat jouit d'une assise populaire dans les provinces du Centre, du Sud, de l'Est, de l'Extrême-Nord. Pour ce qui concerne les autres provinces, il se livre à un véritable travail de prédation qui consiste, pour l'essentiel, à casser par tous les moyens l'influence des formations politiques adverses, alliées comprises. Notoire est à ce sujet le rôle stratégique rempli par des autorités administratives carriéristes. En conséquence, le Parti-Etat peut tout au plus obtenir une majorité relative qui l'obligera, certainement, à rechercher des alliés dans l'optique de la gestion du pouvoir.

L'âme des radicaux : Un parti ethno-tribal

Nous sommes là en présence d'un parti enfermé dans l'étau d'une diaspora ethno-tribale d'essence régionaliste qu'une presse sectaire et tribale tend toujours à présenter comme étant l'unique force politique incarnant le discours vrai, et susceptible de libérer la nation camerounaise de la damnation du Parti-Etat. L'âme des radicaux fonde son action sur ce que l'on nomme généralement le "Grand Ouest", c'est-à-dire, en vérité, un type de regroupement tout entier orienté vers la dérive séparatiste et la haine tribale. Tous les aigris et autres histrions de la politique camerounaise, qui souffrent le martyre d'une tribalisation à outrance du régime en place, se reconnaissent dans ce Parti. Tout se passe comme si le régime de M. Biya avait tourné ses armes contre ce que certains félons appellent artificiellement "anglo-bami".

Un tel regroupement muré dans la tribu et la région, recouvert du manteau d'un parti politique, c'est en cela que consiste la nature de l'âme des radicaux. C'est pourquoi, ce Parti ne peut faire autre chose que rechercher, à travers les provinces du Nord-Ouest, du Sud-ouest, de l'Ouest du Littoral le ciment régional « anglo-bami » sur lequel il concentre sa légitimité et qu'il contribue pour autant à exacerber.

Donc, l'incapacité de ce Parti à produire un programme politique cohérent est compensé par l'argument tribalo-régional. De plus, la justesse de notre analyse trouve sa confirmation dans le fait que ce Parti s'est déjà créé une lame de fond ou une porte de sortie vers le Nigéria voisin, de telle sorte que ses revendications fédéralistes le prédisposent à la guerre civile.

Quand les camerounais dignes de ce nom auront compris l'arrière-plan belliqueux de la politique de ce Parti, ils pourront alors s'avancer vers la restauration courageuse de l'unité et de la solidarité entre tous les fils de notre cher pays. Certes, l'âme des radicaux sera représentée à l'Assemblée nationale.

Mais, il s'agira indubitablement d'une représentation marginale, compte tenu de ce que les Camerounais acquièrent progressivement une conscience politique patriotique.

L'ombre du dictateur

C'est l'héritière légitime du régime sanguinaire de l'ancien tyran. Son auréole a été acquise en 92 par le biais de la croyance selon laquelle son chef rentrait de son exil Nigérian flanqué de la colossale fortune de l'ex-président. Cette croyance a largement milité en faveur du succès relativement important de ce Parti aux législatives de 92. Elle a aussi grisé la personnalité de son chef au point où celui-ci, aveuglé par l'invasion d'une propagande fallacieuse, a resquillé son Parti, en écartant un autre pilier de l'ancien régime et en imposant un diktat axé sur un culte de la personnalité identique à celui par lequel son père a maintenu l'ouverture démocratique dans les geôles du pouvoir totalitaire, jusqu'à son départ en 1982.

Que l'on ait présent à l'esprit l'éclatement de l'ombre du dictateur, dont la conséquence la plus immédiate a été le surgissement de deux autres partis. Cela suffit à administrer la preuve que ce Parti est loin d'incarner l'alternative d'une gestion démocratique ouverte de l'Etat. En outre, il est aujourd'hui dominé par un repli identitaire d'essence religieuse et tribale. De là une certaine adjonction de la politique et de la religion par laquelle il se trouve rejeté par une frange importante de la population non musulmane du Grand Nord. Et, lorsqu'on sait que les théoriciens du boycott seront présents lors des prochaines législatives, l'ombre du dictateur en sera réduite à n'être rien de plus qu'une nébuleuse en pleine déflagration. Sa représentativité à l'Assemblée nationale pourra difficilement outrepasser les limites d'une partie de la région du Grand Nord.

Le cercle des trublions

A côté des grandes formations politiques ci-dessus, il y en a d'autres qui vont probablement jouer un rôle d'arbitres au cours de cette grande confrontation pour la conquête de l'Assemblée nationale que sont les législatives de 1997. Car, à n'en point douter, ce sont des partis qui peuvent difficilement franchir l'espace d'un seul département.

Ils pourraient donc glaner quelques sièges ici et là, grâce auxquels ils seraient peut-être conviés au partage du pouvoir.

Ainsi, le Parti de l'homme « libre derrière les barreaux », le Parti des deux anciens piliers de l'ombre du dictateur, le Parti-Etat et l'UPC vont, à coup, sûr fragiliser les positions acquises de l'ombre du dictateur dans le

Grand Nord, étant entendu que partout ailleurs, l'on assistera, pour le cas de ce Parti, à ce qu'on peut appeler « passation de sièges » à ceux qui, hier, partisans du boycott, se découvrent actuellement des vertus de grands démocrates. Par ailleurs, l'UDC, le Parti du père de la « nouvelle éthique », le Parti de l'ancien cerveau de l'Union pour le changement et le Parti-Etat s'occuperont de l'âme des radicaux dans le Grand Ouest et le Littoral. Ceci aura pour résultat de le remettre à sa véritable place, celle d'un parti tribalo-régional qui se croit investi de la mission de sauver le Cameroun d'une gestion catastrophique.

L'UPC : Vers de nouveaux horizons

Vient enfin le tour du Parti historique et nationaliste, l'âme immortelle du peuple camerounais.

Comme on peut le constater, c'est l'esprit du peuple, la matrice nodale sur laquelle tous les partis qui composent la scène politique camerounaise se sont édifiés. Il est donc impossible de confiner ce Parti dans les limites d'une province ou bien de quelques départements. Car, il est le germe dont le surgeon n'est autre que l'Etat camerounais indépendant.

Il est aussi le Parti du discours vrai et de la légalité patriotique, pour lequel les législatives de 1997 doivent pouvoir être l'occasion de la réhabilitation et de la reconquête d'une légitimité historique que les thuriféraires de l'incompréhension et de la haine tribale ont fragilisée.

Faut-il d'ailleurs rappeler que l'UPC s'est toujours située à l'avant-garde de la défense des intérêts de toutes les populations camerounaises et de la lutte historique pour l'indépendance du Cameroun ? Nous soulignons, avec insistance, que toutes les échéances électorales qui ont eu cours au Cameroun, depuis 92, ont toujours sécrété l'émergence d'une politique de déstabilisation du Parti nationaliste. Politique habitant l'entièreté du programme de certains partis politiques englués dans la spirale d'un conservatisme nostalgique et rétrograde. Quand ils ne se manifestent pas simplement comme des populistes nourris pas une ambition effrénée dans la conquête du pouvoir et qui retournent à leur propre compte les frustrations et les fantasmes populaires.

Pour que triomphe la vérité et la conscience nationaliste, la lucidité upéciste, incarnée par son leader, Augustin Frédéric Kodock, s'emploie à irradier, sur l'ensemble du territoire national, le message de la réconciliation, de l'examen fraternel du chemin parcouru, de la correction des hésitations, des atermoiements et des erreurs commises, pour qu'enfin advienne, au terme des législatives à venir, l'ère upéciste. Une ère dont la rationalité sera celle d'une conscience politique animée par la ferveur patriotique. Il est certain que ce message est en train de prendre forme à l'intérieur de la nation camerounaise. D'autant plus que tous les nationalistes, à l'intérieur comme à l'extérieur du Parti et de la nation, se rendent compte aujourd'hui que de la position de l'UPC à la prochaine Assemblée nationale dépendra l'avenir du Cameroun. Puisse cette prise de conscience se matérialiser dans les urnes !

La Voix du Cameroun, N° 114, février-mars 1997, p.12.

II
Echéances électorales
L'administration contre L'ONEL?

Le branle-bas qui règne actuellement au sein de l'ONEL et de l'administration territoriale témoigne de ce que l'annonce officielle de la date des prochaines élections municipales par le gouvernement est imminente. Ce d'autant que le Parti-Etat RDPC a déjà déployé ses superviseurs sur le terrain, tout en se déclarant prêt à affronter ces échéances. Seulement, ce qui subsiste comme un point d'ombre dans ce contexte, c'est que la division du travail entre ces deux structures laisse encore la part belle à l'A. T. en ce qui concerne l'organisation matérielle des élections. Au point où l'on se demande de quels moyens de pression dispose l'ONEL pour garantir la régularité des opérations électorales.

Division du travail suspecte

Depuis quelque temps, l'opinion publique s'est focalisée sur la contradiction flagrante qui subsistait entre le décret présidentiel nommant les membres de l'ONEL et la loi précisant les conditions dans lesquelles ces membres devaient être nommés. Mais, ce qu'on a semblé passer sous silence, c'est qu'à supposer même que ces membres de l'ONEL aient été nommés conformément à la loi, cette nomination ne suffirait toujours pas à dissiper les soupçons qui pèsent sur l'A.T. au sujet de l'organisation d'élections libres et transparentes au Cameroun. Car, ce qu'il faut savoir, c'est que le rôle de l'ONEL consiste à veiller à ce que soient respectées les règles d'équité et de transparence, depuis l'inscription sur les listes électorales jusqu'aux élections.

En revanche, l'A.T. va continuer l'inscription sur les listes électorales jusqu'à la proclamation des résultats comme par le passé, à s'occuper de l'organisation matérielle des élections, notamment en ce qui concerne l'apport des ressources et des moyens logistiques y afférents. Donc, les autorités administratives ont encore un important rôle à jouer dans ce contexte. Il suit que l'ONEL va s'occuper du côté jardin, c'est-à-dire du côté de la surveillance et du contrôle de surface, tandis que l'A.T. va s'occuper du côté cour, c'est-à-dire du côté du travail effectif et de fond sur le terrain.

Quand on sait que l'A.T. a, à maintes occasions, démontré son efficacité dans la manipulation des listes électorales et des résultats des élections, on peut se demander, à juste titre si l'ONEL, comme la défunte Commission nationale de recensement général des votes et la Cour suprême, ne va pas simplement se borner à entériner les éventuelles manipulations visées ici, d'autant qu'en l'état actuel de son organisation on ne voit pas très bien comment l'ONEL pourrait veiller à la régularité du scrutin dans tous les bureaux de vote.

Récemment, le patron de l'A.T. déclarait à la presse, et, ce, pour rassurer l'opinion publique que les prochaines élections municipales seraient organisées équitablement, et que l'expression du suffrage universel serait respectée. Prise littéralement, cette déclaration signifie que le patron de l'A.T. s'engage à combattre toutes velléités de fraude, quitte à cautionner la défaite du Parti-Etat-RDPC qui l'emploie. Mais, ce sursaut patriotique est-il réalisable, lorsqu'on sait que, d'un autre côté, les déclarations publiques des membres de l'ONEL en tournée de sensibilisation dans le pays, ont clairement laissé apparaître un constat : C'est le constat selon lequel le processus d'inscription sur les listes électorales, conduit par L'A.T., « est à parfaire » (dixit Ndi Nsamba). On emploie ainsi un euphémisme qui cache mal les soucis des membres de l'ONEL sur la façon dont l'A.T. tient ses listes électorales. Donc, la possibilité de l'organisation d'élections libres et transparentes au Cameroun, organisation dans laquelle l'A.T. jouerait un rôle prépondérant, demeure irréelle.

Transparence électorale : Une affaire de structure

Un ancien patron de l'A.T. déclarait il y a quelques années, sur les ondes de la CRTV : « Les lois sont faites par les hommes. Ceux-ci peuvent toujours les modifier pour les adapter à une nouvelle donne politique ou aux circonstances du moment ». Or, l'initiative des projets de loi appartient toujours à l'Exécutif, donc, au gouvernement. Et lorsque ce gouvernement est de type napoléonien, en tant qu'il est fondé sur le principe de l'autorité, il est clair qu'il ne peut faire voter que des lois qui assurent sa pérennité.

Dès lors, le gouvernement camerounais est de type napoléonien, puisqu'il se sert de sa majorité à l'Assemblée, majorité irrégulièrement acquise, pour imposer son administration dans le processus électoral au Cameroun. Aucune administration au monde n'a jamais construit une démocratie. Ce système naît toujours de la rencontre de forces vives qui, dans un pays, se mettent autour d'une table pour définir le cadre institutionnel et pour mettre en place les institutions devant régir le domaine public des affaires communes.

Tant qu'il n'existe pas un cadre institutionnel reconnu et accepté par tous, on ne peut pas aboutir à l'édification d'une société démocratique. Et, le centralisme autant que l'unilatéralisme, qui caractérisent l'administration RDPC aujourd'hui, ne sont pas de nature à rassurer l'opinion publique quant à l'issue des prochaines échéances électorales. C'est une vérité de fait qui nous est révélée par l'histoire de notre pays.

La Voix du Cameroun, N° 302, février-mars 2002, p.6.

III

La décentralisation : un aspect essentiel de la démocratie bloqué par la centralisation du régime

La décentralisation se dit d'un système d'organisation des structures administratives de l'Etat qui accorde des pouvoirs de décision et de gestion à des organes autonomes régionaux ou locaux (collectivités publiques, établissements publics). En ce sens, si la démocratie est un système dans lequel le peuple exerce le pouvoir souverain à travers ses représentants, alors la décentralisation est un élément essentiel, voire fondamental, de la démocratie. Cela veut dire que dans un cadre démocratique, la faculté est reconnue aux collectivités territoriales de s'administrer elles-mêmes. En revanche, un système d'organisation centralisé ne peut pas être démocratique.

La fin des expériences autarciques

Depuis le début des années 90, et, à la faveur de la chute du mur de Berlin, le monde tend à en finir avec le règne des administrations centralisées et par conséquent non-démocratiques qui l'ont écumé jusqu'alors, donnant ainsi lieu à l'instauration de pouvoirs autocratiques et sanguinaires. Car, dans ce type d'administration, l'Etat, le pouvoir central, prend en charge tous les problèmes de portée aussi bien nationale que locale. Tous les problèmes qui se posent au groupe national sont alors résolus par le pouvoir central installé à la capitale, sans distinction aucune entre les affaires nationales et les affaires locales. On aboutit donc à une administration hiérarchisée, avec des administrateurs soumis au pouvoir des autorités centrales et dépourvus de toute autonomie.

Or, depuis 1990, les pouvoirs autocratiques (communistes, fascistes, etc.) qui administraient leurs peuples au moyen du système de la centralisation, se sont écroulés sous l'impulsion de ces peuples épris de liberté quand ils ne sont pas simplement entrés dans une phase de lente agonie.

En tout état de cause, le système d'organisation centralisé n'est pas viable en raison de ses multiples inconvénients, notamment : Le ponce-pilatisme, l'irresponsabilité des agents, les lourdeurs de l'appareil administratif, l'absence des libertés fondamentales du citoyen, etc.

L'option démocratique : la décentralisation

Presque tous les systèmes d'organisation sociale et politique se présentent comme des systèmes démocratiques, lors-même qu'ils sont autocratiques et sanguinaires. Cela prouve au moins une chose : c'est que la démocratie est toujours préférable à l'autocratie, le régime d'un seul homme, parce qu'elle est le creuset de l'émulation, de la liberté d'entreprendre, de la liberté de s'organiser, de choisir, de sanctionner, de récompenser le mérite, etc. C'est pourquoi, dans un cadre démocratique, le substrat du progrès social, économique, culturel, etc., c'est la décentralisation. Celle-ci présuppose trois constantes :

1/ L'existence d'intérêts locaux. Le groupe social doit exister et mettre au jour une solidarité dans ses intérêts propres : Voirie, éclairage public, eau, etc. Il faut que l'Etat reconnaisse l'existence de ces affaires locales et le droit pour le groupe de les gérer lui-même.

2/ Octroi de la personnalité juridique et de l'autonomie financière. La collectivité territoriale doit être dotée de la personnalité juridique distincte de celle de l'Etat. Cela implique la suppression des tutelles, la limitation du pouvoir réglementaire, autant que la reconnaissance d'un véritable statut de pouvoir local autonome à la collectivité territoriale. En outre, celle-ci doit pouvoir décider elle-même et disposer de ses propres ressources. Pour cela, il est nécessaire de réformer l'assiette de l'impôt local, pour le rendre socialement et économiquement efficace ; de mettre en place un système de péréquations financières entre les différentes collectivités afin de pallier les inégalités ; de casser le monopole de l'Etat en matière d'investissement et d'aménagement du territoire.

3/ Election des dirigeants. Les organes de la gestion d'affaires locales doivent émaner de la collectivité par l'élection. Ils ne sauraient être des agents de l'Etat.

Du reste, dans un cadre démocratique, on procède à une répartition des tâches (division du travail) entre le pouvoir central, pour les questions d'intérêt national (santé, éducation, sécurité) et les populations locales, pour les problèmes d'intérêt local. Et, c'est précisément cette imbrication de la démocratie et de la décentralisation qui fonde la puissance des sociétés industrielles avancées.

La Voix du Cameroun, N° 302, février-mars 2002, p.6.

IV

Après la présidentielle 2004 : Les grandes ambitions torpillées

Le peuple camerounais dans son écrasante majorité a accordé ses suffrages au candidat Paul Biya au cours du scrutin du 11 octobre 2004. Répondant ainsi en écho à l'appel du président-candidat en vue de la construction du Cameroun des « Grandes ambitions ». Tandis que des cadres bien connus dans le pays et ailleurs se mobilisent pour prendre une part active à la réalisation de ce grand dessein national, des courants divers centrifuges et centripètes font leur apparition dans le théâtre politique. Leur objectif est de torpiller le septennat des « Grandes ambitions » par de sordides manœuvres de positionnement.

Etrange crépuscule

L'élection présidentielle du 11 octobre 2004 a donc consacré l'écrasante victoire du candidat Paul Biva. Dans un contexte où les joutes politiques se sont déroulées sans heurts et sans tension accentuée, et où les sirènes du boycott n'ont pas retenti. Bref, à la lumière de plus de 72% de suffrages valablement exprimés en faveur du candidat Paul Biya, on peut dire que l'écrasante victoire du président-candidat laissait peu de place à une contestation sérieuse. Au demeurant, aucun leader politique sérieux n'aurait pu élever sa voix pour contester cette victoire, au risque de perdre la face et de paraître ridicule devant une réalité qui s'est manifestée dans sa clarté et son évidence.

Au sortir de la proclamation des résultats de cette élection, le cycle tempéré de la présidentielle 2004 était parvenu à son achèvement. Un jour nouveau devait irradier ses rayons lumineux à l'échelle nationale, sécrétant ainsi le surgissement d'un esprit nouveau et d'une nouvelle conscience nationale dans toutes les composantes ethniques du pays.

Dès lors, le peuple camerounais, dans sa grande diversité, mobilisé comme un seul homme pour bâtir un Etat-nation solidaire, démocratique et prospère, aurait pu entamer sa marche glorieuse vers le progrès et son entrée dans la modernité.

Nous avions pensé que les courants centrifuges et centripètes qui avaient jadis envahi la scène politique nationale, visant par-là à mettre le Cameroun en coupes réglées en vue de le soumettre au diktat des intérêts occultes et étrangers, avaient succombé sous la pression de la vaste entente qui avait porté Paul Biya à la victoire finale. C'était naïf.

Ces courants s'étaient simplement tapis dans l'ombre, laissant passer le « tsunami électoral », pour ensuite réinvestir le théâtre politique.

Dès le départ, des politicards sans foi ni loi, qui ne peuvent proposer à l'opinion publique nationale et internationale aucun programme politique autre que leurs ambitions personnelles, se sont donnés la main pour torpiller ensemble la politique des « Grandes ambitions ». Celle-ci présuppose la mise en œuvre d'une grande politique agricole, le renforcement du tissu industriel, le développement des infrastructures (pistes rurales, routes nationales et transnationales, voies navigables, télécommunications, etc.), l'extension du réseau hydroélectrique, la promotion du tourisme et, *last but not least*, l'atteinte du point d'achèvement de l'initiative PPTE.

Au lieu de collaborer à la mise en œuvre de la politique des «Grandes ambitions », des individus aux ambitions démesurées engagent des batailles sournoises pour leur positionnement. Tout se passe comme si le théâtre politique n'est rien d'autre qu'une arène où s'exercent les forces de vulgaires comploteurs qui entendent contrôler des pans entiers de l'Etat dans les domaines de l'investissement, du commerce et des négociations avec l'étranger. Pour cela, ils organisent et entretiennent les intrigues, la délation, la haine, etc. Ils ont une vision sectaire et rétrograde de la société.

Leurs cibles privilégiées, ce sont les cadres reconnus pour leur compétence aux plans national et international, et qui ont toujours mis tout leur génie au service du pays.

Les comploteurs veulent en découdre avec ces cadres en se servant du pouvoir, en perdant de vue qu'en détruisant le capital d'engineering que le pays a accumulé depuis l'indépendance, c'est ce pays lui-même qu'ils détruisent. Ils empêchent le développement de la pensée et de l'action positive. Ils empêchent le développement du pays.

Vers une vision d'avenir

Ceux qui agissent uniquement dans le sens de la défense de leurs intérêts occultes sont incapables de garantir l'intérêt général et l'intégrité du pays. Or, aucun développement n'est possible dans ce pays sans le développement d'une conscience nationale patriotique, sans la mobilisation de toutes les compétences dans toutes les composantes ethniques du pays vers la réalisation d'un grand dessein national : La construction d'un Etat-nation solidaire, démocratique et prospère.

Aujourd'hui, l'Union des Populations du Cameroun, Parti historique, rappelle à tous les histrions de la politicaillerie ambiante, que le Cameroun, notre pays, a une histoire et une conscience patriotique qu'il a hérités de ce glorieux passé jalonné par la lutte héroïque des pères fondateurs du nationalisme camerounais, qui ont donné leur vie et versé leur sang pour que ce pays soit libéré et réunifié.

L'histoire de l'UPC est contemporaine de l'histoire du Cameroun. Pour l'UPC, donc, le problème fondamental qui se pose au pays à l'heure actuelle et qu'il doit pouvoir résoudre, s'il veut entrer dans la modernité, c'est le problème de la transmutation radicale de l'échelle des valeurs sur laquelle les pères fondateurs entamèrent l'entreprise historique de la libération nationale.

Il nous faut à l'heure actuelle réveiller et organiser la solidarité nationale contre les chantres de la médiocrité et du profitariat minoritaire, qui veulent confisquer le pouvoir. Telle est la tâche.

Elle passe par l'éducation de la conscience, du sentiment et du regard qui saisissent ce qui advient : Le crime contre l'Etat - nation.

La justification de l'activité politique réside dans cette tâche. Et, aujourd'hui, la politique camerounaise a besoin d'être justifiée.

Une fois acquises l'indépendance et la réunification, il incombe désormais à la conscience patriotique de se mettre à contribution pour bâtir l'Etat-nation. Car, il s'agit bel et bien de bâtir cet Etat-nation, d'assurer à tous ses fils des conditions égales d'accès au bonheur. Un Etat-nation qui aurait une structure alvéolaire de par l'intégration et l'ajustement mutuel de toutes ses composantes ethniques. Par conséquent, les efforts accomplis par le Parti historique pour améliorer le standard de vie des citoyens camerounais, représentent aujourd'hui l'unique promesse dans le désastre.

La Voix du Cameroun, N° 321, juin 2005, p.5.

V

La problématique de la limitation des mandats présidentiels dans la politique camerounaise d'aujourd'hui

Les élites de la province du Sud assumant pour la plupart de hautes fonctions au sein de l'appareil d'Etat, se sont récemment données la main pour se retrouver ensemble dans leur province d'origine, en vue d'y sacrifier à un rituel ancré dans la politique camerounaise : la célébration, dans une ambiance folklorique, et, ce, aux côtés des « frères du village», de la haute confiance placée en eux par le chef de l'Etat, autant que leur déférente allégeance à la magnanimité de celui-ci. Au sortir de cette célébration, ces élites ont affirmé que la limitation des mandats présidentiels au Cameroun est un procédé anti-démocratique. Elles ont ainsi jeté un énorme pavé dans la mare.

La tentation autoritariste

Deux lames de fond évoluant en fourches caudines dans un double mouvement tournant sont en train de modifier la situation politique de certains Etats dans le monde. L'une, qui s'étend de l'Europe centrale à l'Amérique latine, est caractérisée par l'ébranlement des régimes dictatoriaux, sous la poussée contestataire des peuples aspirant à la liberté et à l'autodétermination. Exemples : la Géorgie, l'Ukraine, le Kirghizistan, la Bolivie, etc. L'autre, qui s'étend de l'Amérique de l'Ouest à l'Afrique Centrale, est caractérisée par l'irruption de dirigeants animés par l'ivresse du pouvoir et qui, ayant une conception singulière de la démocratie, modifient à tours de bras la Constitution de leur pays pour se maintenir au pouvoir. Exemples : Le Togo, la Guinée Conakry, le Tchad, etc.

D'un côté, ainsi que le soulignait le théoricien américain de la violence légitime, Herbert Marcuse, au cours des années 60 :

« Les jeunes militants (et les peuples opprimés) savent, ou sentent que c'est tout bonnement leur vie qui est en jeu ; la vie d'êtres humains devenue le jouet des politiciens, des hommes d'affaires et des généraux ; par leur révolte, ils veulent la soustraire à cette autorité, pour la rendre enfin digne d'être vécue, ils se rendent compte que cela est encore possible aujourd'hui, mais que le combat nécessaire pour atteindre ce but ne peut plus se soumettre aux lois et aux règles pseudo-démocratiques du monde libre orwellien ». De l'autre, des dirigeants régnant sans partage sur leur peuple depuis des décennies entendent perpétrer cette tradition de l'autoritarisme napoléonien, en se cramponnant au pouvoir.

Le principe napoléonien de la gouvernance, c'est le principe de l'autorité. A ce niveau, la situation générale de la gouvernance est caractérisée par l'immobilisme au niveau des institutions héritées de la période coloniale. D'où la prédominance d'une administration articulée autour du principe d'autorité dans les rapports entre l'administration et les administrés ; l'absence de dialogue du sommet à la base de la société, pratique imposée par le Parti unique et qui n'évolue pas malgré les discours démagogiques.

Le constat simple et clair est que le pouvoir cherche beaucoup plus à assurer son maintien qu'à transformer le système social.

La situation générale de la société relève donc à tous les niveaux des verrous sociaux, dont la persistance empêche tout développement et toute évolution dans le pays. Les verrous sociaux sont les pratiques, les habitudes et les comportements imposés par référence à certaines valeurs dépassées et qui bloquent la dynamique vers la modernisation du pays.

Ainsi, la base de ce système administratif n'est autre que le mépris des gens qui sont gouvernés, et l'arrogance de ceux qui détiennent le pouvoir. Cette arrogance explique l'absence de dialogue qui caractérise le régime en place. Or, lorsqu'un régime croit qu'il détient sa légitimité par lui-même et non par la bonne volonté des populations, c'est qu'il a trahi sa mission et l'objectif de service public qui justifie son existence.

La situation actuelle des régimes autoritaires met donc en évidence le dérapage du système politique par rapport aux aspirations des populations, et, lorsque le système tourne pour lui-même, pour son maintien et pour sa durée, il ne croit plus à la mission de service public, mais à la seule sécurité du prince régnant.

L'ensemble des services de sécurité de l'Etat se transforment alors en barbouzes spécialisés, dont la mission est la chasse aux sorcières, la chasse contre les ennemis réels ou supposés du régime. Ce que l'on constate, en effet, c'est la mobilisation du Parti-Etat pour mettre ses rouages en branle, d'un côté, et l'agitation fébrile de l'administration pour canaliser et orienter l'opinion publique, de l'autre.

La situation générale du pays est donc caractérisée par le mensonge comme moyen de gouvernement, par la corruption des populations et particulièrement la jeunesse, enfin, par la tricherie et la tromperie.

La leçon historique qui nous vient des Etats-Unis

Ceux qui ont osé déclarer que la limitation des mandats présidentiels au Cameroun est un procédé anti-démocratique, veulent mettre en échec la bonne gouvernance et le contrôle de la gestion des affaires publiques par le peuple souverain. Car, un régime politique qui ne connaît pas d'alternance dans la gestion du pouvoir ne peut pas être un régime démocratique.

Au 19ᵉ siècle, le capitalisme américain s'inspirait des doctrines classiques et néo-classiques qui avaient pour mot d'ordre : Laissez-faire, laisser-aller ». A cette période, tout marchait selon les idées classiques, lesquelles sécrétaient notamment le sens des affaires et le rôle des grands pionniers, créateurs d'entreprises privées (les titans). Pour vulgariser l'esprit d'entreprise, l'Etat Fédéral vota la loi Sherman antitrust en 1890.

Dès lors, c'est la recherche effrénée du profit et le grand rôle joué par les banques dans l'octroi des crédits et le financement des programmes de recherche dans les universités.

A ce niveau, l'Etat n'intervenait que pour sanctionner les entreprises qui gênaient le libre jeu de la concurrence. De la fin du 19ᵉ siècle jusqu'en 1929, les entreprises américaines ont profité de leur plein épanouissement pour conquérir le marché national et international, d'autant plus que le dollar toujours stable était la monnaie de référence pour les échanges internationaux.

Or, la grande crise économique de 1929, caractérisée par le krach boursier de Wall Street amena l'Etat à élaborer la politique d'interventionnisme dans l'économie. Ainsi, le Président Franklin Delanoë Roosevelt, successeur de Hoover en 1932, lança la politique du « New Deal » (Nouvelle Donne). D'où le début d'une sorte de planification comportant les points suivants :

-L' « Agricultural Adjustment Act », structure qui planifiait l'économie agricole ;

-Le « Public Works Administration », pour lancer les grands travaux de redressement ;

-Le « Works Progress Administration », pour résoudre le problème du chômage.

Les succès remportés par la politique du « New Deal », valurent au démocrate Roosevelt d'être réélu en 1936, 1940 et 1944. Soit un total de quatre mandats à la tête des Etats-Unis. Seulement, cette longévité gouvernementale de Roosevelt connut un épilogue tragique qui bouleversa l'Amérique.

Le président adulé entamait son dernier mandat par une grave maladie qui le cloua sur un fauteuil roulant. Il était épuisé et mourut avant d'avoir achevé son mandat. Cette situation douloureuse amena le congrès américain à obtenir l'amendement de la Constitution américaine pour la limitation des mandats présidentiels à deux. Donc, aux Etats-Unis, la carrière présidentielle des citoyens américains est limitée à huit ans !

L'exemple américain fit date dans l'Histoire et inspira la restauration de la démocratie véritable en Europe, à la suite d'une phase de régression au cours de laquelle l'architecture des Etats-nations fut ébranlée et la civilisation européenne en partie détruite par le nazisme et le fascisme.

Au demeurant, si l'on admet le principe de l'unicité de l'espèce humaine, l'on doit également admettre l'idée suivant laquelle la démocratie ne saurait être une pure invention des Grecs ni une spécialité occidentale, pour autant qu'elle permet de supprimer ce qu'il y a d'insupportable dans l'existence humaine, à savoir : le règne du fanatisme, de la terreur et de la peur.

Sauver la démocratie

Si l'on tient pour universellement acquis les principes de bonne gouvernance, de respect des droits de l'homme, de respect des libertés publiques, etc., qui sont les principes constitutifs de la démocratie, alors, ceux qui ont allègrement soulevé le problème de la limitation des mandats présidentiels au Cameroun ont commis une erreur politique considérable.

Comment peut-on prétendre œuvrer pour amener le Cameroun à atteindre le point d'achèvement de l'Initiative pays pauvres très endettés (PPTE), dont l'une des conditionnalités n'est autre que la bonne gouvernance, alors qu'on met en même temps ce pays en accusation devant l'opinion internationale ?

Quelle dignité le peuple camerounais peut-il avoir au sein de la Communauté internationale si le régime en place aligne sa politique sur celle des Etats dont l'autoritarisme n'est plus à démontrer ? Faudra-t-il réviser la Constitution chaque fois qu'il y a un changement de majorité à l'Assemblée nationale?

A ceux qui semblent ignorer l'essence de la politique parce qu'ils croient être les dépositaires du pouvoir réel, nous disons ce qui suit : les institutions politiques, qui consacrent des situations de droit nouvelles, ne sont autre chose que des « armistices sociaux ». Cela veut dire que leur adoption est destinée à fermer une page de l'Histoire pour ouvrir une autre. Ces institutions sont en première approximation destinées à consigner les solutions qui ont dicté leur élaboration.

De plus, lors de l'élaboration d'une Constitution, des préoccupations de toutes sortes se manifestent, bonnes ou mauvaises. Ces préoccupations peuvent vicier, altérer et en dernière limite fausser une Constitution. Celle-ci peut alors devenir l'instrument d'un homme, de préférence celui qui l'inspire et la finalise, ou bien elle peut devenir l'instrument démagogique d'un groupe. Dans les deux cas, il n'y a pas de Constitution, parce que la volonté du peuple est bafouée.

Cependant, dans l'ordre des faits et des préoccupations, il est une chose qui fut à l'origine de la naissance des constitutions. C'est le problème de la liberté des individus, c'est-à-dire des hommes.

La Constitution ne s'applique pas à des animaux, mais, à des hommes. Or, la constante de l'autorité commandante est de chercher à concilier la marche nécessaire des services publics, avec la liberté des particuliers. Personne n'ignore que cela est difficile, mais, cela signifie aussi que les clauses fondamentales d'une Constitution, c'est tout ce qui concerne la liberté des particuliers. L'affirmation de ces droits dans la constitution est primordiale. C'est le problème de la liberté qui a donné naissance aux constitutions.

Il n'y a rien de plus dangereux pour un pays, quel qu'il soit, qu'une élite bornée et sans idéal. Le rôle des élites intellectuelles est de poser les problèmes de leur pays. Si elles ne le font pas, d'autres pays s'immisceront dans la réalité quotidienne de leurs activités et les penseront à leur place. Ils agiront pour leur intérêt et non pas pour leur rendre service. Une élite à l'esprit médiocre, portée aux intrigues, au moment où elle devrait éclairer son peuple, fait faillite !

Faut-il le rappeler, la Constitution du Cameroun du 18 février 1996 fut le résultat d'âpres négociations menées par l'UPC et le RDPC dans le cadre de l'Alliance RDPC-UPC du 28 septembre 1992. En effet, cette Constitution consacre la fin des lois d'exception, la démocratie, la décentralisation, etc. A cet effet, le Parti historique a le devoir de prêcher par l'exemple en prônant le respect des lois du pays.

L'UPC doit ainsi défendre le Cameroun contre vents et marées et mettre à nu les imposteurs dont les racines sont ailleurs et dont l'ambition est d'asservir le Cameroun.

La Voix du Cameroun, n° 322, juillet-août 2005, p.3.

VI

L'alchimie de l'information dans la presse camerounaise

A la faveur de la libéralisation de la communication sociale au Cameroun au début de la décennie 90, le paysage médiatique national a connu une transformation fulgurante au niveau de la presse. En un temps record, des dizaines de titres ont fait leur apparition aux côtés de la vieille garde constituée par quatre ou cinq journaux. Seulement, cette transformation radicale a débouché sur une sorte d'alchimie de l'information dans la presse pour autant que celle-ci restât prisonnière de la personnalisation de la politique, du sensationnalisme et de la manipulation. Chronique des mystifications et des délires d'une presse en crise.

Recul de l'objectivité

La presse constitue un élément essentiel dans la création et le développement d'une culture démocratique dans tout pays. Car, les informations qu'elle véhicule influencent les besoins, les attitudes et les aptitudes qu'implique la vie sociale. Mais, aussi, les aspirations individuelles autant que les choix politiques. Par conséquent, la presse doit être libre, pluraliste et indépendante tout en assumant la responsabilité qui est la sienne vis-à-vis de la société. Le rapport délicat entre la liberté d'expression et le droit du citoyen à une information objective et non falsifiée est un problème que toute presse crédible s'engage à résoudre.

Depuis 1990, la liberté d'expression au Cameroun est consacrée par la loi. Les lois d'exception et le délit de subversion, qui étaient jadis les éléments angulaires de la répression dans l'ancien régime, ont été abolis. Dès lors, la liberté d'expression est devenue un élément fondamental dans le processus de démocratisation et de construction de l'Etat de droit au Cameroun.

La législation camerounaise fournit le cadre institutionnel de la relation entre la presse et le domaine public des affaires humaines. Seulement, cette relation repose en grande partie sur les valeurs culturelles et éthiques, ou, de façon plus large, sur la culture démocratique de la société. Cela signifie qu'à l'intérieur du cadre institutionnel ou de l'espace public établi, il existe une conscience publique par laquelle la presse, tout en jouissant amplement de la liberté d'expression, assume aussi librement une responsabilité sociale.

Dans ce contexte, les pouvoirs publics garantissent la liberté de l'information, se soumettent à la sanction de l'opinion publique et ne succombent pas à la tentation de définir le contenu de la presse.

Toute tentative effectuée par les pouvoirs publics pour dicter son contenu à la presse ne peut donc aboutir qu'à la mise en accusation de l'Etat devant l'opinion nationale et internationale.

La presse contribue fortement à façonner l'opinion publique, mais la liberté et la démocratie ne peuvent réellement exister sans une information objective et crédible. L'objectivité est une attitude de l'esprit scientifique, lequel met l'accent sur le fait que les composants du savoir, depuis les propositions simples jusqu'aux théories complexes, ont des propriétés et des caractéristiques qui dépassent les croyances et les degrés de connaissance des individus qui les conçoivent et les prennent en compte.

Ainsi, l'esprit objectif privilégie les caractéristiques des éléments ou corps de savoir auxquels sont confrontés les individus, indépendamment de leurs attitudes, de leurs croyances ou autres états subjectifs. En matière de journalisme, l'objectivité n'est pas autre chose que l'attitude qui consiste, chez le journaliste, à considérer les faits comme sacrés. L'attitude conforme du journaliste vis-à-vis des faits est une approche objective, le compte rendu conforme est une information objective.

En ce sens, le journaliste projette une réalité concrète, et, à la fois, lui répond. Dans cette réalité, le fait est neutre au même titre que le compte rendu. L'objectivité n'a pas en elle-même un but et n'est pas davantage structurée en fonction d'un but. Mais, c'est justement parce qu'elle est neutre que l'objectivité est rattachée à un sujet historique spécifique, c'est-à-dire à la conscience qui prévaut dans la société par laquelle et pour laquelle cette neutralité est établie.

Ainsi, en assumant sa responsabilité sociale, la presse façonne l'opinion publique selon les critères de la vérité objective. Car, dans la mesure où la lutte pour la vérité sauve la réalité du mensonge et de la destruction, la vérité engage l'existence humaine. Elle est essentiellement un projet humain. Si le citoyen a appris à voir et à connaître ce qui réellement est, il agira en accord avec la vérité. La liberté d'expression est éthique par elle-même et l'éthique est connaissance.

Or, le problème majeur qui se pose à la presse camerounaise, c'est précisément le problème de l'objectivité. La presse camerounaise a contribué au recul des idées et des idéologies politiques au profit de la personnalisation de la politique et de la manipulation.

« Les professionnels des médias devraient reconnaître que la liberté d'expression doit aller de pair avec les autres droits de l'homme fondamentaux, y compris la liberté de ne pas être victime d'exploitation ni d'intimidation » (Bettina Peters).

Si personne ne peut valablement contester le principe selon lequel il est normal que, dans l'intérêt bien compris du peuple et des dirigeants, la vie privée des personnalités publiques soit moins respectée que celle des citoyens ordinaires, il faut aussi s'interroger sur l'utilité pour le public de tout ce qui a trait à ces personnalités. Il existe une limite au-delà de laquelle l'intérêt général fait place au voyeurisme et à la curiosité malsaine. Dans ces conditions, c'est la culture démocratique elle-même qui est en danger de disparition.

Dans les conditions drastiques où les Camerounais pensent et vivent, la presse apparaît comme un avatar d'une société en proie à une crise multidimensionnelle. La mauvaise conjoncture économique exerce une pression particulièrement négative sur la presse. Celle-ci dépend, beaucoup plus que les entreprises des autres secteurs, de son public non seulement pour vendre ses produits, mais également pour attirer les annonceurs. Or, lorsque le pouvoir d'achat des ménages baisse, les journaux sont souvent les premières dépenses à être sacrifiées par ceux qui cherchent à rétablir l'équilibre dans leur budget.

A partir du moment où la presse ne parvient pas à survivre sur le marché, elle devient immédiatement un instrument aux mains de groupes d'intérêts qui l'utilisent alors pour défendre leurs privilèges ou pour régler leurs comptes.

A l'heure actuelle, la presse camerounaise est le théâtre privilégié des pratiques anti-démocratiques, notamment : La haine, la jalousie, la médisance, le mensonge, etc. La plupart des articles qui y sont publiés concernent les personnalités politiques et économiques et non les idées. Ainsi, le débat d'idées cède aux querelles de personnes. La presse camerounaise a fortement contribué à la montée d'une vision sectaire et rétrograde de la société.

Restaurer la déontologie

Il est vrai que certains principes cardinaux du journalisme sont défendus par quelques journalistes. Cependant, ceux-ci demeurent marginaux, Dans la plupart des cas, des règles fondamentales telles que : la séparation des faits et des opinions, le respect du point de vue d'autrui ou le refus d'utiliser la presse pour régler des comptes, sont généralement violées.

Aujourd'hui, la presse a le devoir de s'auto-réglementer. Cela présuppose, de la part de ceux qui y travaillent, un respect scrupuleux des règles et des devoirs qui régissent la profession (déontologie). Or, la proportion dans laquelle la presse peut se réorganiser elle-même pour être crédible, est un indicateur fiable pour la santé de la démocratie camerounaise. L'auto réglementation de la presse n'appartient pas aux pouvoirs publics.

Qui plus est, la presse doit pouvoir se débarrasser des résidus que la crise économique a poussés vers le journalisme sans expérience professionnelle ni expérience de la vie. Ceux-là ont grossi quantitativement les rangs, mais, en provoquant une baisse qualitative remarquable. La presse est devenue le reflet des tares de notre système éducatif, depuis les lacunes en sciences sociales, en histoire, en géographie, etc., jusqu'à l'incapacité de rédiger, en passant par la méconnaissance de la grammaire.

Tout effort pour réorganiser la presse en assurant aux futurs journalistes une formation soutenue et de qualité, devrait renforcer les potentialités de la presse en tant qu'instrument essentiel d'éducation à la liberté et à la démocratie et en tant que facteur important de développement de la culture démocratique au Cameroun.

Il s'agit bel et bien de bâtir une société démocratique au Cameroun, d'assurer à tous les Camerounais des conditions égales d'accès au bonheur. Et ce serait tout à l'honneur de la presse d'y avoir fortement contribué.

La Voix du Cameroun, N°322, juillet-août 2005, p.6.

VII

Le problème camerounais : Histoire et progrès

Les peuples qui font l'histoire sont précisément ceux qui ont accédé à la rationalité, c'est-à-dire à l'aptitude mentale qui consiste à transcender les limites de la vie matérielle immédiate et à élargir le domaine de la liberté. En vertu de cette aptitude même, ces peuples mobilisent en permanence tout le capital d'engineering qu'ils ont accumulé, en vue de bâtir et de défendre leur société. Seuls ces peuples ont accès au progrès. Par contre, dans notre société camerounaise dominée par des comportements irrationnels parce qu'étrangers à la rationalité historique, le progrès est devenu une simple vue de l'esprit. Autopsie d'une décadence.

La crise du pathos de la distance

Seuls les ascètes font l'Histoire, déclarent les esprits bien-pensants. Autrement dit, ceux qui se rendent aptes à transcender la satisfaction immédiate pour une satisfaction réelle et plus sûre. Ceux-là sont animés par le pathos de la distance, qui désigne le sentiment fondamental qui les amène à établir une distinction radiale entre ce qui est « bon », c'est-à-dire élevé et digne de respect, et ce qui est « mauvais », c'est-à-dire vulgaire et populacier.

Ce sont ces hommes et ces femmes qui accèdent à la grandeur et sont célébrés en tant que valeurs de référence pour leur société. Les actes positifs qu'ils posent en faveur de leur pays, pour autant que ces actes conditionnent leur mode d'existence, ils sont reconnus, acceptés et soulignés comme tels.

Les sociétés qui célèbrent ces valeurs progressent à un degré sans précédent, tandis que les sociétés qui détruisent ces valeurs restent toujours en arrière. Dans notre société irrationnelle, « tout ce qui élève l'individu au-dessus du troupeau et qui fait peur au prochain s'appellera le mal ; une attitude de fierté hautaine, de dureté aristocratique, le goût de ne relever que de soi, éveilleront la méfiance. L'agneau, et plus encore le mouton, gagneront en considération » (Nietzsche).

Dans cette société, le nivellement des valeurs par le bas a suscité le développement d'habitudes et de comportements dictés par référence à des valeurs archaïques. C'est ainsi qu'on se livre à la destruction des hommes qu'on a formés pendant des dizaines d'années. Il s'agit là des tares qui ont amené les Camerounais à détruire eux-mêmes ce qui représentait leurs instruments précieux dans la lutte pour l'existence.

C'est ainsi encore que la systématisation du sectarisme dans certains domaines, la montée de la méchanceté dans les rapports entre les cadres eux-mêmes et la vision sectaire, rétrograde, de la société, ont empêché la mobilisation des compétences nationales.

Renouer avec l'Histoire

A l'heure actuelle, un débat agite la classe politique française et les cercles d'intellectuels, à propos du rôle positif que les autorités entendent assigner à l'entreprise coloniale française au Maghreb et ailleurs. On réchauffe ainsi la vieille idéologie de la vocation civilisatrice de l'hexagone à travers l'Histoire, idéologie sous-tendue par l'affirmation selon laquelle les sociétés inférieures engluées dans la barbarie ne peuvent trouver leur salut qu'en se soumettant au diktat des sociétés civilisées.

On prétend alors que les sociétés inférieures sont des sociétés froides, peu affectées par les effets de l'entropie, proches du degré zéro de température historique. Ces sociétés résistent aux forces de contestation et de changement. Elles ignorent la division du travail social. Au contraire, les sociétés civilisées sont des sociétés chaudes, très affectées par les effets de l'entropie.

Ce sont elles qui font l'Histoire en tant qu'elles restent assujetties à l'action des forces de contestation et de changement. Elles connaissent la division du travail social.

Seulement, pour sortir de sa barbarie et de sa cécité, notre société ne peut valablement calquer sa politique de développement sur le modèle du progrès en vigueur dans les sociétés dites civilisées. Elle est contrainte à l'innovation.

Pour cela, elle doit renouer avec l'Histoire, la vraie Histoire. Non pas l'Histoire conçue comme une concaténation articulée autour du rapport domination-servitude, mais, l'Histoire marquée par la lutte héroïque des nationalistes et des patriotes en vue de l'indépendance et de la réunification de notre pays.

En vertu de cet héritage glorieux, le comportement sur lequel doit être basée la confiance du pays mérite une grande attention. C'est pourquoi, nous disons : Tous les Camerounais doivent se réconcilier avec leur histoire en cessant d'être manipulés par les forces du mal.

Il faut que les Camerounais comprennent que les querelles de personne, la médisance organisée, la haine, la jalousie et les rivalités individuelles, doivent prendre fin au sein de la société.

Il faut surtout qu'ils comprennent que la lutte pour le leadership, la recherche de l'intérêt individuel, le refus de transcender le moi, le tribalisme, le refus de comprendre et la méfiance, sont des maux qui freinent cette société au rendez-vous des bâtisseurs de l'Histoire.

Nous devons réconcilier les vivants et les morts. Les vivants doivent tout aux morts dans ce pays. Si ce geste n'est pas fait et qu'on croit diriger la société en confisquant le pouvoir, on ne fera qu'appeler les malheurs dans le pays.

L'esprit malfaisant qui s'installe dans notre société en est la preuve. Aucun pays ne peut se développer en cultivant l'ingratitude et la méchanceté qui sont les qualités de l'esprit maléfique. Il faut chasser le mauvais esprit qui habite ce pays et qui rend les gens gratuitement méchants.

Seuls les peuples libres ont accès au progrès et seuls ces peuples sont capables d'accéder à la prospérité. Le Cameroun sera en conséquence bâti par les Camerounais eux-mêmes, avec leur génie créateur, pour qu'ils puissent accéder à la jouissance qui revient à ceux qui ont réussi une grande conquête : Celle de la liberté. Comprenne qui pourra !

La Voix du Cameroun, N° 324, mars 2006, p.5.

VIII

Combattre la fraude électorale

Introduction

Notre communication est centrée sur le thème: Combattre la fraude électorale. Ce thème à la fois évocateur et symbolique met en évidence le rôle central des acteurs sociaux- élite intellectuelle et masses populaires- dans la lutte pour la mise en place des lois et des institutions démocratiques au Cameroun. En ce sens, et en vertu de leur spécificité, les institutions politiques qui consacrent des situations de droit nouvelles, ne sont autre chose que des «armistices sociaux ». Cela signifie que leur adoption est destinée à fermer une page de l'Histoire pour en ouvrir une autre. Ces institutions sont en première approximation destinées à consigner les solutions qui ont dicté leur élaboration.

A cet égard, une question de fond se pose : Les lois existantes apportent-elles une solution aux problèmes brûlants que soulève l'immobilisme qui caractérise les institutions héritées de la période coloniale? Et quelle solution?

Au point de départ, le nœud de la question de la fraude électorale apparaît au niveau de la distinction qu'il convient d'établir entre la majorité politique du pays, appréciable par rapport au corps électoral en général, et la majorité juridique, appréciable par rapport aux participants à la vocation populaire.

Posée de cette façon, cette question emporte le constat suivant : L'absence d'une majorité politique en faveur des lois existantes, malgré une majorité juridique qui trompe parfois les caciques rétrogrades du monolithisme, rend improbable toute solution réelle aux grands problèmes qui se posent à la nation.

De plus, lors de l'élaboration des lois, des préoccupations de toutes sortes se manifestent, bonnes ou mauvaises. Ces préoccupations peuvent vicier, altérer et en dernière limite fausser les lois. Celles-ci peuvent alors devenir les instruments d'un homme, de préférence celui qui les inspire et les finalise, ou bien elles peuvent devenir les instruments démagogiques d'un groupe. Dans les deux cas il n'y a pas de lois parce que la volonté du peuple est bafouée.

Cependant, dans l'ordre des faits et des préoccupations, il est une chose qui fut à l'origine de la naissance des lois. C'est le problème de la liberté des individus, c'est-à-dire des hommes.

Or, la constante de l'autorité commandante doit consister à chercher à concilier la marche nécessaire des services publics, avec la liberté des particuliers.

Personne n'ignore que cela est difficile, mais, cela signifie aussi que les clauses fondamentales d'une loi, c'est tout ce qui concerne la liberté des particuliers. C'est le problème de la liberté qui a donné naissance aux lois.

Ainsi, la problématique de notre communication s'énonce de la manière suivante : L'accès du peuple camerounais à la liberté et dans la mesure où les contraintes majeures imposées par la rigidité du système, au moyen de la fraude électorale, peuvent entraver son accès à la liberté.

De cette problématique découlent les hypothèses suivantes:

1- Il existe une typologie de la fraude électorale, dont l'analyse raisonnée des éléments constitutifs permet de mettre au jour l'évolution de la politique camerounaise vers le retour au Parti unique;

2- Au regard de ce qui précède, nous pouvons évaluer les alternatives à la fraude électorale, lesquelles impliquent une refonte systématique des lois en vigueur.

Nous serons guidés dans notre démarche par les éléments angulaires suivants :

I- Définition des concepts ;

II- Typologie de la fraude électorale ;

III- Alternatives à la fraude électorale.

Nous achèverons notre communication par une conclusion d'usage.

1- Définition des concepts

Trois concepts constituent la trame de notre démarche, et leur définition nous permet de circonscrire le champ de notre analyse. Il s'agit des concepts de loi, d'élection et de fraude.

1-1- Du concept de loi

Dans le contexte qui nous préoccupe, le concept de loi désigne la prescription ou l'ensemble des règles établies par l'autorité souveraine de l'Etat, applicables à tous, et définissant les droits et les devoirs de chacun. C'est en ce sens qu'on emploie les expressions telles que : « Selon la loi en vigueur », « projet de loi », « avoir force de loi », « loi d'habilitation », « loi d'orientation », etc. De plus, on emploie l'expression de «loi (s) fondamentale (s)pour désigner la Constitution ou les textes formant la Constitution d'un pays.

1-2- Du concept d'élection

Le concept d'élection signifie, dans notre contexte, le choix qu'on exprime par l'intermédiaire d'un vote : Election au suffrage universel, notamment : Les élections municipales, législatives, présidentielles, etc.

1-3- Du concept de fraude

Le concept de fraude désigne l'acte de mauvaise foi accompli en contrevenant à la loi ou aux règlements et nuisant au droit d'autrui.

Exemples : La fraude électorale, la fraude fiscale, etc.

2- Typologie de la fraude électorale

Suivant notre hypothèse de départ, il existe une typologie de la fraude électorale, dont la mise en saillie des éléments angulaires permet d'établir qu'au Cameroun, et cela depuis la restauration du multipartisme, les consultations électorales qui se sont déroulées ont été entachées de graves irrégularités qui ont faussé la transparence du scrutin.

Dans le cadre des activités des formations politiques existantes, lesquelles concourent à l'expression du suffrage universel, leur mobilisation en vue d'affronter les élections s'est toujours clairement manifestée. Les cadres de ces formations politiques ont parcouru les provinces du pays afin de pouvoir faire sortir des listes honorables là où c'était possible.

Seulement, ces cadres ont rencontré, à cet effet, une résistance organisée au niveau des autorités préfectorales, dont l'omniprésence dans le processus électoral constituait le signe avant-coureur de la confrontation qui se dessinait à l'horizon. Donc, les élections que ces formations politiques préparaient ne se dérouleraient pas où on le croyait, c'est-à-dire dans les urnes, mais c'était sur le plan administratif que se jouerait, en fin de compte, le résultat.

Le fait que l'administration manipulait les procès-verbaux, d'une part, et, le fait de la coalition d'un parti politique avec l'administration, d'autre part, démontraient que le Cameroun ne pouvait pas atteindre la démocratie par la voie du système électoral en vigueur.

Il suffit, pour nous en convaincre, d'examiner les éléments constitutifs de la fraude électorale suivants, qui ont altéré, et, en dernière analyse, faussé le jeu électoral au Cameroun:

2-1- Le découpage administratif arbitraire

Suivant l'article 4 de la loi fixant les conditions d'élection des conseillers municipaux (loi N°92-002 du 14 août 1992), «le nombre des conseillers municipaux est fixé ainsi qu'il suit :

-61 conseillers municipaux dans les communes de plus de 200 000 habitants;

-45 conseillers municipaux dans les communes de plus de 100 000 habitants;

-41 conseillers municipaux dans les communes de plus de 50 000 habitants;

-35 conseillers municipaux dans les communes de plus de 40 000 habitants;

-25 conseillers municipaux dans les communes de moins de 40 000 habitants.

En outre, selon l'article 2 de la loi fixant les conditions d'élection des députés à l'Assemblée nationale (loi N° 91-20 du 16 décembre 1991, modifiée par la loi N° 97-13 du 19 mars 1997), «le nombre de sièges est fixé à cent quatre-vingt».

L'article 3 précise : « Le département constitue la circonscription électorale. Toutefois, compte tenu de leur situation particulière, certaines circonscriptions pourront faire l'objet d'un découpage spécial par voie réglementaire ».

L'article 4 ajoute: « Un décret fixe le nombre de députés représentant chaque circonscription en fonction du chiffre et de la répartition de la population sur l'ensemble du territoire national ».

Or, à l'évidence, le découpage administratif qui s'est opéré jusqu'alors, avec la création de nouvelles circonscriptions et des communes à régimes spéciaux, ne répondait à aucun critère objectif, si tant est que le dernier recensement de la population, dont les résultats sont disponibles, a eu lieu en 1987. De plus, les résultats du Troisième recensement général de la population et de l'habitat (RGPH) lancé le 30 novembre 2005, ne sont pas encore disponibles.

On peut donc légitimement penser que les décrets publiés dans le sens indiqué plus haut, n'ont été jusqu'ici rien d'autre que les manifestations les plus évidentes des manœuvres juridiques organisées par l'autorité commandante pour concéder un avantage sérieux au parti-Etat par rapport à ses adversaires. Qui plus est, la collusion du Parti-Etat avec l'administration est ici la clé de voûte de ces manœuvres destinées à fausser la transparence sur le terrain.

2-2- La manipulation des opérations préparatoires

Selon les articles 27 de la loi fixant les conditions d'élection des députés à l'Assemblée nationale, et 12 de la loi fixant les conditions d'élection et de suppléance à la présidence de la République (loi N°92-10 du 17 septembre 1992), « sont considérées comme opérations préparatoires : L'établissement et la révision des listes électorales, ainsi que l'établissement et la distribution des cartes électorales ».

A ce niveau, en effet, la manipulation concerne les inscriptions sélectives sur les listes électorales, autant que l'établissement et la distribution arbitraires des cartes électorales.

2-2-1- Des inscriptions sélectives sur listes électorales

L'article 53 de la loi fixant les conditions d'élection des députés prévoit que « la révision annuelle des listes électorales commence au 1er janvier de chaque année ».

Cette opération n'a pas encore démarré pour cette année 2007 au moment où nous présentons cette communication.

En outre, l'article 28 de la même loi confère la charge d'établir les listes à l'autorité administrative, « en collaboration avec les représentants des partis politiques légalisés présents sur son territoire de commandement », tandis que l'article 29 institue dans chaque arrondissement une commission de révision des listes électorales présidée par « un représentant de l'administration désigné par le préfet ».

De même, l'article 48 prévoit une liste électorale dans chaque commune, dont la forme est fixée par arrêté préfectoral.

Par ailleurs, l'article 12 de la loi fixant les conditions d'élection et de suppléance à la présidence de la République reprend les dispositions de l'article 28 de la précédente loi en ce qui concerne l'établissement des listes électorales.

De la même façon, l'article 13 de cette loi est identique à l'article 29 de la précédente loi, concernant l'institution et la composition de la commission de révision des listes électorales, tout comme l'article 32 reprend les dispositions de l'article 48 de la loi sur la députation pour le cas de la réforme des listes électorales, autant que l'article 37 qui reprend les dispositions de l'article 53 de la loi sur les députés relatives à la révision des listes électorales.

De tout ce qui précède, on peut affirmer que la suprématie exercée par l'autorité administrative sur ces opérations préparatoires contribue à semer le doute dans les esprits et constitue la voie la plus assurée qui mène à la manipulation des listes électorales.

C'est ainsi que l'implication des chefs traditionnels, des élites, des responsables du Parti-Etat, aux côtés des autorités administratives, favorise les inscriptions favorables à ce Parti.

Aussi, l'absence de méthode de travail provoque-t-elle une désorientation des électeurs : certains électeurs régulièrement inscrits pour figurer dans un bureau de vote précis, découvrent souvent leurs noms dans des bureaux éloignés de leurs lieux de résidence. Pire, certains électeurs retrouvent plusieurs fois leurs noms dans différents bureaux de vote.

On peut également évoquer la négligence, la non-publication du calendrier des descentes des commissions sur le terrain, le choix hasardeux des lieux et heures de ces descentes, comme des éléments qui contribuent à fausser les inscriptions sur les listes électorales.

2-2-2- De l'établissement et de la distribution arbitraires des cartes électorales.

Les articles 30 de la loi sur la députation et 14 de la loi sur la présidentielle précisent l'institution et la composition dans chaque arrondissement ou district des commissions de contrôle, d'établissement et de distribution des cartes électorales, présidée par un représentant de l'administration désigné par le préfet.

Egalement, les articles 65 de la loi sur la députation et 49 de la loi sur la présidentielle, précisent les conditions de distribution, de conservation, de renouvellement des cartes électorales.

Seulement, à l'analyse, les faits sont en contradiction flagrante avec ces dispositions légales. L'établissement des cartes électorales par les autorités administratives engendre la méfiance et la contestation.

C'est ainsi que certains électeurs souvent militants ou sympathisants du Parti-Etat se retrouvent avec plusieurs cartes électorales, tandis que d'autres, qui se sont inscrits régulièrement, n'obtiennent pas de cartes.

De plus, certaines cartes sont établies avec des erreurs ou des omissions qu'on peut qualifier de volontaires, en tant qu'elles touchent souvent des électeurs des zones favorables à l'opposition : absence de référence à la carte nationale d'identité, la filiation, la profession, etc.

La distribution tardive des cartes électorales, le désordre organisé dans cette distribution, sont autant de facteurs qui faussent la régularité du scrutin, tout comme l'impossibilité pour certains électeurs de voter parce que leurs noms ne figurent pas sur les listes électorales, alors qu'ils sont en possession de leurs cartes électorales.

3- La manipulation des préliminaires des opérations électorales

Lorsque les conditions préalables à la tenue du scrutin sont réunies, les préliminaires des opérations électorales concernent les actes pris par l'autorité commandante pour assurer la participation optimale et régulière du corps électoral à l'élection concernée. Seulement, ici aussi, de sérieuses irrégularités ont entaché ces préliminaires qui comprennent notamment : La convocation du corps électoral, la déclaration des candidatures, la campagne électorale et le financement des partis politiques.

A ce stade, les éléments de la fraude se manifestent essentiellement aux niveaux de la campagne électorale et du financement des partis politiques.

3-1- De la campagne électorale inégale

Les articles 28 de la loi fixant les conditions d'élection des conseillers municipaux, 81, 82, 83, 84, 85, 86, 87, 88, 89, 90, 91, 92, 93, et 94 de la loi sur la députation et 64, 65, 66, 67, 68, 69, 70, 71, 72, 73, 74, 75, et 76 de la loi sur la présidentielle, fixent les conditions du déroulement de la campagne électorale, pour les cas précis du nombre de bulletins de vote pour chaque candidat, la date d'ouverture de la campagne, le visa à accorder aux professions de foi des candidats par le MINAT, le dépôt de ces documents à la préfecture, la saisie éventuelle des documents contrevenants par l'autorité administrative, les emplacements réservés pour les affiches, l'organisation des réunions par les partis politiques, l'autorisation spéciale de l'autorité administrative pour les réunions sur la voie publique, la participation à ces réunions d'un fonctionnaire délégué par l'autorité administrative, la responsabilité des membres du bureau et les organisateurs de ces réunions, l'interdiction de distribuer des documents en rapport avec le scrutin le jour du scrutin, l'interdiction de publier, de diffuser et de commenter tout sondage d'opinion ayant un rapport direct ou indirect avec le scrutin pendant les deux mois qui précèdent le scrutin et pendant son déroulement, l'interdiction à tout candidat de porter atteinte à 1'honneur ou à la considération d'un autre candidat, etc.

De tout ce qui précède, on peut établir que la prédominance de l'administration dans le processus électoral a dévoilé son orientation napoléonienne articulée autour du principe de l'autorité dans les rapports entre l'administration et les administrés.

La situation du Cameroun mettait donc en évidence le dérapage du système politique par rapport aux aspirations des populations. Et lorsque le système tournait pour lui-même, pour son maintien et pour sa durée, il ne croyait plus à la mission de service public, mais à la seule victoire du Parti-Etat.

Ce qu'on a constaté, en effet, au cours des campagnes électorales, c'est la mobilisation du parti- Etat, pour mettre ses rouages en branle, d'un côté, et, l'agitation fébrile de l'Administration pour canaliser et orienter l'opinion publique, de l'autre.

La mobilisation des partis politiques de l'opposition pour battre campagne honorablement a déclenché du même coup la réaction du pouvoir, qui encourageait les réseaux parallèles à relancer la confusion dans leurs rangs.

C'est ainsi qu'on a constaté la diffusion des manifestes, des fiches et formulaires non signés dans les villes et villages ; le lancement des tournées de banquets dans les fiefs de l'opposition ; l'organisation des diversions dans les médias publics. La panique semblait donc s'emparer du pouvoir qui avait toujours organisé des divisions artificielles dans les rangs de l'opposition.

Le pouvoir était allé plus loin jusqu'à nommer des responsables dont l'action était de faire campagne contre les partis de l'opposition. L'agitation constatée jusqu'alors expliquait l'embarras du pouvoir et les divagations de l'Exécutif, devant la perspective d'une défaite du Parti-Etat à l'issue du scrutin.

Le zèle de certaines autorités administratives, d'une part, l'utilisation ouverte de la corruption comme moyen électoral, ajoutés aux intimidations, avaient marqué l'ensemble des campagnes électorales. On a donc constaté que la corruption imposée aux populations comme une méthode électorale avait utilisé l'état de besoin dans lequel se trouvait plongée une grande partie de la population, au point où on déduisait que l'on appauvrissait les gens pour être en mesure de les acheter.

Qui plus est, on abrutissait l'opinion publique en transformant les médias d'Etat en de vulgaires instruments de propagande du parti-Etat.

3- 2- Du financement inégal des partis politiques

La loi N° 2000-015 du 19 décembre 2000 relative au financement des partis politiques et des campagnes électorales prévoit en son article 4, une subvention publique en faveur d'un parti politique, pour contribuer notamment:

1-« Au fonctionnement de son administration courante ;

2- A la diffusion de son programme politique ;

3- A la coordination de l'action politique de ses membres ;

4- A la préparation aux consultations électorales ;

5-A la participation du parti politique aux différentes commissions électorales prévues par la législation en vigueur ».

Cette subvention annuelle est répartie en deux tranches d'égal montant, destinées :

1- «Aux partis politiques représentés à l'Assemblée nationale ;

2- Aux partis politiques en fonction de leurs résultats à la dernière élection législative ».

L'Etat subventionne également la campagne électorale à travers une dotation inscrite dans la loi de finances de l'année concernée.

Cette subvention est également découpée en deux tranches d'égal montant:

a- L'une versée aux partis politiques ayant participé à la dernière élection législative proportionnellement au nombre de sièges obtenus ;

b- L'autre est versée à tous les partis politiques en compétition, au prorata des listes présentées et validées dans les différentes circonscriptions électorales.

On voit très bien ici où était le cœur du problème. En fait, les déblocages de fonds n'intervenaient le plus souvent qu'à quelques jours avant le scrutin, et, ce, après la validation des candidatures, c'est-à-dire au milieu de la campagne électorale. Ce qui obligeait les partis politiques à rechercher les moyens pour préfinancer leur campagne électorale.

Bien plus, le déblocage annuel des subventions de l'Etat en faveur des partis politiques accusaient des retards inexplicables.

En outre, le Parti-Etat accaparait l'essentiel des fonds débloqués, du fait de sa victoire « écrasante» et programmée aux élections.

D'un autre côté, tous ceux qui ont fait le bruit pour la démocratie, et qui se sont plus ou moins liés aux fortunes accumulées par le négoce frauduleux, étaient les personnalités ressources pour financer les campagnes électorales du Parti-Etat.

Ainsi, les populations, qui n'étaient pas bien formées et éduquées, devenaient les jouets d'une machination machiavélique au profit d'intérêts mafieux organisés.

4- Le trucage des opérations électorales

Jusqu'alors, les élections auxquelles les partis politiques ont pris une part active, ne se déroulaient pas où on le croyait, c'est-à-dire dans les urnes, mais c'était sur le plan administratif que se jouait en fin de compte, le résultat.

Les machinations électorales ont marqué les opérations et il était dès le départ impossible de renverser une machine qui avait été conditionnée pour les malversations. Cela avait abouti aux résultats programmés que tous les Camerounais connaissaient.

Les malversations ont concerné : La mauvaise localisation des bureaux de vote et le déroulement anormal du scrutin.

4-1- De la localisation irrégulière des bureaux de vote

Les articles 95, 96 et 97 de la loi sur la députation, et 77 et 78 de la loi sur la présidentielle attribuent au ministre de l'Administration Territoriale, le soin de fixer par arrêté, sur proposition des préfets, la liste des bureaux de vote pour chaque circonscription administrative, qui doit être affichée aux chefs-lieux des circonscriptions au moins cinq jours avant le scrutin. Il en est de même de l'organisation des bureaux de vote.

Seulement, beaucoup d'électeurs ne connaissaient pas la localisation des bureaux de vote et ont ainsi été désorientés le jour du scrutin.

De même, la confusion organisée et entretenue autour de la localisation des bureaux de vote a entraîné la multiplication de bureaux de vote fictifs qui donnaient lieu à des bourrages.

4-2- Du déroulement anormal du scrutin

Les articles 98, 99, 100, 101 et 102 de la loi sur la députation, et 79, 80, 81, 82, 83 et 84 de la loi sur la présidence de la République fixent les conditions du déroulement du scrutin, à savoir : Inscription sur la liste électorale, vote proprement dit, constatation du vote, conservation des listes électorales émargées.

En outre, le bureau de vote est présidé par un représentant de l'Administration désigné par le préfet (art. 31 de la loi sur la députation et 15 de la loi sur l'élection à la présidence de la République).

Toutes choses étant égales par ailleurs, les problèmes soulevés au cours des opérations préparatoires se répercutaient automatiquement sur le déroulement du scrutin : inscriptions sélectives sur les listes et distribution sélective des cartes électorales. Ces problèmes ont atteint leur apogée dans la pratique des charters.

On entend par charter, un avion affrété par une compagnie de tourisme ou par un groupe de personnes, sur lequel le prix du billet est très avantageux.

A la faveur du détournement de l'administration au profit de certains intérêts mafieux, et de la corruption imposée aux populations comme une méthode électorale, les charters ont été déployés en masse dans les fiefs de l'opposition.

Ils étaient souvent composés de véhicules de transport public bondés de jeunes désœuvrés, d'étudiants et de chômeurs, que chaque période de croissance économique, succédant à chaque période de crise exclue en permanence de la société productive. Ceux-ci accomplissaient le sale boulot en votant chacun plusieurs fois dans différents bureaux de vote, moyennant une pitance de deux mille ou de cinq mille francs CFA. Ils contribuent ainsi à fausser les résultats du scrutin.

En tout état de cause, il est établi que la typologie de la fraude électorale existante au Cameroun, s'est manifestée à travers les éléments angulaires que nous avons mis au jour.

En revanche, il est question maintenant, pour nous, d'évaluer les alternatives à la fraude électorale au moyen d'une refonte du système électoral en vigueur.

5- Alternatives à la fraude électorale

Toute typologie de la fraude électorale au Cameroun s'est trouvée confrontée à un dilemme d'une incommensurable portée. Ce dilemme est de savoir si en acceptant de jouer le jeu électoral, on pouvait amener le changement au Cameroun.

Le fait que l'administration manipulait les procès-verbaux et coalisait avec le Parti-Etat, démontrait que le Cameroun n'était pas prêt à atteindre la démocratie par la voie des urnes. Une telle découverte, imposée par les faits, obligeait les partis politiques à réviser leur stratégie d'action à appliquer en vue du changement au Cameroun.

Dans l'ordre des faits et des évènements, nous projetons les alternatives à la fraude électorale en vue du changement qualitatif au Cameroun, de la manière suivante : l'éducation des représentants des partis politiques, le recul de l'administration et la mise en place d'un organe indépendant chargé d'organiser les élections.

5-1- L'éducation des représentants

Le problème central de la situation à ce moment c'est de déterminer quel est le degré de liberté des Camerounais et de demander s'ils veulent être des hommes libres.

Tout le problème de l'évolution démocratique se résume en une seule phrase : L'accès à la liberté au profit du peuple camerounais, dans la mesure où les contraintes majeures imposées par la rigidité du système peuvent entraver son accès à la liberté.

Les habitudes prises depuis de longues années ne peuvent pas être changées d'un coup de baguette magique. L'inculture politique dont les preuves ont été officiellement étalées au grand jour pendant les élections, obligent les partis politiques à découvrir que la bataille prochaine se situera au niveau de la formation des populations, en général, et de leurs représentants, en particulier.

L'action à venir consiste, pour ces partis, à éduquer et à former leurs représentants dans l'esprit patriotique, à leur faire découvrir leur devoir envers la patrie, afin d'éviter la servitude qui est en préparation au-dessus des têtes des Camerounais

Nous recommandons qu'au lieu d'organiser les meetings avec les grands discours, il faut organiser des rencontres pour éduquer, instruire, afin que le camerounais soit placé dans la réalité, et qu'il puisse assumer ses propres responsabilités.

L'orientation des partis politiques en optant pour l'encadrement et la formation de leurs représentants, en vue de renforcer leur détermination et leurs convictions politiques, doit les amener à être actifs sur le terrain. Si leurs militants peuvent prendre connaissance de la réalité du processus électoral, ils seront capables de réagir à bon escient et personne ne pourra se targuer de les tromper tout le temps.

Les hommes politiques qui excellent dans les intrigues, la machination, le double jeu, croient que la politique est réduite à de sordides machinations. Nous disons que pour bâtir un pays solidaire et démocratique, il faut une politique ouverte et connue, avec les moyens de cette politique. On ne peut pas conduire un peuple dans le brouillard, il faut l'aider à découvrir lui-même son chemin.

5-2- Le recul de l'administration

L'administration en place au Cameroun excelle dans les intrigues, les rencontres nocturnes, les complots à base de corruption. Les gens utilisent la délation et mettent en jeu, suivant les circonstances, les intimidations en arguant de leur appartenance au pouvoir. Il s'agit ici d'exploiter l'appartenance au pouvoir pour intimider la population et lui imposer l'ordre voulu par les cercles mafieux.

On a découvert l'arsenal des pratiques qu'ils ont mis au point afin de s'emparer de l'Etat et de l'assujettir à leurs intérêts.

Le danger qui guette le Cameroun provient de cette émergence de gens sans scrupule, sans foi ni loi au niveau de ceux qui doivent élaborer les lois de la République.

C'est pourquoi, des pratiques licencieuses sont rencontrées à la surface et on s'oriente vers l'amalgame à tous les niveaux et vers l'anarchie. On se demande d'ailleurs où tout ceci peut aller, dans la mesure où la pression internationale oblige le Cameroun à adopter la transparence et la bonne gouvernance dans la conduite des affaires publiques.

Dans ce contexte, l'administration doit être exclue du processus électoral, si tant est que les moyens traditionnels de conservation du pouvoir qu'elle a toujours mis en branle, ont cessé d'être efficaces.

Les rapports conflictuels que l'immobilisme constaté au niveau des institutions républicaines, peut provoquer avec la Communauté internationale, sont la menace permanente qui pèse sur le Cameroun comme une épée de Damoclès. Il faut avoir une conscience claire des réalités.

Il existe des limites au blocage du processus de démocratisation du pays qu'on ne peut longtemps ignorer.

5-3- La mise en place d'un organe électoral indépendant

Face à la pression internationale et aux multiples prises de positions de certaines formations politiques de l'opposition, le gouvernement camerounais a entamé un processus de réforme du système électoral en vigueur, qui va de la mise en place de l'ONEL à la création d'ELECAM.

Suivant les dispositions de la loi N° 2000/016 du 19 décembre 2000 portant création de l'Observatoire national des élections (ONEL), modifiée et complétée par la loi N°2003/015 du 22 décembre 2003, « l'ONEL a pour mission de faire respecter la loi électorale de manière à assurer la régularité, l'impartialité, l'objectivité, la transparence et la sincérité des scrutins, en garantissant aux électeurs, ainsi qu'aux candidats en présence, le libre exercice de leurs droits ».

En cas de violation des dispositions de cette loi, l'article 12 de la même loi dispose que l'ONEL invite l'autorité administrative « à prendre les mesures de corrections appropriées. Si l'autorité administrative ne s'exécute pas, l'ONEL propose à l'autorité compétente des sanctions administratives contre le fonctionnaire ou l'agent public responsable. Celle-ci statue sans délai. Le cas échéant, l'ONEL saisit les juridictions compétentes qui statuent elles aussi sans délai ...».

Une question surgit ici, elle peut être formulée de la manière suivante : De quelle influence dispose une structure dépourvue de tout pouvoir de décision, pour amener une autorité administrative à respecter les droits de ceux qui veulent mettre en cause l'armature du pouvoir en place ?

Un observatoire des élections, qui n'organise pas et ne contrôle pas le processus électoral, demeure incapable d'infléchir l'orientation conservatrice des autorités administratives. Seule la mise en place d'un organe indépendant peut garantir la régularité des élections au Cameroun.

A cet effet, une loi portant création d'Elections Cameroon (ELECAM) a été votée à l'Assemblée nationale. Cet organe est censé contrôler tout le processus électoral, depuis les inscriptions sur les listes électorales jusqu'à la proclamation des résultats.

Seulement, si la mise en place de cet organe peut permettre de corriger les errements du passé, force est cependant de constater que certaines dispositions de la loi y afférente sont de nature à créer la suspicion entre les acteurs sociaux qui doivent la mettre en œuvre, à savoir : Le pouvoir, la classe politique et la société civile. Par exemple, le fait que cette loi entrera en application après les élections municipales et législatives de 2007, semble démontrer que ces élections se dérouleront dans les mêmes conditions que celles qui ont prévalu jusqu'alors.

En outre, le fait que tous les membres d'ELECAM sont nommés par le président de la République, président national d'un parti politique, semble également démontrer que l'autorité commandante au Cameroun ne travaille pas pour promouvoir la solidarité sociale et la démocratie au Cameroun, mais, elle agit uniquement pour assurer le maintien et la durée du pouvoir en place.

Conclusion

Le constat simple et clair qui s'est dégagé de notre analyse de la typologie de la fraude électorale au Cameroun, était que, depuis 1992, les irrégularités qui ont émaillé le processus électoral semblaient confirmer l'évolution de la politique camerounaise vers le retour au Parti unique.

La situation générale de la société était caractérisée par l'immobilisme au niveau des institutions héritées de la période coloniale. L'absence de dialogue du sommet jusqu'à la base de la société, pratique imposée par le Parti unique et qui n'a pas évolué malgré les discours démagogiques.

Sur le plan politique, le régime a adopté le système administratif colonial dont la base était le mépris des gens qui sont gouvernés, et l'arrogance de ceux qui détiennent le pouvoir. Cette arrogance expliquait l'absence de dialogue qui caractérisait le régime en place.

La situation politique du pays était donc caractérisée par les mensonges comme moyen de gouvernement, par la corruption des populations et particulièrement la jeunesse, enfin, par la tricherie et la tromperie.

Au demeurant, tout le problème de l'évolution démocratique au Cameroun se pose en une seule phrase : L'accès du peuple camerounais à la liberté et dans la mesure où les contraintes majeures imposées par la rigidité du régime du parti unique, peuvent entraver son accès à la liberté.

Dans l'ordre des faits et des évènements, il s'agit, pour les Camerounais, de savoir s'ils veulent être des hommes libres ; si, en acceptant de jouer le jeu électoral, ils peuvent bâtir un Etat solidaire, démocratique et prospère au Cameroun.

Communication donnée au séminaire de vulgarisation du code électoral camerounais, organisé par l'Association pour la promotion de la démocratie au Cameroun (APRODEC), en partenariat avec l'Ambassade des Etats-Unis d'Amérique, du 30 au 31 janvier 2007 à l'Ambassade des Etats-Unis à Yaoundé.

IX

Elections 2007 : le suffrage censitaire

En décembre dernier, l'Assemblée nationale a tenu sa première session extraordinaire centrée sur les modifications de certaines dispositions des lois fixant les conditions d'élection des députés et des conseillers municipaux. Ces modifications ont manifesté leur caractère politicard à travers notamment le relèvement considérable des montants des cautions relatives aux dossiers de candidature. Du coup, on assiste à l'évolution de la démocratie camerounaise vers le règne des concussionnaires et des forbans. Chronique d'un système en délire.

Signification politico-sociale du problème

Aucun peuple ne peut se développer s'il ne mobilise ses forces morales, politiques, économiques, sociales et culturelles vers la réalisation d'une grande ambition : La construction d'une nation solidaire, prospère et démocratique. Cette idée-force se trouve être au centre de l'idéologie des sociétés industrielles avancées qui sont aujourd'hui des modèles de bien-être et de progrès.

Pour y parvenir, ces sociétés sécrètent en elles-mêmes leur propre dynamique de progrès, en formant des pionniers encore nommés « titans ». C'était des hommes qui étaient essentiellement animés par le goût du risque, des bâtisseurs qui créèrent la base technologique sur laquelle allaient s'édifier toutes les formes de liberté humaine en vigueur dans ces sociétés.

Ce que nous voulons faire comprendre à tous les Camerounais de bonne foi, c'est l'idée que les nations modernes se sont développées en mobilisant toutes leurs compétences nationales dans tous les domaines. Cela présupposait l'émergence d'une élite à l'esprit ouvert et animée par un idéal patriotique.

Or, qu'advient-il lorsque l'élite dominante se révèle comme une élite à l'esprit bornée et sans idéal, facilement achetable, portée aux intrigues au moment où elle doit éclairer son peuple?

La réponse qui va au cœur de cette question doit être explicitée à partir des faits et des évènements qui l'ont suscitée, à savoir : Les modifications apportées récemment par l'Assemblée nationale aux lois fixant les conditions d'élection des députés et des conseillers municipaux, en l'occurrence les dispositions relevant les montants des cautions, de cinquante mille à cinq cent mille pour la députation, et de dix mille à vingt-cinq mille pour les municipales.

Au point de départ, bien des problèmes ont été soulevés. Il s'agissait essentiellement d'établir une distinction entre la majorité politique du pays appréciable par rapport au corps électoral en général, et la majorité juridique appréciable par rapport aux participants à la votation populaire, en particulier. Posé de cette façon, nous voyons apparaître immédiatement le nœud du problème : l'absence d'une majorité politique en faveur des lois, malgré une majorité juridique qui trompe parfois les sombres calculateurs, rend improbable la solution des grands problèmes qui se posent à la nation.

Les institutions politiques qui consacrent des situations de droit nouvelles, ne sont autre chose que des « armistices sociaux ». Cela veut dire que leur adoption est destinée à fermer une page de l'Histoire pour en ouvrir une autre. Ces institutions sont en première approximation destinées à consigner les solutions qui ont dicté leur élaboration. Le Cameroun a des problèmes brûlants et très graves. Personne ne les ignore.

A cet égard, les lois en vigueur y apportent-elles une solution? Et quelle solution? De plus, lors de l'élaboration des lois, des préoccupations de toutes sortes se manifestent, bonnes ou mauvaises. Ces préoccupations peuvent vicier, altérer et en dernière limite fausser une loi.

Celle-ci peut alors devenir l'instrument d'un homme, de préférence celui qui l'inspire et la finalise, ou bien elle petit devenir l'instrument démagogique d'un groupe.

Dans les deux cas il n'y a pas de loi, parce que la volonté du peuple est bafouée. Seulement, dans l'ordre des faits et des événements, il est une chose qui fut à l'origine de la naissance des lois : c'est le problème de la liberté des hommes.

Dans cette perspective, le rôle des élites est de poser les problèmes de leur pays; si elles ne le font pas, d'autres pays s'immisceront dans la réalité quotidienne de leurs activités et les penseront à leur place. Et c'est ici le lieu d'enregistrer la faillite honteuse de l'élite camerounaise, en particulier celle qui s'active pour rendre effectif le règne de la démocratie des concessionnaires et des forbans. Comment expliquer l'agitation fébrile des concessionnaires et des forbans pour se faire investir dans les rouages du Parti-Etat?

En réalité, la mobilisation du Parti-Etat pour mettre ses rouages en branle d'un côté, et l'agitation fébrile de l'administration pour canaliser et orienter l'opinion publique, de l'autre, sont des éléments symptomatiques de l'évolution du pouvoir en place vers le retour au Parti unique.

Le règne des concessionnaires et des forbans

Le constat simple et clair est que presque tous ceux qui gèrent le patrimoine de l'Etat et occupent des positions privilégiées au sein de l'administration, autant que ceux qui dominent l'univers du commerce et des affaires, apparaissent comme des poutres angulaires à l'intérieur du Parti-Etat.

Le danger qui guette le Cameroun provient de cette émergence de gens sans scrupules, sans foi ni loi au niveau de ceux qui doivent élaborer les lois de la République. C'est pourquoi, des pratiques licencieuses sont rencontrées à la surface et on s'oriente vers l'amalgame à tous les niveaux et vers l'anarchie. Nous nous demandons d'ailleurs où tout ceci peut aller, dans la mesure où la pression internationale oblige le Cameroun à adopter la transparence et la bonne gouvernance dans la conduite des affaires publiques.

Or, en adhérant au libéralisme pur et dur, le pouvoir en place a ignoré qu'il livrait le pays tout entier, pieds et mains liés, à tous les charognards internationaux dont le but est la recherche du gain de façon unilatérale. Ayant donc accepté ce régime économique fondé sur la recherche du gain, comment peut-on s'étonner que l'administration camerounaise soit corrompue?

En s'abstenant d'intervenir pour réguler et orienter les affaires économiques de l'Etat, le pouvoir en place a basculé le pays entre les mains des hommes d'affaires et des concessionnaires qui multiplient les liaisons avec les milieux mafieux.

La facilité pour gagner de l'argent par tous les moyens, est aujourd'hui la pratique courante qui tient lieu de gestion économique. Nous vivons le règne des faussaires et des contrebandiers de toutes natures, qui exercent des commerces et des transactions licites et illicites. Tout porte à croire que le gouvernement est dépassé, puisque ces transactions ont finalement atteint le domaine des êtres humains sans une décision dans le sens d'une répression exemplaire.

La politique de l'Etat en matière économique est une démission et une complaisance envers les trafiquants internationaux, d'où la prépondérance des jeux dans la nouvelle donne économique.

La recherche de l'enrichissement à tout prix a dévié l'orientation de l'Etat vers la création des fortunes, car, tous ceux qui font le bruit autour du Parti-Etat et qui se lient plus ou moins aux fortunes accumulées par le négoce frauduleux ne peuvent pas provoquer un changement dans le pays, parce qu'ils tiennent à protéger leurs biens et non l'avenir du pays

Pour cela, le Parti-Etat est devenu leur raison de vivre, l'abri sous lequel ils cherchent à se prémunir contre les agences nationales de lutte contre l'argent sale et la corruption.

En faisant voter l'augmentation des montants des cautions dans la perspective du double scrutin du 22 juillet prochain, les caciques du Parti-Etat ont achevé de jeter le discrédit sur le système électoral en vigueur. Cette augmentation, qui consacre l'advenue du suffrage censitaire, vient s'ajouter à la panoplie de griefs déjà formulés à l'encontre de ce système par l'opinion nationale et internationale.

Il faut entendre par suffrage censitaire, le système dans lequel le droit de voter est reversé aux contribuables versant un montant minimal (cens) d'impôts. En France, par exemple, le système censitaire, établi en 1791, a été aboli par le suffrage universel en 1848.

La volonté du peuple camerounais d'accéder à la démocratie est pourtant réelle. Seulement, cette volonté n'est pas prise au sérieux, car, certains partis politiques, en général, et l'UPC, en particulier, sont victimes des manipulations de certaines autorités administratives encore ancrées dans la pensée unique. La dynamique du processus est ainsi bloquée.

Le sentiment de manque d'intérêt des populations pour s'inscrire sur les listes électorales vient du fait qu'après plusieurs expériences, la majorité de citoyens n'accorde plus d'importance aux élections. D'où les lenteurs constatées sur le terrain malgré les interpellations des leaders politiques.

Baser la politique nationale sur la tromperie organisée par des groupes qui tiennent à bloquer notre processus démocratique, c'est préparer le Cameroun à un avenir imprévisible.

L'inorganisation entretenue et l'irrespect des lois de la République au cours des inscriptions sur les listes électorales, sont des éléments qui entraînent le blocage du processus électoral. Avec la démographie actuelle de notre pays, aller aux élections sans un minimum de huit (8) millions d'inscrits, c'est accepter volontairement la paralysie de nos institutions. Les élus, dans ce cas, ne seront pas légitimes et ne représenteront rien aux yeux de l'opinion nationale et internationale. Qui plus est, ayant constaté que la corruption imposée aux populations comme une méthode électorale a utilisé l'état de besoin dans lequel se trouvait plongée une grande partie de la population, nous déduisons que l'on a appauvri les gens pour être en mesure de les acheter.

En tout état de cause, les prochaines élections constitueront un test de maturité politique pour le Cameroun. Si celles-ci ne se déroulent pas dans la transparence, personne ne sait ce qui se passera au Cameroun.

En réponse au défi fasciste lancé à la démocratie par les concussionnaires et les forbans, nous disons, reprenant en cela le leitmotiv du leader de la révolution bolivarienne en Uruguay, Hugo Chavez : « Il faut donner le pouvoir aux pauvres».

La Voix du Cameroun, N° 331, août 2007, p.15.

X

Elections 2007 à l'ouest : L'écume des oligarques

Le constat sans équivoque qui s'est dégagé du double scrutin législatif et municipal du 22 juillet dernier, c'est que le Cameroun a raté un important rendez-vous avec l'Histoire. Rendez-vous qui lui aurait permis de rétablir sa crédibilité au sein de la Communauté internationale. Il y a un fait qui dépasse de loin les effets immédiats de ce rendez-vous manqué : C'est l'émergence dans la communauté Bamiléké du Cameroun, d'une oligarchie financière corrompue par les hauts privilèges accumulés à travers le négoce frauduleux, et qui a débarqué à l'Ouest avec des valises bourrées d'argent pour fausser le jeu électoral en faveur du Parti des caciques rétrogrades au pouvoir. Chronique d'une génération spontanée en délire.

L'oligarchie de la mauvaise conscience

Le terme « oligarchie » se dit d'un régime politique où l'autorité est entre les mains de quelques personnes ou de quelques familles puissantes. C'est aussi l'ensemble de ces personnes, de ces familles.

Pour le cas qui nous intéresse ici, celui qui est relatif à l'invasion de l'oligarchie financière à l'Ouest, nous voulons établir que sa puissance procède moins de son dynamisme que de la mauvaise conscience qu'elle développe sans cesse à la suite de ses liaisons avec les cercles mafieux qui contrôlent l'appareil d'Etat. Elle se distingue aussi de l'autre oligarchie, celle-là même qui est à l'origine de l'évolution de la civilisation moderne, dont l'incarnation n'est autre que l'Etat moderne libéral.

L'Etat libéral ou démocratique, tel que nous le connaissons aujourd'hui, tire son origine de l'autorité exercée dans la société par la classe des propriétaires des moyens de production. Cette classe a toujours revêtu un caractère oligarchique.

En suivant la dynamique de l'Histoire, nous voyons que l'histoire de l'humanité se développe comme l'histoire d'une lutte permanente entre exploitants et exploités. Dans l'Antiquité, on trouve des patriciens, des chevaliers, des plébéiens, des esclaves ; au Moyen Age, des seigneurs, des vassaux, des maîtres de jurande, des compagnons, des serfs et des hiérarchies spécifiques dans chaque classe.

La société moderne a substitué à l'ancienne organisation sociale deux nouvelles classes : la bourgeoisie et le prolétariat. Elle a rendu le rapport fondamental de la domination et de la servitude plus doux et plus agréable. Autrement dit, l'oligarchie moderne a fait de la démocratie l'instrument qui lui permet de masquer sa domination. C'est pourquoi, l'Etat moderne est l'organisation qui gère les affaires tout entières de l'oligarchie. Dans cet Etat, en effet, la condition sine qua non pour dilater les tendances et les conflits sociaux explosifs n'est autre que la promotion de l'Etat de bien-être, souvent nommé Etat de justice sociale.

D'un bout à l'autre de la chaîne de la civilisation, apparaît la même dynamique : l'action des esprits forts, conquérants, encore nommés « titans ». Ce furent eux qui, les premiers, donnèrent un sens à l'existence humaine en construisant l'Etat. Ce furent encore eux qui, les premiers, instaurèrent dans l'espèce humaine la loi, l'ordre et la liberté.

Or, qu'advient-il lorsque, dans une société comme la nôtre, l'oligarchie financière devient la queue du pouvoir, son aile gauche extrême? La réponse qui va droit au cœur de cette question se trouve dans les origines réelles de l'enrichissement de cette oligarchie corrompue par le négoce frauduleux.

En réalité, lorsque les nationalistes obligèrent les colons à quitter le Cameroun, un choix cornélien s'imposa aux jeunes cadres qui avaient la lourde charge de bâtir le nouvel Etat indépendant. Ce choix se situait sur le plan économique : Nationaliser le commerce extérieur ou laisser les blancs continuer à le gérer. Ce qui privait, ipso facto, le pays de son indépendance économique.

Augustin Frédéric Kodock Bayiha officiait à cette époque comme Directeur du commerce extérieur - actuelle Direction générale des douanes. Il prit alors le risque qui aurait pu lui coûter sa carrière et même sa vie, de proposer à Ahidjo la nomination de négociants camerounais qui devaient occuper l'espace laissé vacant par le départ sous contrainte des blancs. Cette proposition présupposait l'octroi de crédits non remboursables à ces négociants et l'ouverture en leur faveur d'entrepôts fictifs au port de Douala.

Après moult hésitations, Ahidjo se plia à cette proposition. C'est ainsi que de nombreux camerounais bénéficièrent chacun de crédits dont le montant atteignait parfois 250 (deux cent cinquante) millions de francs CFA. Ce sont les familles de ces pionniers qui sont encore les plus puissantes dans la société camerounaise d'aujourd'hui.

Vint la crise économique avec son cortège de fléaux dont le plus drastique était la détérioration des termes de l'échange. Du coup, l'Etat providentiel tombait en faillite. Du même coup, des réflexes de survie se mirent à gagner la conscience des Camerounais.

On s'orientait inexorablement vers l'amalgame à tous les niveaux et vers l'anarchie.

Ainsi, le phénomène de la corruption envahissait tous les secteurs de la vie sociale dans le pays.

Une nouvelle classe de riches vît le jour à la faveur de la banqueroute de l'Etat. En s'abstenant d'intervenir pour réguler et orienter les affaires économiques de l'Etat, le pouvoir avait basculé le pays tout entier entre les mains des concussionnaires qui multipliaient les liaisons avec les milieux mafieux.

La politique de l'Etat en matière économique semblait être une démission et une complaisance envers les trafiquants internationaux. D'où la prépondérance des jeux dans la nouvelle donne économique.

A la suite de la montée vertigineuse du négoce frauduleux, des préoccupations essentiellement matérialistes et un goût poussé pour l'intérêt individuel se mirent à gangrener le tissu social.

Ceux qui s'étaient enrichis dans ce contexte général de laisser-aller, et dont les fortunes apparaissaient au grand jour, développèrent des comportements de fausse aisance marquée par le sentiment de culpabilité ou la mauvaise conscience.

La mauvaise conscience c'est le sentiment de la faute qui affecte le comportement individuel à la suite de la transgression d'un interdit ou d'un tabou. L'oligarchie financière de l'Ouest développe la mauvaise conscience comme une sorte de sentiment de la dette.

Qui ignore dans ce pays comme ailleurs, que l'argent n'aime pas le bruit? Que l'argent est dur à gagner? Que l'argent durement gagné ne se dépense pas facilement ? Comment expliquer la prodigalité de l'oligarchie financière de l'Ouest, si prompte à financer le Parti-Etat et à corrompre le bon sens au moyen de sommes colossales?

Une seule réponse : ils sont dominés et troublés par la mauvaise conscience. Ils ont ce sentiment rongeur qu'ils ont une dette envers l'Etat, leur maître qui les protège en leur prêtant un masque de bienfaisance. Ils ne sont pas libres ; ce sont des hommes du déclin dont l'enrichissement effréné est le tribut de la misère des populations.

L'argent qu'ils dépensent dans la prodigalité est une infime partie de l'argent qu'ils ont volé à l'Etat. Le négoce frauduleux engendre la mauvaise conscience, qui, à son tour, pousse le négociant à la rédemption à travers la prodigalité. C'est là l'origine du cercle vicieux politique au Cameroun, en général, et à l'Ouest, en particulier.

Le cercle vicieux

Certains théoriciens politiques de droite ou de gauche présentent souvent la dynamique de l'Histoire comme une lutte perpétuelle pour la reconnaissance ou pour la liberté. C'est cette lutte qui débouche sur l'édification des formes de société que nous avons précédemment évoquées. Seulement, à l'Ouest, cette dynamique est bloquée par le phénomène de la dépolitisation des consciences sécrété par l'invasion de l'oligarchie financière.

Jusqu'alors, l'Ouest a été présenté comme le bastion de l'opposition dite radicale et même de l'opposition tout entière. Cela s'est vérifié au cours des échéances électorales de 1992.

Cette région du Cameroun était encore, à cette période, très affectée par le phénomène de l'entropie. C'était une région chaude, en ébullition, qui répondait spontanément en écho à l'appel des forces de contestation et de changement. Elle bénéficiait encore d'un état de grâce parce qu'elle était capable de donner un sens aux idées de liberté, de justice sociale, de solidarité, de prospérité, etc., qui avaient jadis sous-tendu l'ascension combative des nationalistes réunis sous la bannière de l'UPC dans leur lutte héroïque pour libérer et réunifier le Cameroun.

Le peuple de l'Ouest avait foi en l'avenir, pour autant qu'il crût que par un effort conscient et solidaire, le peuple camerounais pouvait sortir du marasme économique, une fois acquises la liberté et la démocratie. C'était l'âge d'or de l'idéal et du rêve messianique. Du rêve d'une nouvelle société camerounaise à construire, de nouveaux modes de vie, de nouvelles perspectives d'une existence authentiquement humaine pour tous les Camerounais.

C'est ainsi qu'en 1992, toute la province de l'Ouest a basculé dans l'opposition, face à un Parti-Etat aux abois. Cet état de grâce s'est avéré bien fragile, à partir du moment où la population fut mise en accusation par les cercles mafieux qui s'étaient organisés pour confisquer le pouvoir. Qui étaient les principaux accusés en ce moment ? Ce furent : Kadji Defosso, Fotso Victor, Monthé, Sohaing, Tchinda, Kouam, et que savons-nous encore?

Bref, c'est l'oligarchie financière de l'Ouest qui était ainsi indexée. Nous avons entendu des propos terribles qui étaient à la limite du sérieux et de la galéjade. Tenez : « Nous avons fait de vous des milliardaires, nous vous avons rendus riches, si riches que vous contrôlez même l'économie du pays. Nous avons fermé les yeux sur votre situation fiscale, sur vos transactions douanières. Maintenant, vous nous remerciez en soutenant l'opposition. Vous voulez déjà prendre le pouvoir qu'Ahidjo nous a donné.

Vous êtes hypocrites, ingrats. En tout cas, nous vous connaissons déjà. Si vous voulez amener la guerre civile dans ce pays, il y aura la guerre!».

Ces propos et d'autres que nous n'avons pas cités, éveillèrent chez les accusés un sentiment diffus de culpabilité qui les poussa aussitôt à former une délégation et à foncer tout droit sur Etoudi, pour faire allégeance au prince et l'assurer de leur indéfectible attachement.

Qui ne se souvient du cas de Kadji, qui, après avoir bruyamment soutenu l'opposition, se rangea prestement dans les rangs après avoir été directement pointé du doigt par les caciques du Parti-Etat?

Après coup, les oligarques décidèrent d'administrer la preuve de leur bonne foi au grand jour. Ils se ruèrent dans leur province d'origine, emportant dans leurs valises le message de paix qui devait réconcilier la population avec le pouvoir. C'était un message tellement lourd de milliards qu'il ne pouvait ne pas être entendu par la population.

Les oligarques alliaient le bâton et la carotte dans leurs déclarations publiques aussi truculentes qu'elles masquaient mal leur mauvaise conscience. Ils disaient par exemple: « Paul Biya vous a tout donné : les routes, les écoles, les hôpitaux, etc. Il a fait de vos dignes fils des hommes d'affaires prospères. Maintenant, vous lui tournez le dos pour soutenir l'opposition. Qu'est-ce que l'opposition vous a déjà donné ? La politique c'est le « njangui », qui donne reçoit.

Voici l'argent que nous avons apporté pour vous. Si vous soutenez le président Paul Biya, président national du RDPC, vous aurez encore plus d'argent. Vous pouvez devenir riches comme nous-mêmes. Soutenez « Pô Mbia » ; avec vos maris il faut le supporter !, etc. ».

Alléchée par la séduction de l'argent, la population se mit à perdre sa conscience politique à travers des séances de bouffe et de beuverie presque orgiaques. Désormais, la mangeoire idéale était devenue le schème qui dominait l'imagerie populaire en lieu et place de l'idéal de la liberté.

Les moyens traditionnels de contestation et de changement avaient cessé d'être efficaces. L'oligarchie financière avait réussi à briser les dernières résistances et à sceller une paix d'outre-tombe avec une population affaiblie par l'appauvrissement continu. Il n'existait plus de ligne de fracture entre cette oligarchie financière, qui était devenue la force principale de la contre-démocratie, et cette population appauvrie.

Du renouvellement des organes du Parti-Etat au scrutin, en passant par les investitures des candidats et la conduite des opérations de campagne de ce Parti, nous avons vu déferler sur la province les armes privilégiées de l'oligarchie financière : l'argent et la nourriture. Tout se passait comme si le peuple était devenu une sorte de gigantesque troupeau rétif que les oligarques bergers conduisaient au pâturage. Ailleurs, de telles ostentations exhibitionnistes par les gens qui se sont enrichis par le négoce frauduleux, auraient déclenché les fourches caudines de la justice.

En tout état de cause, la situation de la société camerounaise révèle la persistance des verrous sociaux qui bloquent toute dynamique vers la modernisation du pays. Il n'y a plus de rapports conflictuels entre le peuple et le pouvoir. Il y a plutôt un cercle vicieux dans lequel sont enfermés à la fois le peuple et le pouvoir.

La Voix du Cameroun, N° 331, août 2007, pp.5-6.

DEUXIEME SECTION

De la situation économique du pays

XI

Du social dans le programme d'action national MINETAGRI 2003

La pauvreté, définie comme le manque de ressources matérielles ou financières nécessaires pour satisfaire les besoins de base comme l'alimentation, le logement, la santé, l'éducation, l'accès à l'eau, touche plus de la moitié de la population du Cameroun, soit six millions et demi de personnes. Dans ces conditions, le gouvernement a pris certaines initiatives concrètes de lutte contre la pauvreté, notamment au moyen de l'Initiative pays pauvres très endettés (PPTE). Cette initiative permet au gouvernement de mobiliser des ressources financières en faveur des microprojets élaborés par les populations les plus défavorisées, en particulier celles des zones rurales. C'est dans cette perspective que le programme d'action 2003 du Ministre d'Etat chargé de l'Agriculture met un accent particulier sur l'aide aux agriculteurs des zones rurales classées très pauvres.

Pauvreté et insécurité alimentaire : deux fourches caudines

La pauvreté au Cameroun est principalement rurale. 84% des pauvres vivent en milieu rural et 64% de la population rurale sont classés pauvres. L'indice de pauvreté calculé sur la base des indicateurs sociaux disponibles (logement, éducation et nutrition), pour chaque région, montre que la prévalence de la pauvreté s'accroît à mesure que l'on quitte les régions côtières pour aller vers le Nord.

Il est inférieur à 25% dans les centres urbains du Sud-Ouest, mais, il atteint près de 50% dans les zones rurales du Nord et de l'Extrême-Nord. Le plus grand nombre de pauvres est concentré dans les zones densément peuplées du Nord et de l'Extrême-Nord. L'incidence de la pauvreté est moins importante en zone côtière et autour de Douala ainsi que dans les provinces du Nord-Ouest, de l'Ouest et du Sud-Ouest. Néanmoins, dans ces zones, le revenu des populations rurales est fortement soumis aux aléas des marchés internationaux de matières de base.

Quant à l'insécurité alimentaire, elle est étroitement liée à la pauvreté. Au cours des dernières années, les productions alimentaires n'ont pas suivi l'accroissement démographique.

La croissance démographique se maintient à un rythme accéléré, 2,8% par an pour la population rurale, et, 4,2% par an pour la population urbaine.

L'indice de couverture des besoins alimentaires semble s'être amélioré après la dévaluation monétaire qui a été accompagnée par une reprise de la croissance des productions vivrières et une baisse des importations alimentaires. Mais, les importations céréalières après l'accalmie à la dévaluation du FCFA croissent de nouveau très rapidement.

Ainsi, malgré ses potentialités agricoles, le Cameroun continue de recourir aux importations pour couvrir ses besoins en céréales. Les importations se sont multipliées par plus de 10 entre 1961 et 1988, passant de 32100 tonnes à 448 148 tonnes en 1998. Les importations per capita sont passées de 7,2 à 24 kg au cours de la même période alors que la production céréalière par habitant à régressée de 157 à 84,9 Kg.

Au niveau macro-économique, l'insécurité alimentaire se traduit par la baisse de la couverture des besoins alimentaires par la production nationale, amorcées au cours des années 70, conséquence du faible taux d'augmentation de la production agricole vivrière par rapport à la demande nationale. Ce décrochage résulte des effets conjuguées d'une croissance de la population urbaine bien supérieure à la croissance nationale (5,7% contre 2,9%), et, par conséquent, à la population rurale (+ 1,5%) en raison d'une forte émigration des jeunes ruraux et à la stagnation de la productivité des actifs agricoles restants dont le nombre n'augmente que d'environ 1% par an.

L'apport du MINAGRI à l'initiative de lutte contre la pauvreté

Le programme d'action MINAGRI 2003 prévoit en bonne place le relèvement du secteur agricole en tant que moyen efficace de lutte contre la pauvreté. L'objectif est d'atteindre d'ici 5 ans un taux d'accroissement annuel de la production vivrière de l'ordre de 3,3% avec la mise en œuvre des mesures préconisées dans le cadre de l'amélioration de la productivité des exploitations agricoles. La marge de croissance par rapport à l'augmentation naturelle des besoins (2,8% par an) permettra d'améliorer la disponibilité en produits alimentaires et la stabilité des prix sur les marchés urbains.

Dans le cadre de l'exécution du volet Initiative PPTE du programme d'action 2003, des mesures concrètes sont prises en vue d'aider à la relance du secteur agricole, notamment :

- Aménagement de l'espace rural, en l'occurrence la valorisation des bas-fonds pour permettre la relance des cultures maraîchères et potagères. Financement PPTE : FCFA 743 000 000 ;

- Promotion de la production agricole, axée sur l'amélioration de la protection des cultures vivrières avec notamment la lutte contre les grands fléaux des cultures vivrières. Financement PPTE : FCFA 245 000 000.

Dans le même chapitre, sont prévus :

-Développement de la culture du riz. Financement PPTE : FCFA 300 000 000 ;

-Développement de la culture du bananier plantain. PPTE : CFA 700 000 000 ;

-Développement de la production agricole, articulé autour de la production du verger cacao/café. Financement PPTE : FCFA 867 000 000 ;

-Appui au développement des palmeraies villageoises. Financement PPTE : FCFA 718 72.3 000 ;

-Financement de l'agriculture au moyen du crédit rural décentralisé troisième phase. Financement PPTE : FCFA 1267 000 000 ;

-Promotion de l'emploi, notamment : L'encadrement et l'appui à l'installation des jeunes et des élites exploitants agricoles. Financement PPTE : FCFA 1 160 000 000.

Au total, 5 866 723 000 CFA sont consacrés à l'initiative de lutte contre la pauvreté à travers diverses formes d'aide aux agriculteurs et organisations paysannes. Le but à terme est de maintenir le potentiel humain le plus jeune et le plus dynamique de nos campagnes et de le réintégrer dans le circuit de production. Seulement, il reste primordial de s'interroger sur la valeur de cette aide que le gouvernement apporte au secteur économique rural, étant entendu que lors d'une récente interview que le Minetagri, Augustin Frédéric Kodock, avait accordée à *La Voix du Cameroun*, il soulignait expressément :

« L'agriculture représente au moins 33% du PIB, alors que les ressources affectées au secteur agricole ne dépassent pas 8 à 9% de la masse budgétaire. Il s'agit de revoir ce problème parce que cette disproportion semble confirmer qu'on ne prend pas à sa vraie dimension ce que représente le secteur économique rural au Cameroun. Nous insistons sur le fait que tous les pays développés subventionnent leur agriculture. Il ne peut en être autrement pour l'agriculture du Cameroun. Il faudra examiner très clairement et de façon décisive les mesures à prendre dans ces domaines ».

Accroître les efforts

L'agriculture représente donc 33% du PIB. En clair, cela donne environ CFA 1485 milliards. En outre, 7 millions de personnes exercent dans le secteur agricole. Alors, comment comprendre la faiblesse des moyens alloués à ce secteur dans la masse budgétaire, soit 2814 millions pour l'exercice 2003? Certes, ces moyens connaissent une variation de 5% par rapport à l'exercice écoulé.

Mais, c'est une variation quasi insignifiante, si l'on tient compte de l'état de délabrement avancé du secteur agricole et de la nécessité subséquente de le relancer.

Lorsqu'on observe la tendance actuelle de l'Etat à effectuer des dépenses de prestige, force est de dire que l'argent dépensé pour acquérir des voitures rutilantes dernier cri aurait pu servir à améliorer la production agricole. Au moment où tous les pays développés achoppent sur les subventions qu'ils accordent à leur secteur agricole, comment comprendre que l'Etat camerounais se retire de ce secteur, en l'abandonnant aux mains d'exportateurs véreux et avides de gains de façon unilatérale ?

L'Etat camerounais doit prendre dès maintenant souci de l'état de paupérisation dans lequel se trouve le secteur agricole à l'heure actuelle. Aussi longtemps que des mesures énergiques pour relancer ce secteur ne seront pas prises, il serait inutile d'envisager une quelconque perspective de développement pour le Cameroun. Car, l'agriculture demeure, jusqu'à preuve du contraire, la mamelle nourricière de l'économie camerounaise. A ce titre, si elle est prise à sa véritable dimension par le gouvernement, elle pourra à terme soutenir la croissance de l'économie nationale. Cela doit être compris par le gouvernement.

La Voix du Cameroun, N°307, janvier 2003, p.10.

XII

Clarification sur la politique agricole du MINETAGRI

Depuis quelques temps, le MINAGRI et spécifiquement son chef est la cible des francs-tireurs tapis dans les arcanes d'une certaine presse qui l'accuse de mauvaise gestion, alors que son programme d'action vient d'être rendu public. On lui prête l'intention de ne pas s'appuyer sur le Document de stratégie de développement du secteur rural (DSDSR) pour mettre en œuvre la politique agricole nationale, là où, précisément, les projets y afférents entament leurs activités. Des informations orientées et manipulées.

Sur le programme d'action MINAGRI 2003

« Nous ne mettrons pas un sou sur les projets si le ministre n'éclaircit pas sa stratégie en matière de développement du secteur agricole ». Ce propos est attribué par une certaine presse à ce qu'elle appelle « importante institution financière », « organismes internationaux et bilatéraux de financement et les services de coopération ». Ce journal situe ce propos dans le temps, à partir de la prise de fonction du MINETAGRI.

Les bailleurs de fonds, auxquels le journal en question associe « plusieurs cadres du ministère » ne verraient pas d'un bon œil le retour d'Augustin Frédéric Kodock à la tête du MINAGRI. Et, leur mécontentement serait justifié par le propos cité au début de cet article.

A bien y regarder, on peut dire que ce mécontentement est erroné pour ce qui concerne les bailleurs de fonds. Il est peut-être justifié pour certains cadres qui, jusque-là, occupaient des postes contrairement à la nouvelle dynamique gouvernementale du profil et du poste de travail. Au demeurant, il convient d'apporter quelques précisions sur ce qu'il faut entendre par « stratégie en matière de développement du secteur agricole ».

En fait, toute stratégie de développement agricole ou de tout autre secteur est toujours une vision d'ensemble, un système d'idées force orientant l'action. Donc, la stratégie renvoie à l'idéologie qui, à son tour, renvoie à la culture, autrement dit, à ce qu'une communauté organisée a appris à faire et à réaliser, bref, sa façon de vivre.

Et, dans la façon camerounaise de vivre ou de voir le monde, l'agriculture occupe-t-elle une position prépondérante ? Pour le cas du gouvernement, la question reste posée au regard de la faiblesse de l'enveloppe budgétaire allouée à ce secteur.

Mais, pour le MINETAGRI, la question ne se pose pas pour la simple raison qu'il est né dans les plantations et son éducation à la vie moderne autant que sa longue carrière dans la haute administration ne l'ont jamais éloigné du monde rural.

Augustin Frédéric Kodock a donc précisé les axes fondamentaux de sa politique agricole en fonction des objectifs globaux poursuivis par le gouvernement en faveur de ce secteur. Et en tenant compte de sa propre expérience de gestionnaire de ce secteur.

Il a parlé de l'aménagement de l'espace rural, la production des semences, la relance de la filière plantain, le développement des palmeraies villageoises, l'aménagement des bas-fonds, la relance de la riziculture dans le Logone, la lutte contre les grands fléaux, le projet Nyong-et-Sanaga, la sécurité alimentaire, le développement communautaire, la réforme du secteur engrais, le crédit rural décentralisé, la vulgarisation et la recherche agricole, etc.

Un programme immense que le journal visé considère comme « de belles intentions qui laissent les bailleurs de fonds sur leur faim ». Il ajoute qu'en début d'exercice 2003, « le MINAGRI n'avait toujours pas élaboré les lignes directrices écrites de sa politique ». Tel un étudiant préparant son mémoire ou sa thèse.

Le ministre d'Etat a défini les lignes directrices de sa politique agricole, telle que mentionnée ci-dessus. Et, c'est en fonction de ce canevas que la cellule de suivi du MINAGRI a organisé l'atelier de reformulation du programme d'action et d'élaboration du budget MINAGRI 2003.

Cet atelier a d'ailleurs donné lieu à l'organisation d'un second atelier réunissant les gestionnaires de crédits au Ministère de l'Agriculture. En fin de compte, le ministre d'Etat n'a pas seulement de belles intentions. Il pose des actes concrets. Et c'est sur la base de ces actes qu'il faut le juger.

Sur le fonctionnement des projets

Le journal en question prétend que les bailleurs de fonds « redoutent un retour en arrière et la réhabilitation des structures et des projets qui ont été interrompus dans le cadre de la libéralisation des activités agricoles ». Il y a certainement ici une confusion entre les projets et certains organismes publics et parapublics qui géraient les filières de commercialisation des produits de base avant la libéralisation. Qu'est-ce donc qu'un projet ?

C'est une manière parmi d'autres de comprendre, d'organiser et de transformer la réalité. Dans le cadre du développement de la production agricole, des projets spécifiques ont été mis en place.

Ils ont été rendus possibles grâce à certaines circonstances : l'élection du Cameroun à l'Initiative PPTE, les négociations multilatérales de financement entre le gouvernement camerounais et certains organismes internationaux, notamment : La Banque mondiale, le Fonds international de développement agricole (FIDA), etc.

Les accords réalisés dans le cadre de ces négociations reposent sur des conditionnalités draconiennes. Autrement dit, les fonds décaissés par les organismes de financement des projets ne rentrent pas dans les caisses de l'Etat. Ils sont gérés par une structure mixte comprenant des représentants de l'Etat et des représentants de ces organismes.

Donc, aucune décision ne peut être prise en matière de gestion des fonds sans l'aval des bailleurs. Tout est mis en œuvre pour que le pilotage des projets concernés se fasse dans la plus grande transparence et avec le maximum d'efficacité. Pour le bien-être de nos agriculteurs.

La Voix du Cameroun, N° 310, juin 2003, p.9.

XIII

Délestages : la question des investissements productifs

Depuis quelques mois, on assiste à une reprise de l'activité économique au Cameroun dont le secteur moteur est l'agriculture, Or, cette tendance ne peut déboucher sur la croissance économique qu'à la seule condition que tous les secteurs de l'économie nationale soient mobilisés et orientés vers le même objectif : l'objectif de croissance. Or, l'analyse qu'impose la situation dans les faits par des délestages à répétition, nous amène à établir qu'il existe une véritable crise de l'énergie au Cameroun. D'où la question de la réalité des investissements productifs dans une économie où l'Etat a été contraint de céder l'initiative de la production au secteur privé.

La crise de la gestion administrative

Avant 1985, année où Reagan et Thatcher ont imposé la théorie du néolibéralisme dans les relations économiques internationales, l'Etat jouait un rôle capital dans la mise en place et le développement du tissu économique dans les pays en voie de développement, à l'instar du Cameroun. L'Etat était agissant, comme régulateur extérieur, puis comme sujet de l'activité économique. Cela impliquait la redistribution de revenus, la réalisation d'une meilleure justice sociale. Ainsi, l'Etat imposait des sacrifices pécuniaires sous la forme des pressions fiscales aux uns pour accroître le revenu des autres et le revenu réel de l'ensemble social.

L'Etat exerçait des actions diverses dans le domaine de la production. Il produisait lui-même par l'intermédiaire des services publics, grâce aux importants investissements qu'il réalisait. Avec le jeu de la fiscalité marqué par des détaxations ou des impositions légères et par des impôts lourds, l'Etat redistribuait d'importantes sommes, créant ainsi de nombreux revenus privés qui accroissaient la demande globale et qui contribuaient à soutenir la croissance des investissements productifs.

Cette omniprésence de l'Etat était due au concours de deux produits de base : le cacao et le café. Car, plus de 20 ans après l'indépendance, l'économie camerounaise était soutenue essentiellement par les recettes tirées de l'exportation du cacao et du café, dont la production s'étendait sur cinq provinces pour le cacao, et sur deux pour le café. C'est ainsi que l'Etat a pu créer des entreprises telles que la SONEL, la SNEC, la REGIFERCAM, la CAMAIR, pour ne citer que celles-ci.

Après la déréglementation des conventions sur les produits de base imposée par Reagan, alors président des Etats-Unis d'Amérique, le cacao et le café se sont effondrés au Cameroun. La source principale de la richesse nationale s'était donc asséchée, provoquant du même coup un appauvrissement continu de plus de 2/3 de la population dont le revenu dépendait des cours de ces deux produits de base sur le marché mondial.

Le gouvernement n'était donc plus en mesure de subventionner les nombreuses entreprises qu'il avait créées. D'où la crise drastique au niveau des recettes fiscales et d'exportation. Il fallait s'en référer au Fonds monétaire international (FMI) pour un Programme d'ajustement structurel (PAS).

Parmi les solutions imposées par ces institutions internationales (FMI et Banque mondiale) figuraient la réduction de la masse salariale et la privatisation des sociétés d'Etat et d'économie mixte. Autrement dit, l'Etat était obligé de compresser une partie de son personnel et de vendre ses sociétés pour glaner des recettes lui permettant d'assurer le service de la dette.

Ce processus supposait donc la mise à contribution du secteur privé dont l'engagement à reprendre les sociétés jadis sous l'enveloppe de l'Etat appelait de nouveaux investissements de conservation ou d'extension, là précisément où l'Etat avait cessé de jouer un rôle de premier plan.

Or, pour le cas qui nous préoccupe à l'heure actuelle, notamment celui de la SONEL, nous pouvons dire que le processus de privatisation n'a pas produit les résultats escomptés.

« Les fleurs du mal »

L'objectif visé par le désengagement de l'Etat du secteur productif était donc d'attirer les capitaux (nationaux et surtout étrangers) à l'intérieur du pays. Capitaux nécessaires à la relance de l'économie nationale. En cela, l'Etat cédait les actifs qu'il détenait en majorité dans les sociétés publiques et d'économie mixte aux investisseurs privés.

Il est clair que la gestion harmonieuse d'une entreprise implique la mobilisation de facteurs de production (travail et ressources naturelles) de telle sorte que l'entreprise atteigne son niveau de pleine capacité. C'est cela qui lui permet de réaliser des économies d'échelle et de glaner des dividendes substantielles permettant de nouveaux investissements soit de conservation, soit d'extension.

Or, la gestion des entreprises publiques et d'économie mixte a été marquée pendant plus de 20 ans par des errements et des négligences, autrement dit, par une absence quasi générale de mécanismes adoptés à l'économie moderne. Résultat : Ces sociétés ont été programmées soit pour être privatisées, soit pour être liquidées,

Pour le cas de la SONEL, il s'agit du fleuron de l'économie camerounaise, le symbole de la souveraineté nationale, pour autant qu'elle exploite une ressource classée stratégique. Or, la SONEL n'a jamais pu remplir entièrement ses missions, pour deux raisons : D'abord, l'entreprise a fonctionné pendant des décennies sans jamais atteindre son niveau de pleine capacité. Autrement dit, les énormes installations de la SONEL, qui ont coûté des sommes astronomiques à l'Etat, n'ont pas été entièrement utilisées.

Donc, ces installations ont fonctionné jusque-là à concurrence de 50 ou 60% de leur capacité réelle. Résultat : des régions entières du pays sont restées enfoncées dans la couleur noire de la nuit, tandis que la mauvaise gestion des ressources disponibles rendait impossible tout investissement de conservation ou d'extension.

L'investissement de conservation suppose l'affectation d'une partie des dividendes glanées par l'entreprise à l'entretien et la maintenance des équipements. L'investissement d'extension répond à l'objectif de croissance, lorsque la taille de l'entreprise n'est plus suffisante pour assurer sa présence efficace sur le marché. Dans ce cas, elle est contrainte de s'agrandir par de nouvelles installations.

Or, le délabrement de la SONEL que nous constatons à l'heure actuelle prouve que ni l'un ni l'autre investissement n'a été réalisé pendant plus de 20 ans. Résultat : la SONEL a été privatisée.

Dans le cahier des charges supportées par le repreneur, figurent en bonne place de nouveaux investissements pour remettre à niveau les installations de l'entreprise. Or, il semble que la privatisation de la SONEL ait été un marché de dupes, ou un contrat mafieux. Car, après sa reprise de l'entreprise par les Américains, il n'y a pas de nouveaux investissements. Au contraire, la SONEL est entrée dans la spirale de la déliquescence.

La SONEL dispose de deux barrages de retenue, l'un à Mapé, l'autre à Bamendjin dans le département du Noun. Ces deux barrages ont permis la formation de deux lacs de retenue qui constituent d'importantes réserves d'eau. Leur fonction est de pallier l'insuffisance en eau au niveau du fleuve Sanaga. Seulement, à l'heure actuelle, ces deux lacs ne peuvent pas remplir leur rôle. Car, pendant plus de dix ans, ils n'ont pas été curés.

L'absence d'un programme précis pour leur entretien a donc conduit à leur ensablement. Ce qui a considérablement grevé leur capacité de rétention de l'eau et par conséquent, favorisé les délestages constatés aujourd'hui. Donc, l'absence d'entretien des lacs de retenue et par suite, l'ensablement constant, voilà les deux facteurs qui ont contribué à mettre la SONEL à genoux.

Si le repreneur de la SONEL avait une politique claire en matière d'investissements nouveaux, le mot « délestage » ne serait pas omniprésent dans le vocabulaire camerounais aujourd'hui.

Il s'est simplement limité à des déclarations de principe qui, à la vérité, ne lui imposent pas d'obligation particulières vis-à-vis de la SONEL.

L'Etat interpellé

Comment expliquer l'attitude passive voire complice de l'Etal à l'égard du repreneur de la SONEL ? En réalité, l'Etat dispose d'un pouvoir de sanction vis-à-vis de tout co-contractant qui ne remplit pas ses obligations contractuelles. Et dans le cas d'espèce, il est difficile d'admettre que le repreneur de la SONEL puisse reléguer impunément la question des investissements nouveaux aux calendres grecques.

L'urgence de mesures décisives pour remettre la SONEL sur pieds s'impose de façon irréductible. L'Etat doit donc remplir sa fonction régalienne de garant de la sécurité des Camerounais, en s'investissant totalement dans la recherche de solutions à la faillite de la SONEL. Car, dans les conditions actuelles, la constance des délestages n'aura aucun résultat autre que la montée du grand banditisme dans les cités urbaines.

L'Etat reste le dernier recours pour les citoyens anxieux que les délestages ont placés dans une situation d'insécurité permanente. Dans la mesure où l'Etat ne réagit pas efficacement dans les conditions d'insécurité actuelles, cela signifie qu'il ne remplit plus la mission de service publique qui justifie son existence.

La Voix du Cameroun, N° 310, juin 2003, p.4.

XIV

Economie : Le gouvernement appuie la relance des filières cacao/cafés

Dans le cadre de la mise en œuvre du volet sectoriel de la stratégie gouvernementale de développement du secteur rural et de lutte contre la pauvreté, le Ministère de l'Agriculture a organisé, du 19 au 21 août 2003 à Yaoundé, une concertation Etat-opérateurs privés, en vue de trouver les voies et moyens pour la relance et l'appui au développement des filières cacao et cafés. Cette concertation était guidée par la nécessité de tirer les leçons sur les limites de la libéralisation totale de ces filières, et de poser les jalons d'un programme de relance de la production dont la réalisation doit déboucher à terme sur une production cumulée de 330 000 tonnes, à l'horizon 2010.

Des filières sinistrées

« Il convient de rappeler à tous les Camerounais et surtout à nos jeunes que pendant plus de 20 ans après l'indépendance, l'économie nationale reposait principalement sur le cacao et le café. Nous voulons attirer l'attention sur le fait que le cacao s'étend sur cinq provinces et le café sur deux provinces. Cela veut dire que la production des richesses nationales reposait sur ces deux produits essentiels qui s'étendent sur sept provinces sur dix.

Après la déréglementation des conventions sur les produits de base imposée par les Etats-Unis d'Amérique, sous la présidence de Reagan, les secteurs cacaoyer et caféier se sont effondrés. Il s'en est suivi sur le plan de la gestion des finances publiques, des déficits au niveau des comptes extérieurs et du budget de l'Etat.

Le gouvernement n'arrivait plus à subventionner les nombreuses sociétés d'Etat et d'économie mixte que nous avions créées dans le passé comme le fleuron de l'économie nationale. Il s'en est suivi la sinistrose générale au niveau des recettes fiscales intérieures et au niveau des recettes d'exportation. La source des richesses de plus de 2/3 de nos populations s'était donc tarie, plongeant le pays dans un processus d'appauvrissement continu. C'est cette situation qui a obligé le Cameroun à recourir au Fonds monétaire international (FMI) pour un Programme d'ajustement structurel (PAS) ».

Telle est l'analyse du Ministre d'Etat chargé de l'Agriculture, Augustin Frédéric Kodock, sur les causes de la sinistrose qui affecte durement les filières cacao et cafés à l'heure actuelle.

En fait, les filières cacao et cafés ont constitué, pendant longtemps les mamelles nourricières qui permettaient de financer le fonctionnement des institutions du pays. L'Etat a consenti des efforts financiers considérables au cours de la période 1975-1990, pour assurer le développement de ces filières. Leur évolution a donc suivi depuis lors une courbe ascendante, pour plafonner autour de 120 000 tonnes de production au milieu des années 1980.

En termes de proportions, cette évolution représente environ 1,5% du PIB national, 4% du PIB primaire et à peu près 1/3 du PIB du sous-secteur des produits agricoles destinés à l'exportation et à la transformation.

400 000 familles de producteurs tirent l'essentiel de leurs revenus de ces deux filières. De même, grâce aux recettes d'exportation générées par le cacao et le café, l'Etat a pu financer la création de nombreuses sociétés d'Etat et d'économie mixte, parmi lesquelles, l'ONCPB, le Crédit agricole, le FOGAPE, la ZAPI, pour ne citer que les cas qui intéressent le secteur rural.

Après la déréglementation des conventions sur les produits de base, dans le cadre de l'Organisation mondiale du commerce (OMC), l'Etat a été obligé de libéraliser les filières cacao et cafés, conformément aux accords d'ajustement structurel passés avec les bailleurs de fonds.

Or, le choc d'une libéralisation totale que les agriculteurs ne voyaient pas venir, a eu un impact terrible sur leur niveau de vie. Les solutions drastiques imposées par les bailleurs de fonds (FMI, Banque mondiale) ont amené le Cameroun « à rétablir l'équilibre des comptes intérieurs et extérieurs, et à se plier aux injonctions de ceux qui lui fournissaient les ressources à cet effet » (Kodock). Parmi les solutions proposées figure en bonne place la fermeture des sociétés d'Etat et d'économie mixte, dont on peut citer le Crédit agricole, l'ONCPB, le FOGAPE, la ZAPI, bref, toutes les structures étatiques d'appui au secteur rural ont été fermées.

Cette situation imposée par la conjoncture nouvelle a eu pour effet la baisse vertigineuse du revenu net des producteurs et la faible rentabilité de la caféiculture en particulier. La baisse du revenu des agriculteurs s'est traduite dans les faits par une réduction de leur train de vie et de leur propension à épargner.

La baisse des recettes d'exportations a fortement perturbé la protection de la famille, exposant celle-ci à un appauvrissement continu : « Voici donc les sources de la généralisation de l'appauvrissement dans toutes les couches sociales au Cameroun » (Kodock).

Face à cette évolution dangereuse qui menaçait de remettre en cause l'équilibre, la stabilité de l'Etat et la paix sociale, l'Etat se devait de réagir pour juguler le marasme, au moyen de mesures énergiques.

La nécessité de booster les filières cacao et cafés

Avant le séminaire de Yaoundé, des actions ont été entreprises par le gouvernement pour relancer les filières cacao et cafés. Il en est ainsi des ateliers de concertation économique sur les politiques agricoles en février 2001, où il s'agissait de jeter les bases d'une relance de la production, en vue de réajuster les parts du marché du cacao et des cafés au niveau de celles du milieu des années 80.

Dans cette perspective, le projet d'appui à la protection des vergers cacao/cafés a été mis en place. De plus, le gouvernement a réuni récemment les professionnels des filières cacao et cafés pour examiner dans quelle mesure pourrait être créé un fonds de relance, autant que les modalités de son fonctionnement.

Lors du séminaire de Yaoundé, les principaux axes de relance des filières cacao et cafés ont été les suivants :

-Le renforcement de la lutte phytosanitaire comme facteur d'accroissement à court terme de la production ;

-La production et la distribution des plants performants ;

-La régénération progressive du verger café robusta (recépage, replantation) et éventuellement l'extension dès les premiers signes de remontée des cours ;

-La vulgarisation des techniques de production appropriées, afin notamment de maintenir le verger résiduel du café arabica au sein des systèmes de cultures associés ;

-La régénération progressive du verger café arabica (recépage, replantation) ;

- L'organisation de la commercialisation et des productions ;

-Le renforcement du champ d'action de l'interprofession ;

-Les infrastructures et les équipements ruraux ;

-La mise en place d'un Fonds de relance et de sécurisation des revenus ;

-La promotion de la transformation et de la consommation locales des cacao/cafés et de leurs exportations.

Le séminaire de Yaoundé s'est voulu une concertation Etat- opérateurs privés et bailleurs de fonds des filières cacao/cafés. Pour l'Etat, on a noté la participation :

-Des représentants des principaux Ministères en charge de la promotion de ces filières : MINAGRI, SPM, MINDIC, MINREST, MINEPAT, MINFIB, MINTP, MINTRANS ;

-Les démembrements de l'Administration chargés du développement de ces filières et de l'encadrement des producteurs : SODECAO, SOWEDA, IRAD, PSCC ;

-Les sept délégués provinciaux de l'Agriculture de la zone cacao/cafés.

En ce qui concerne le secteur privé, on notait la participation :

-Des acheteurs ;

-Des usiniers ;

-Des transformateurs ;

-Des distributeurs de produits phytosanitaires ;

-Des exportateurs ;

-Des ONG d'appui aux producteurs de cacao et de cafés ;

-Des organismes de promotion de la qualité ;

-De l'interprofession.

Pour le cas des bailleurs de fonds, étaient présents :

-L'Agence française de développement ;

-La Délégation de l'Union Européenne ;

-La FAO ;

-La Banque mondiale ;

-Le FMI ;

-Le PNUD.

Au terme des communications des personnes-ressources en plénière sur les domaines de la production, de la commercialisation, de l'organisation des producteurs et de l'organisation interprofessionnelle, quatre commissions ont été constituées pour les travaux en ateliers, de la manière suivante :

-Commission sur la relance et le développement de la production ;

-Commission sur la structuration professionnelle, interprofessionnelle, la commercialisation, la transformation et la consommation locales ;

-Commission sur les infrastructures et équipements ruraux;

-Commission sur le financement.

A l'issue des travaux en commissions, une séance plénière de restitution et de débats a eu lieu, au cours de laquelle les principales résolutions ont été adoptées, notamment :

Au plan de la production

-Entreprendre une campagne d'information, de sensibilisation et de mobilisation des producteurs autour de la relance de la filière ;

-Actualiser les statistiques sur l'état des vergers cacao, café robusta, café arabica ;

-Renforcer les compétences des producteurs en matière d'organisation des luttes phytosanitaires ;

-Mettre à la disposition des cacaoculteurs et des caféiculteurs des appareils et produits phytosanitaires ;

-Mettre à la disposition des caféiculteurs des engrais appropriés en temps opportun et à un prix raisonnable ;

-Poursuivre la recherche agricole en matière de cacaoculture et de caféiculture sur les aspects concernant : Les semences améliorées, les besoins en éléments fertilisants du cacaoyer, les aptitudes des sols, les qualités spécifiques conférant un avantage compétitif à nos produits ;

-Produire et multiplier le matériel végétal performant et en assurer la diffusion auprès des producteurs ;

-Promouvoir la production des produits biologiques et du café arabica full washed ;

-Diversifier les sources de revenus des producteurs, notamment par la valorisation des sous-produits de la filière, la diversification des cultures.

Au plan de l'organisation professionnelle et interprofessionnelle de la commercialisation et de la transformation locale

-Renforcer les appuis à l'organisation et à la structuration des producteurs;

-Elaborer des textes spécifiques régissant l'interprofession ;

-Réviser les textes et renforcer les critères de création des COOP/GIC ;

-Développer un cadre formel de concertation permanente entre les opérateurs et l'Etat ;

-Faciliter l'accès des acteurs de la filière aux médias publics, privés et aux radios rurales ;

-Réviser les textes en vigueur; Responsabiliser les opérateurs dans chaque département administratif ;

-Relancer le système de crédit d'enlèvement sécurisé ;

-Adopter des politiques de commercialisation visant des segments de marché bien ciblés ;

-Réviser les textes et les normes des produits transformés commercialisables au Cameroun ;

-Faciliter la promotion des produits transformés localement ;

-Promouvoir la transformation à petite échelle et la vulgarisation des résultats de la recherche disponibles sur les technologies de transformation des produits de la filière ;

-Relever le label Cameroun fortement déprécié.

Au plan des infrastructures et équipements ruraux

-Impliquer davantage toutes les structures intervenant dans le secteur en collaboration avec le Ministère des Travaux Publics ;

-Explorer toutes les opportunités offertes par le mode de transport fluvial et lacustre jadis pratiqué avec bonheur ;

-Identifier les équipements appropriés pour une expression optimale des efforts des producteurs et promouvoir l'utilisation de ces équipements ;

-Identifier les besoins réels en aménagement de l'espace rural, en structure socio-économiques communautaires ;

-Planifier les actions.

Au plan du financement

-Financer la production du matériel végétal de base, la multiplication des plants améliorés, le désenclavement des bassins potentiels de production et les opérations d'abattage ;

-Réinstaurer les primes à la régénération et à la création des plantations ;

-Apporter un appui financier à l'acquisition et à l'utilisation des matériels et produits de traitement ;

-Financer la vulgarisation des lois sur les intrants agricoles et la mise sur pied d'un système permanent et fiable d'information ;

-Exonérer des droits de douane, les équipements de transformation, en exigeant un taux minimal de transformation locale ;

-Bonifier les taux d'intérêts sur les crédits de campagnes ;

-Dégager les ressources en dehors des filières elles-mêmes, pour le financement de la relance ;

-Établir une liste exhaustive du matériel agricole à exonérer des droits de douane ;

-Mettre en place un cadre institutionnel pour couvrir la retraite des producteurs et les risques liés aux activités agricoles.

L'application effective des résolutions ci-dessus énumérées présuppose la réalisation de certaines actions concrètes, notamment:

-La mise sur pied d'une opération vigoureuse et d'envergure nationale pendant deux ans, en vue de la protection des vergers cacao et cafés existants;

-La mise en place d'une institution de financement agricole adaptée au développement rural ;

-La mise en place d'un comité ad-hoc chargé de l'évaluation du coût de la relance ainsi que du suivi de la mise en œuvre de l'ensemble des résolutions de ce séminaire.

En tout état de cause, l'accomplissement de l'objectif 330 000 tonnes de production des cacaos et cafés à l'horizon 2010, requiert, pour être effectif, la prise de mesures et décisions de la part du gouvernement. Dans les faits, cela se traduit par l'incitation des agriculteurs à renouer avec la production cacaoyère et caféière. Dans ce contexte, tout dépend de ce point essentiel : actualiser le financement pour la relance de ces deux filières, en résolvant notamment l'épineux problème de l'accès des agriculteurs aux intrants agricoles.

La Voix du Cameroun, N° 313, janvier-février 2004, p.11.

XV

Rupture de la pause fiscale : malaise dans la société

Votée en décembre dernier par l'Assemblée nationale et promulguée par la suite par le président de la République, la loi des finances pour l'exercice 2005 s'est révélée à l'opinion publique comme une pilule amère. Car, elle a consacré le relèvement des impôts et taxes, autant que le renforcement des mesures de contrôle dans la gestion des finances publiques. Objectif affirmé : l'atteinte du point d'achèvement de l'Initiative PPTE. Dans une société où les entreprises et les ménages se sentent englués dans un carcan infernal.

Le coût social d'une mesure

La nouvelle loi de finances, qui consacre la fin de la pause fiscale, a fait couler beaucoup d'encre et de salive. Ici et là, des voix se sont élevées, des articles ont été publiés dans les colonnes des journaux de la place, autour d'un centre d'intérêt : L'adoption et la promulgation d'une loi dont on ne peut pas encore évaluer avec certitude les effets pervers sur le niveau de vie des ménages et les activités des entreprises.

Le Groupement inter-patronal du Cameroun (GICAM) a exprimé ses inquiétudes. Des personnalités de la société civile ont formulé des critiques. Des ménagères se sont offusquées. Bref, d'un bout à l'autre de l'échelon social, l'indignation et la stigmatisation ont été clairement perçues. Seulement, ce qui nous intéresse ici, c'est moins la critique de l'acte décisoire du gouvernement en la matière -l'Etat oblige -, que le contexte socio-historique dans lequel cette décision prend corps.

Avant 1985, en effet, l'Etat nourrissait l'illusion de la maîtrise, de l'aisance et de la facilité, grâce à la politique d'industrialisation qu'il avait mise en place. A la faveur des activités des sociétés créées par la Société nationale d'investissement (SNI) et de l'apparition de la manne pétrolière, l'Etat devenait agissant, comme régulateur extérieur, puis comme acteur économique de premier plan.

L'Etat produisait lui-même par l'intermédiaire des sociétés publiques et d'économie mixte. Il réalisait ainsi d'importants investissements à travers des entreprises telles que : La SONEL, la SNEC, la REGIFERCAM, la CAMAIR, la SOSUCAM, la CDC, la CIMENCAM, la CHOCOCAM, etc. Or, d'où venait l'argent que l'Etat investissait de cette façon?

Cet argent provenait des recettes tirées de l'exportation de deux produits de base : Le cacao et le café, dont la production s'étendait sur cinq provinces pour le cacao et sur deux pour le café. L'argent généré par la vente de ces deux produits servait essentiellement à financer les sociétés d'Etat et d'économie mixte.

Or, à partir de 1965, la déréglementation des accords sur les produits de base prenait place dans les échanges commerciaux internationaux sous l'instigation de Ronald Reagan, alors président des Etats-Unis d'Amérique. Ainsi, le cacao et le café se sont effondrés.

La source principale de la richesse au Cameroun s'est donc tarie provoquant alors un appauvrissement continu de plus de 2/3 de la population dont le revenu dépendait du cours de ces deux produits sur le marché mondial. L'Etat n'était plus en mesure de subventionner les nombreuses sociétés qu'il avait créées. D'où l'apparition d'une crise drastique au niveau des recettes fiscales et d'exportation. Il fallait s'en référer au Fonds monétaire international (FMI) pour un Programme d'ajustement structurel (PAS).

Le point d'achèvement : dans la foulée du PAS

Pour sortir le Cameroun du marasme économique couplé au délabrement du tissu social, les bailleurs de fonds (FMI et Banque mondiale) ont imposé un remède de cheval. Celui-ci obligeait le Cameroun à rétablir l'équilibre des comptes intérieurs et extérieurs, et à se plier au diktat de ceux qui lui fournissaient les ressources à cet effet. Parmi les remèdes proposés de façon autoritaire par les bailleurs de fonds, figuraient en premier lieu la réduction de la masse salariale et la privatisation des sociétés d'Etat et d'économie mixte, afin d'obtenir des recettes complémentaires à seule fin d'être capable d'honorer les échéances de dette.

Seulement, cette situation particulièrement draconienne plaçait l'économie camerounaise dans une position périlleuse en tant qu'il fallait obéir au diktat des bailleurs de fonds. Malgré l'ouverture du processus de privatisation, le Cameroun n'arrivait pas à mobiliser les ressources de compensation pour régler les dettes des personnes qu'on devait compresser. C'est pourquoi, il s'était remis à l'alternative facile de la baisse des salaires.

Voilà donc les sources de la généralisation de l'appauvrissement dans toutes les couches sociales au Cameroun. Cette descente aux enfers ne s'est pas arrêtée là, puisque deux mois après la réduction des salaires, le pays foyer de la zone franc a convoqué les pays africains de la zone à Dakar, dans le but de leur annoncer la dévaluation du franc CFA de l'ordre de 50%, sans aucune compensation pour atténuer les coûts sociaux d'une telle mesure.

Les effets conjugués de l'effondrement des cours du cacao et du café et de la dévaluation du franc CFA plongeaient ipso facto le Cameroun dans la spirale de la misère et du marasme.

On a ainsi assisté à une généralisation des réflexes de survie dans tous les rouages de la société camerounaise, en particulier au niveau des fonctionnaires de l'Etat. De tels réflexes allaient avoir de graves conséquences sur la réputation du Cameroun à l'extérieur.

Pressés par les lourdes charges familiales qu'ils assumaient jusqu'alors, du fait de leur statut de privilégiés sur l'échelle sociale, les fonctionnaires de l'Etat se sont mis à faire payer leurs services pour arrondir les deux bouts. D'où le développement de la corruption qui, telle une gangrène, allait conduire à l'humiliation du Cameroun sur le plan international, à la pratique de la méfiance vis-à-vis des autorités nationales, au choix des ONG étrangères pour gérer les fonds destinés au Cameroun en lieu et place des autorités nationales. Cet état de choses a abouti à la destruction de l'image du Cameroun à l'extérieur.

Au cours des négociations avec les institutions internationales, les ministres camerounais étaient constamment et pour l'ensemble de leurs démarches, soupçonnés d'être des corrompus auxquels on ne pouvait pas faire confiance. L'attitude de ces institutions envers le Cameroun trouvait son fondement dans cette situation.

Aujourd'hui, les bailleurs de fonds ont posé sur le tapis le problème de l'atteinte par le Cameroun du point d'achèvement de l'Initiative pays pauvres très endettés (PPTE). L'échéance y afférente a d'abord été fixée en 2004 avant d'être repoussée en 2006.

Au moment où ce problème semble constituer le véritable catalyseur de la loi de finances 2005, il nous est loisible de nous interroger sur sa signification réelle et sur l'intention profonde qui le sous-tend. Qu'est-ce donc que le point d'achèvement ? Est-ce un choix économique ou une manipulation politicienne?

Quelles sont les chances du Cameroun d'atteindre ce point d'achèvement, alors même que les entreprises luttent contre la faillite et les ménages contre le marasme et la misère?

« Point d'achèvement : L'erreur n'est plus permise ». Pouvait-on lire à la une du quotidien gouvernemental *Cameroon Tribune* N°6269/448 du mercredi 16 février 2005, avec ce chapeau : « Après les résultats peu reluisants de l'économie nationale en 2004, les Camerounais qui veulent plus que jamais passer du sous-développement à la modernité, ont accepté de consentir de nouveaux sacrifices à cet effet. Aussi attendent-ils des autorités en charge des relations avec les institutions de BrettonWoods qu'elles mettent les bouchées doubles, pour l'atteinte par Yaoundé, aussi rapidement que possible, du point d'achèvement de l'Initiative PPTE. Quels sont les préalables à remplir? ».

Les principaux sont les suivants, de l'avis même de la mission du FMI conduite par Doris Ross, qui a séjourné au Cameroun du 28 janvier au 12 février 2005: « Adoption d'un budget ambitieux, visant à mobiliser les ressources publiques et à mieux les utiliser ; amélioration de l'utilisation des ressources PPTE ; promotion de la transparence dans les finances publiques et en particulier dans le secteur pétrolier ; engagement à faire rétablir la discipline financière dans les entreprises publiques ».

Cette série de mesures prises par le gouvernement a provoqué au sein de la mission du FMI la volonté d'ouvrir un nouveau round de pourparlers avec les autorités camerounaises, pouvant déboucher dans les prochains mois à la conclusion d'un accord sur un nouveau programme économique pour 2005. Nouveau programme dont la formulation reste encore une simple vue de l'esprit, mais, qui, bien exécuté - peut-être par les anges-, dit-on, « va permettre au Cameroun de conclure un nouvel accord avec le FMI au titre de la Facilité pour la réduction de la pauvreté et la croissance (FRPC) qui permettrait au Cameroun d'atteindre le point d'achèvement de l'initiative PPTE et de bénéficier d'une remise substantielle de sa dette extérieure ». Trop facile !

A qui veut-on faire croire que nonobstant les relations complexes que le Cameroun entretient avec le FMI et la Banque mondiale, ces institutions, instruments privilégiés de l'expansion du capitalisme impérial dans le monde, auraient vraiment intérêt à aider le Cameroun à sortir de la spirale de l'endettement continu?

Il y a ce sous-produit de la société capitaliste avancée que nous décelons à l'heure actuelle à l'arrière-plan de l'ivresse de puissance ambiante, engendrée par la crise de croissance du capitalisme impérial et de son cartel pétrolier, à savoir : dans les conditions actuelles marquées par la domination des intérêts et des institutions du capitalisme impérial, la main-d'œuvre superflu et l'argent superflu se sont donnés la main pour quitter ensemble les secteurs techniquement les plus avancés de la société capitaliste.

La main-d'œuvre superflue, c'est précisément cet ensemble de résidus humains que chaque période de crise, succédant à chaque période de croissance économique, exclut en permanence de la société productive.

L'argent superflu n'est pas autre chose que l'excédent des bénéfices tirés de l'exploitation par le capitalisme impérial des régions non capitalistes et des régions capitalistes faibles.

Dans ces conditions, comment le FMI et la Banque mondiale procéderont-ils pour mettre en échec ce système d'exploitation ? Ce but atteint, qui pourra encore employer la main-d'œuvre superflue secrétée par ce système et qui forme l'essentiel du personnel de ses innombrables ONG disséminées dans le monde?

A bien y regarder, c'est la politique imposée au Cameroun dans la foulée de l'ajustement structurel et les soupçons entretenus contre le Cameroun par les institutions multilatérales et bilatérales qui constituent la clé de marasme dans lequel le Cameroun est plongé aujourd'hui.

Ainsi, l'analyse spectrale de la situation actuelle commande que l'on précise les responsabilités. Le capitalisme impérial sécrète en lui-même la corruption. Il faut donc revoir l'ensemble de la situation et préciser la véritable origine de la putréfaction du système en place au Cameroun.

C'est le capitalisme pur imposé aux pays africains par la civilisation occidentale et judéo-chrétienne, qui est à l'origine de la situation dramatique dans laquelle se trouve le Cameroun aujourd'hui. Par conséquent, le point d'achèvement dont on nous abreuve tant l'esprit, déplace le problème au lieu de le résoudre. Le problème réel qui bloque notre accès à la modernité, c'est le fardeau de la dette. Supprimez-la et le Cameroun verra le bout du tunnel !

La Voix du Cameroun, N° 320, février-mars 2005, p.4.

XVI

La planification du développement dans l'économie libérale : quelles perspectives pour le Cameroun ?

Le décret N° 320/2004 du 08 décembre 2004 portant organisation du gouvernement a créé, en son article 26, un Ministère de la Planification, de la Programmation du Développement et de l'Aménagement du Territoire (MINPLAPDAT), chargé de l'élaboration des orientations générales et des stratégies de développement à moyen et à long termes et du suivi de leur mise en œuvre. Le président de la République a ainsi remis sur le tapis à problème de la planification du développement, pratique abandonnée par l'Etat camerounais au début des années 80, en raison précisément de la mondialisation de l'économie libérale. *La Voix du Cameroun* entame ici une réflexion sur les enjeux de la planification dans une économie où domine la recherche effrénée du gain, succédané de la loi du « laissez-faire ».

Signification socio-historique du concept

La planification du développement s'est fortement enracinée dans l'histoire du monde contemporain, avant d'être progressivement mise hors-jeu, à la faveur de l'irruption de la théorie économique néo-libérale de la libre entreprise intégrale fondée sur la loi du «laissez-faire ».

Cette loi postule, ainsi que l'affirment ses éponymes Jean-Baptiste Say, Adam Smith, David Ricardo, etc., qu'il existe une force naturelle qui régule spontanément l'activité économique. Un ordre se crée donc naturellement, sans qu'il soit besoin d'une quelconque intervention étatique.

Le développement de celle théorie a donné lieu à l'apparition de ce que l'on a qualifié, au 19e siècle, d'esprit mercantiliste, pour lequel seule comptait la loi du marché. Etant entendu que l'activité économique ne devait être régulée par aucune puissance extérieure, chaque produit, créant sa propre demande, devait donc automatiquement s'ajuster à l'ordre du marché. Toutes choses étant égales par ailleurs, le marché allait systématiquement absorber tous les produits, empêchant alors l'état de dérégulation - crise de surproduction de l'activité économique.

Or, la loi du « laissez-faire » n'a pas tardé à montrer ses limites, pour la raison évidente qu'elle a nié un fait irréductible : une économie entièrement libéralisée dans laquelle l'Etat n'exerce aucun contrôle, est une économie vouée à l'autodestruction. La grande crise économique de 1929 en est une parfaite illustration.

Au-delà de cette crise, on a opéré un lifting idéologique à l'intérieur de la théorie du « laissez-faire », en préconisant notamment une implication directe de l'Etat dans l'activité économique. C'est ainsi que furent mis en place les leviers du «nouvel Etat industriel », Etat à la fois régulateur extérieur - Etat gendarme - et sujet économique investisseur de premier plan.

Ainsi s'ouvrait l'ère du « dirigisme étatique» au sein de l'économie mondiale, caractérisé notamment par la centralisation systématique dans les pays dits « communistes» ou « socialistes », et, par la planification indicative dans les pays dits « démocratiques». Dans les deux cas, comme on peut le remarquer, la vraie dynamique est à l'œuvre, à savoir : L'amalgame entre l'Etat et les affaires. D'où la mise en œuvre de la planification du développement.

En Afrique, en général, et au Cameroun, en particulier, la planification du développement a principalement achoppé sur le modèle en vigueur en Europe de l'Est, dite « communiste ». Au début des années 60, cette politique avait atteint son apogée. A cette période, le ministre de la Planification, de la Programmation du Développement et de l'Aménagement du Territoire, Augustin Frédéric Kodock, était Directeur de l'orientation économique au Ministère de l'Economie et des Finances. Ahidjo, alors président de la République, lui avait recommandé la formulation du premier Plan de développement du Cameroun.

Après plusieurs mois d'un travail ardu, Kodock avait mis au point le cadre stratégique pour le développement du Cameroun, lequel ne tardera pas à revêtir l'ossature des plans quinquennaux. La mise en œuvre de ces plans impliquait, de la part de l'Etat, un renforcement du cadre institutionnel établi à travers une définition claire des objectifs de développement à atteindre à moyen terme, et le pilotage aussi bien que le contrôle de la mise en œuvre des plans.

Pendant plus de deux décennies, l'Etat a connu une période de grâce qui lui a permis d'assumer ses fonctions régaliennes dans les domaines de la santé, de l'éducation et de la sécurité. Qui plus est, l'Etat prenait une part très active dans le domaine économique à travers de nombreuses sociétés publiques et d'économie mixte qu'il avait créées.

C'était la glorieuse époque de l'Etat-providence. On entretenait alors l'illusion de la maîtrise, de l'aisance et de la facilité, dans une économie où l'Etat tirait l'essentiel de ses revenus de la vente de deux produits de base : Le cacao et le café.

Les chantres de la gestion administrative avaient perdu de vue le fait qu'une économie ne se développe que si ses facteurs – capital, travail - sont utilisés jusqu'à leurs maxima spécifiques.

Le retour du refoulé

En dilapidant allègrement ses ressources, l'Etat-providence ébranlait du même coup les leviers de sa propre survie et existence dans le temps. Et, lorsque, en 1985, Ronald Reagan, alors président des Etats-Unis d'Amérique, imposa aux européens la déréglementation des conventions sur les produits de base, le glas sonna pour l'Etat-providence. La source principale de la richesse avait donc tari, plongeant ainsi plus de 2/3 de la population dans le marasme et la misère.

L'Etat n'avait plus les moyens de planifier ni de programmer de grands travaux pour assurer son développement. Par conséquent, la planification du développement, qui n'avait pas vraiment vécu, fut abandonnée, d'autant que, pour sortir du marasme, l'Etat avait plié l'échine et tendu la main aux bailleurs de fonds pour un Programme d'ajustement structurel (PAS).

Dans la foulée du PAS imposé de façon dictatoriale au pays par les bailleurs de fonds, figuraient en bonne place la réduction de la masse salariale et la privatisation des sociétés publiques et d'économie mixte. Ces mesures draconiennes visaient simplement à permettre à l'Etat de mobiliser des ressources complémentaires à seule fin d'être capable d'honorer les échéances de dette. L'Etat-providence, voire l'Etat tout court, était en banqueroute.

A la vérité, le PAS s'est révélé à l'analyse comme l'instrument privilégié de l'expansion de l'économie néo-libérale à travers le monde. Elle est néolibérale précisément en ce qu'elle réchauffe la théorie du « laissez-faire» sous une autre forme : la mondialisation. Concept idéologique qui n'est pas autre chose qu'un rapport illusoire et mystificateur que les hommes entretiennent à l'égard de leurs conditions réelles d'existence. Ces illusions sont donc les expressions déguisées des intérêts des puissances dominantes.

Mondialisation, village planétaire, société globale, etc., sont des concepts qui ont une fonction idéologique, en tant qu'ils servent à masquer les facteurs qui sont à l'origine des faits de l'expérience immédiate, à savoir : la mise en place de ce que Friedrich Von Hayek appelle la « callaxie » ou « ordre du marché» référant à un ajustement mutuel de nombreuses économies individuelles qui se soudent spontanément les unes aux autres dans un même espace de rencontre : le marché.

Dis-moi à quel marché tu appartiens et je te dirai qui tu es ! Dans ce contexte, le sort des économies périphériques du tiers monde est abandonné à la sanction de l'irrationnel. L'Etat gendarme est mort! Vive le marché!

Pour ces économies périphériques, dont fait partie le Cameroun, la question de fond est : comment résister à la furia du néo-libéralisme et au diktat des multinationales?

Ou bien : les économies périphériques peuvent-elles se développer suivant une rationalité qui leur soit propre et qui ait un caractère sui generis?

La planification du développement a-t-elle quelque chance de succès dans un contexte où l'économie néo-libérale tend à se mondialiser? Cette économie est d'ailleurs sous-tendue par la rationalité technologique. Or nos économies sous-développées n'ont pas encore accédé à ce niveau d'efficience technologique. Par conséquent, si elles veulent se développer, elles ne peuvent pas se calquer sur le modèle des économies développées. Elles sont contraintes à l'innovation. Telle est la tâche. Rien de plus.

La Voix du Cameroun, N° 321, juin 2005, p.6.

XVII

Au-delà du point d'achèvement de l'Initiative PPTE : des perspectives colossales pour l'aménagement du territoire

Le climat social au Cameroun a été fortement réchauffé ces derniers temps par la vague des affaires mettant en cause certains gestionnaires indélicats. Ce réchauffement, du reste justifié par l'engagement ferme du chef de l'Etat à lutter efficacement contre la corruption et le détournement de deniers publics a remis sur le tapis les perspectives liés à la planification, à la programmation et à l'organisation de l'aménagement du territoire, après l'atteinte du point d'achèvement de l'Initiative PPTE au cours de l'année 2006. Chronique de l'enjeu de la bonne gouvernance dans l'atteinte du point d'achèvement.

Les origines de l'initiative PPTE

Des conclusions des récentes missions du FMI sur le terrain au Cameroun, il ressort clairement que le Cameroun va bientôt atteindre le point d'achèvement de l'initiative PPTE (pays pauvres très endettés). En fait, d'où provient le reclassement du Cameroun dans le cadre de cette Initiative ?

Au début de la décennie 1990, Augustin Frédéric Kodock, Secrétaire Général de l'UPC et ministre d'Etat chargé du Plan et de l'Aménagement du Territoire, alors en mission à Washington, avait réclamé le reclassement du Cameroun parmi les pays les moins avancés (PMA), afin qu'il puisse bénéficier des facilités de crédits du système AID (Association internationale de développement) mis en place par les bailleurs de fonds.

Pourquoi cette prise de position claire et téméraire de Kodock ?

En réalité, Kodock avait fait une analyse raisonnée de la situation de crise économique drastique dans laquelle le Cameroun était plongé à cette époque. Sans fards ni œillères. Ce faisant, il avait constaté qu'en vue de juguler cette crise économique, les bailleurs de fonds (FMI et Banque mondiale) avaient imposé un remède de cheval. Celui-ci obligeait le Cameroun à rétablir l'équilibre des comptes intérieurs et extérieurs, et à se plier au diktat de ceux qui lui fournissaient les ressources à cet effet.

Parmi les remèdes proposés de façon dictatoriale par les bailleurs de fonds, figuraient en bonne place la réduction de la masse salariale et la privatisation des sociétés d'Etat et d'économie mixte, afin d'obtenir des recettes complémentaires à seule fin d'être capable d'honorer les échéances de dette. Seulement, cette situation plaçait l'économie camerounaise dans une position périlleuse en tant qu'il fallait obéir au diktat des bailleurs de fonds.

En dépit de l'ouverture du processus de privatisation, le Cameroun n'arrivait pas à mobiliser les ressources de compensation pour régler les dettes des personnes qu'on devait compresser. C'est pourquoi, il s'est remis à l'alternative facile de la baisse des salaires. Voilà donc, selon Kodock, les sources de la généralisation de l'appauvrissement dans toutes les couches sociales au Cameroun.

Cette descente aux enfers ne s'est pas arrêtée là, puisque deux mois après la réduction des salaires, le pays foyer de la zone franc a convoqué les pays africains de la zone à Dakar, dans le but de leur annoncer la dévaluation du franc CFA de l'ordre de 50%, sans aucune compensation pour atténuer les coûts sociaux d'une telle mesure.

Dans ce contexte, les efforts conjugués de l'effondrement des cours du cacao et du café à la suite de la déréglementation des accords sur les produits de base, et de la dévaluation du franc CFA, plongeraient ipso facto le Cameroun dans la spirale de la misère et du marasme.

Selon Kodock, le Cameroun devait bénéficier des crédits AID, car, affirmait-il, un homme ou un pays qui croupissait dans l'appauvrissement continu était un homme ou un pays pauvre.

Seulement, l'argument de Kodock avait déclenché l'ire des théoriciens de la gestion administrative, qui voyaient dans la manne pétrolière, le moyen le plus sûr, le plus efficace, pour pallier la détérioration des termes de l'échange ou la chute des cours de nos produits de base sur le marché international.

L'on se souvient que de grands commis de l'Etat, forts de leur statut de représentant du Cameroun au Conseil d'administration du FMI ou d'ancien ministre du Plan, s'étaient répandus dans des déclarations orageuses contre le ministre d'Etat, allant même jusqu'à déclencher une véritable cabale médiatique contre lui. Or, les tenants de la gestion administrative ne voulaient pas opérer un lifting dans leur vision de la réalité, tant la manne pétrolière leur conférait des privilèges exorbitants, donc, enivrants. Et, dans ces conditions où régnait un véritable profitariat minoritaire, le secteur agricole était voué aux gémonies. On entretenait alors l'illusion de la maîtrise, de l'aisance et de la facilité dans les arcanes du pouvoir.

Lorsque le Cameroun fut finalement reclassé parmi les pays bénéficiant des crédits AID, il devait également bénéficier de l'annulation de la dette que les bailleurs de fonds avaient prévue dans le cadre de l'atteinte du point d'achèvement de l'Initiative PPTE. Or, personne ne s'était souvenue que l'élection du Cameroun, à cette Initiative n'était autre que l'œuvre du Secrétaire Général de l'UPC, ministre d'Etat chargé du Plan à l'époque.

Vers l'atteinte du point d'achèvement

Au demeurant, l'atteinte du point d'achèvement de l'Initiative PPTE par le Cameroun était conditionnée par des préalables, notamment : L'adoption d'un budget ambitieux, visant à mobiliser les ressources publiques et à mieux les utiliser ; l'amélioration de l'utilisation des ressources PPTE ; la promotion de la transparence dans les finances publiques et en particulier dans le secteur pétrolier; l'engagement à faire rétablir la discipline financière dans les entreprises publiques.

Une fois remplis ces préalables, le Cameroun devait conclure un nouvel accord avec le FMI au titre de la Facilité pour la réduction de la pauvreté et la croissance (FRPC), qui permettrait au Cameroun d'atteindre le point d'achèvement de l'Initiative PPTE et de bénéficier d'une remise substantielle de sa dette extérieure.

Toutefois, peu de temps après la conclusion de cet accord, les bailleurs de fonds avaient imposé des méthodes procédurières qui ne facilitaient pas le décaissement des fonds à temps. Les bailleurs de fonds cultivaient à l'égard du Cameroun un esprit de soupçon.

Cette situation a conduit à humilier le Cameroun sur le plan international, à développer la méfiance vis-à-vis des autorités nationales, à choisir d'imposer les ONG étrangères pour gérer les fonds destinés au Cameroun en lieu et place des autorités nationales. Cet état de choses avait été l'aboutissement d'un processus de destruction de l'image du Cameroun à l'extérieur.

Nous étions engagés dans la coopération avec les institutions internationales, alors qu'on nous soupçonnait d'être des corrompus auxquels on ne pouvait pas faire confiance. L'attitude de ces institutions envers le Cameroun provenait de cette situation.

Jusqu'alors, l'effet de l'injection des capitaux issus de l'annulation d'une partie de la dette des pays pauvres très endettés, dans le système économique, ne s'est pas fait sentir au Cameroun.

D'où la persistance de la crise sociale et l'aggravation de la pauvreté. A l'heure actuelle, l'enjeu de l'atteinte du point d'achèvement est fondé sur les acquis de la stratégie de lutte contre la pauvreté et de relance de la croissance, que sur les progrès réalisés dans la gouvernance du pays.

C'est pourquoi, le réchauffement du climat social constaté ces derniers temps, qui est la vague des affaires mettant en cause certains gestionnaires indélicats des entreprises publiques, n'a pas d'autres objectifs. Il s'agit, pour le gouvernement, connaissant les réalités, de convaincre les bailleurs de fonds sur son engagement sans équivoque à restaurer la transparence dans la gestion des fonds publics.

Ainsi, l'atteinte du point d'achèvement aujourd'hui implique des choix politiques parfois exécrables mais nécessaires, en vue de lutter contre la corruption au sein de la justice, dans l'administration centrale, et, plus encore, dans les entreprises publiques.

Il va sans dire qu'au-delà de l'atteinte du point d'achèvement, des perspectives colossales s'ouvrent au Cameroun, pour planifier, programmer et organiser l'aménagement du territoire, pour ce qui concerne notamment :

1) La coordination et la réalisation des études d'aménagement du territoire, tant au niveau national que régional ;

2) L'élaboration des normes et règles d'aménagement du territoire et du contrôle de leur application ;

3) Le suivi et le contrôle de la mise en œuvre des programmes nationaux, régionaux ou locaux d'aménagement du territoire.

Collaborer à cette tâche, transformer ces objectifs de développement en réalité concrète, le point d'achèvement une fois atteint, le Cameroun pourra faire son entrée dans le concert des nations modernes.

La Voix du Cameroun, N° 324, mars 2006, p.16.

XVIII

Développement : Le péril du chômage

Le 1er juin dernier, les résultats de la première enquête nationale sur l'emploi et le secteur informel ont été officiellement présentés à Yaoundé. Réalisée par l'Institut national de la statistique avec la participation du Fonds national de l'emploi, la première phase de cette enquête portant sur l'emploi laisse clairement apparaître l'implacable vérité. A l'heure actuelle, le chômage est endémique au Cameroun et menace l'ensemble de la jeunesse.

La crise de la gestion administrative

L'Etat-providence a vraiment vécu. Tel est le constat amer qui se dégage de l'analyse de la situation économique du pays et ses répercussions sur l'emploi à l'heure actuelle.

Au cours des décennies ayant marqué le règne de l'Etat-providence, l'ère de l'opulence s'était ouverte pour le Cameroun. L'Etat était le moteur dans le développement économique. Il était agissant, comme régulateur extérieur, puis comme sujet de l'activité économique. Cela impliquait, de la part de l'Etat, la création de nombreuses sociétés publiques et d'économie mixte, la redistribution des revenus, la réalisation d'une meilleure justice sociale.

L'Etat produisait lui-même par l'intermédiaire des services publics, grâce aux importants investissements qu'il réalisait. Avec le jeu de la fiscalité marqué par des détaxations ou des impositions légères et par de lourds impôts, selon le cas, l'Etat devait distribuer d'importants sommes d'argent, créant ainsi de nombreux revenus privés qui allaient accroître la demande globale et contribuer à soutenir la croissance des investissements productifs, notamment dans le secteur industriel.

L'Etat avait mis au point une stratégie pour l'industrialisation du pays. Il fallait concrètement identifier les produits de grande consommation et voir dans quelle mesure on pouvait créer des industries capables de faire un contrepoids aux produits importés. C'est ainsi que les sociétés suivantes furent créées : UNALOR, SOSUCAM, CIMENCAM, CHOCOCAM, SOCATRAL, CICAM, SODECOTON, LES MINOTERIES, LA SEIGNEURIE, CDC, etc.

De même, l'Etat avait mis au point un système de financement de l'agriculture et de l'industrie. Pour cela, la Société nationale d'investissement (SNI) et le Fonds national de développement rural (FONADER) furent créés. L'idée qui présidait à la mise en place de ce système à l'époque était que l'agriculture devait être soutenue par un tissu industriel adapté.

Cependant, la pratique du népotisme avait fini par hypothéquer la viabilité de ce système. En effet, le FONADER, et, plus tard, le Crédit agricole, accordaient des crédits aux fonctionnaires qui, loin d'investir dans l'agriculture, préféraient construire de belles villas et acheter des voitures rutilantes. Le secteur rural était ainsi voué aux gémonies.

D'un autre côté, la SNI n'avait pas connu un meilleur sort, malgré un début prometteur. Cette société libérait des bons d'équipement auprès des banques et des compagnies d'assurances, mais elle n'avait pas vocation à demeurer dans le portefeuille de l'Etat. Car, elle devait à un moment donné libérer des actions en faveur des investisseurs privés camerounais. Or, les tenants de la gestion administrative ne voulaient en aucun cas opérer un lifting idéologique dans leur mode de gestion, tant le mastodonte leur conférait des privilèges exorbitants.

Dans ce système où régnait un véritable profitariat minoritaire, aucune politique économique fiable n'avait droit de cité. On s'était prélassé dans l'illusion de la maîtrise, de l'aisance et de la facilité.

Le péril du chômage

Telle la cigale ayant chanté tout l'été sans penser aux affres de la brise, l'Etat-providence s'est laissé surprendre par la crise économique, avec sa cohorte d'effets sociaux particulièrement dramatiques dont la crise de l'emploi et du salariat.

Bien plus, le libéralisme pur et dur imposé au Cameroun dans la foulée du Programme d'ajustement structurel impliquait le retrait de l'Etat du secteur productif, pour se consacrer à ses fonctions dites régaliennes, notamment : la santé, l'éducation et la sécurité.

Dans ce contexte, l'Etat avait été amené à réduire la masse salariale et à vendre ses sociétés pour obtenir des recettes de complément à seule fin d'être capable d'honorer les échéances de dette. Ainsi, la politique adoptée par les bailleurs de fonds pour imposer le libéralisme économique pur dans le monde, constitue l'explication clé du marasme dans lequel le Cameroun était plongé.

A l'heure actuelle, la thérapie de cheval imposée au Cameroun dans la foulée du PAS s'est révélée être une incroyable erreur. Cette thérapie a exposé le pays à une dangereuse évolution vers une crise sociale sans précédent. Car, en jetant des milliers de familles dans la rue en l'absence de mesures compensatoires, l'Etat a forgé les armes de sa propre désintégration. Quelques statistiques peuvent ici nous éclairer sur le taux de chômage à l'heure actuelle:

Hommes (4,4) ; Femmes (4,2) ; Enfants (10 - 17 ans : 2,3) ; Jeunes (18 - 24 ans : 8,6) ; Adultes (25 ans et plus : 3,8) ; Non scolarisé (0,5) ; Niveau d'instruction primaire (3,1) ; Niveau d'instruction secondaire (8,6) ; Niveau d'instruction supérieur (13,4). (Source : EESI)

L'économie des données ci-dessus montre à suffisance que le chômage affecte sensiblement les jeunes, et singulièrement les jeunes diplômés de l'Enseignement Supérieur. En adhérant au libéralisme pur et dur, on a ignoré qu'on livrait le pays, pieds et mains liés, à tous les charognards internationaux dont le seul but était la recherche du gain de façon unilatérale.

En s'abstenant d'intervenir pour réguler et orienter les affaires économiques du pays, l'Etat a basculé le pays entre les mains des hommes d'affaires et des concessionnaires qui multipliaient les liaisons avec les milieux mafieux.

A ce moment, le chômage est devenu endémique et menace l'ensemble de la jeunesse, parce que l'Etat a choisi comme politique économique, « attendre et voir », en espérant que les capitaux envoyés on ne sait de qui viendraient s'investir dans le pays.

La facilité pour gagner de l'argent par tous les moyens est aujourd'hui la pratique courante qui tient lieu de gestion économique. Nous vivons le règne des faussaires et des contrebandiers de toute nature, qui exercent des commerces et des transactions licites et illicites.

Ces transactions ont finalement atteint le domaine des êtres humains, sans une décision dans le sens d'une répression exemplaire.

L'Etat semble démissionner envers les trafiquants internationaux. D'où la prépondérance des jeux dans la nouvelle donne économique. Au lieu de lancer des travaux d'assainissement dans les grandes villes et de construction dans les quartiers populeux, afin de fixer une partie de la jeunesse, on s'est lancé dans une fuite en avant vers l'organisation des forums pour distribuer des promesses, au lieu d'affronter les réalités.

On multiplie les colloques, les symposiums, les tables-rondes, des séminaires-ateliers, comme si on pouvait régler les problèmes concrets par les bavardages et les discours. Sur le plan économique, l'Etat a sombré dans la polysynodie.

Sur le plan social, la persistance et l'extension du chômage deviennent de plus en plus inquiétantes. Une jeunesse sans avenir parce qu'elle n'a pas de place dans la société ne peut que dégénérer. Et comment s'étonner dès lors que des bandes de jeunes soient devenues des bandes criminelles ? Comment réparer une telle détérioration du système social ?

Lorsque les équilibres sociaux sont rompus du fait de la misère galopante, comment peut-on fixer les populations et dans quel cadre?

Quelles perspectives pour la jeunesse ?

Les réponses aux questions ci-dessus formulées se trouvent certainement au cœur de la problématique du réchauffement de la vieille mais ô combien efficace pratique des plans quinquennaux.

Il s'agit, dans ce cadre, de régler le problème de la promotion du Cameroun qui aspire à passer du stade de pays en voie de développement au stade de pays intermédiaire, avec la légitime prétention de devenir à terme un pays développé.

Il s'agit de pouvoir identifier des projets et des programmes qui vont provoquer des changements quantitatifs et qualitatifs dans le système social, et qui vont amener le pays à progresser résolument vers l'avenir.

Ces projets et programmes concernent les secteurs prioritaires tels que : les infrastructures, la grande industrie, la métallurgie du fer, la métallurgie de l'aluminium, les grands axes routiers, l'ouverture des biais navigables, etc.

Telles sont les grandes ambitions et les nouvelles perspectives d'emploi qui s'offrent à notre jeunesse.

La Voix du Cameroun, N° 325, juin 2006, p.13.

XIX

Après l'atteinte du point d'achèvement : les projets qui symbolisent l'espoir

L'atteinte par le Cameroun du point d'achèvement de l'Initiative pays pauvres très endettés (PPTE), récemment confirmé par les institutions de BrettonWoods, a créé au sein de l'opinion publique nationale, une onde d'enthousiasme, vite dissipée par la réalité des faits. Les Camerounais ont été rapidement amenés par la force des choses à découvrir que le point d'achèvement, loin d'être un point d'arrivée, constitue plutôt un nouveau point de départ. Chronique d'une évolution économique et sociale en dents de scie.

Les origines de la dépression économique

Au début de la décennie 80, le capitalisme impérial avait pratiquement épuisé ses possibilités de croissance en Occident. Comme on le sait, ce système de production et de distribution se caractérise notamment par : la transformation de la concurrence libre en concurrence enrégimentée, marquée par les trusts, les cartels, les multinationales ; l'amalgame entre le capital financier et industriel, entre l'Etat et les affaires, et, surtout, par une politique économique expansionniste caractérisée par l'exploitation des pays semi-coloniaux et dépendants.

Au moment le plus fort de la crise de croissance du capitalisme impérial, il y avait ce sous-produit inévitable engendré par le système : la proportion sans cesse grandissante des résidus humains que chaque période de crise, succédant à chaque période de croissance économique, excluait en permanence de la société productive.

Afin de dissiper les tendances à la révolte de cette masse de marginaux, le système devait s'ajuster à l'impératif de l'état de bien-être.

Autrement dit, créer de nouveaux débouchés nécessaires à son autorégulation.

Pour cela, le capitalisme impérial se tourna de nouveau vers les pays semi-coloniaux et dépendants. En 1985, en effet, les tenants du néo-capitalisme - Ronald Reagan aux USA et Margaret Thatcher au Royaume-Uni - demandèrent et obtinrent la déréglementation des accords sur les produits de base, notamment : le cacao et le café.

Cette mesure aussi draconienne qu'inhumaine a eu un impact terrible sur les économies des pays à prédominance agricole, comme le Cameroun.

Du coup, les prix de ces deux produits sur le marché mondial ont connu une chute drastique. La source principale de la richesse au Cameroun avait donc tari, provoquant alors un appauvrissement continu de plus de 2/3 de la population, dont le revenu dépendait des cours de ces deux produits sur le marché mondial.

L'Etat n'arrivait plus à subventionner les nombreuses sociétés publiques et d'économie mixte qu'il avait créées grâce aux recettes d'exportation.

Dans la foulée du PAS

Miné par une crise économique drastique, le Cameroun a frappé aux portes du FMI (Fonds monétaire international) pour un Programme d'ajustement structurel (PAS). Le remède de cheval imposé par les bailleurs de fonds (FMI et Banque mondiale) avait obligé le pays à rétablir l'équilibre des comptes extérieurs et intérieurs, et à se plier au diktat des pays capitalistes avancés - bailleurs de fonds - qui lui fournissaient les ressources à cet effet.

Parmi les traitements imposés par ces bailleurs de fonds figuraient en premier lieu la réduction de la masse salariale et la privatisation des sociétés d'Etat et d'économie mixte. Or, malgré l'ouverture du processus de privatisation, l'Etat n'arrivait pas à mobiliser les ressources de compensation pour régler les dettes des personnes qu'on devait compresser.

C'est pourquoi, il s'en était remis à l'alternative facile de la baisse des salaires.

Cette descente aux enfers a été aggravée par la dévaluation du franc CFA, sans aucune compensation pour atténuer les effets sociaux de cette mesure.

Les effets conjugués de l'effondrement des cours du cacao et du café et de la dévaluation du franc CFA plongeaient ipso facto le Cameroun dans la spirale de la misère et du marasme.

Dans ces conditions, il devenait évident que le Cameroun devait être reclassé parmi les Pays les moins avancés (PMA) pouvant accéder aux facilités de crédits dans le cadre de l'Association internationale de développement (AID). Ce système, c'était 0,75% de taux d'intérêt avec 10 ans de différé et 40 ans d'échéance de remboursement. Lorsque, vers la fin le Cameroun a été admis à l'Initiative PPTE, il a obtenu l'avantage qu'on annule une partie de sa dette.

Dès l'atteinte du point de décision de cette Initiative, le Cameroun avait bénéficié d'une réduction de la dette à titre de ressources intérimaires de l'ordre de 250 milliards de francs CFA. Ces fonds étaient logés dans un compte ad-hoc à la BEAC, et devaient servir à financer des projets dans les secteurs prioritaires tels que : La santé, l'éducation, le secteur rural, les infrastructures, etc.

Crise de confiance

Seulement, les procédures tatillonnes et rigides imposées par les bailleurs de fonds quant au déblocage de ces fonds pour financer les projets, avaient sérieusement hypothéqué l'efficacité d'une telle politique.

La situation qui prévalait alors mettait en évidence l'humiliation du Cameroun sur le plan international, la pratique de la méfiance vis-à-vis des autorités nationales, le choix des ONG étrangères pour gérer les fonds destinés au Cameroun, en lieu et place des autorités nationales.

Au cours des négociations avec les institutions internationales, les autorités camerounaises avaient été constamment, et pour l'ensemble de leurs démarches, soupçonnées d'être des corrompues auxquelles on ne pouvait pas faire confiance.

Dans ce contexte, le taux de croissance de l'économie, dont le secteur moteur était l'agriculture, avait été cassé. Le chômage était devenu endémique et menaçait l'ensemble de la jeunesse. Ce qui avait engendré le développement exponentiel du secteur informel. La facilité pour gagner de l'argent par tous les moyens, était devenue la pratique courante qui tenait lieu de gestion économique. Ainsi, le paupérisme avait envahi les populations rurales et urbaines et ne permettait plus aux parents d'instruire convenablement leurs enfants.

Bâtir un nouvel espoir

Après l'atteinte du point d'achèvement, le Cameroun devra bénéficier d'une réduction de la dette estimée à 1150 milliards de francs CFA. A cette somme, il faut ajouter les retombées du C2D (Contrat de désendettement et de développement) conclu avec la France, et qui culminent à 700 milliards de francs CFA.

Ces sommes colossales doivent servir à financer les projets dans les secteurs prioritaires. Pour cela, tout dépendra de la capacité des cadres camerounais à élaborer de bons projets et à les proposer aux financements.

Il s'agit donc ici de mobiliser le capital d'engineering que le pays a accumulé depuis l'indépendance et à l'orienter vers la réalisation d'une grande ambition nationale : la construction d'un Cameroun démocratique, solidaire et prospère.

Nous devons donc en finir avec des pratiques surannées telles que : la vision sectaire et rétrograde de la société, la médisance, la montée de la méchanceté dans les rapports entre les cadres. Nous devons conjurer cet esprit maléfique qui plane au-dessus du Cameroun et qui rend les gens gratuitement méchants.

Aujourd'hui plus qu'hier le destin du Cameroun se trouve entre les mains des Camerounais eux-mêmes. Il leur appartient donc de bâtir un nouvel espoir pour leur pays. Car, il s'agit bel et bien de bâtir un Etat-Nation, d'assurer à tous ses fils des chances égales d'accès au bonheur.

    Les camerounais pessimistes n'ont pas droit de cité au rendez-vous des bâtisseurs de l'Etat-nation. Les faits sont là ; des faits qui symbolisent l'espoir, mieux, qui l'incarnent. Que les camerounais eux-mêmes se mettent donc au travail. Rien n'est gagné d'avance. Le point d'achèvement n'est qu'un nouveau point de départ.

La Voix du Cameroun, N° 325, juin 2006, p.11.

XX

Qu'est-ce que le MINPLAPDAT ?
Une question pour comprendre les enjeux de ce Ministère

Plus d'un an après sa création, force est de constater que l'image du MINPLAPDAT, ses attributions et ses activités semblent être encore brouillées auprès des cadres de ce ministère, des partenaires du développement, des populations, et même des ministères sectoriels. Tout se passe comme si ce ministère hautement stratégique parce qu'ayant en charge les questions de développement, est confiné au rôle d'officine pour les études. *La Voix du Cameroun* a décidé d'éclairer l'opinion publique sur les enjeux de ce Ministère en répondant à la question : Qu'est-ce donc que le MINPLAPDAT ?

Les origines de l'interrogation

Trois actes majeurs du chef de l'Etat permettent de situer les enjeux du Ministère de la Planification, de la Programmation du Développement et de l'Aménagement du Territoire, dans le cadre de la mise en œuvre des orientations des « Grandes ambitions » définies par le chef de l'Etat, notamment :

- Le décret N° 2004/ du 08 décembre 2004 portant organisation du gouvernement ;
- Le décret N° 2004/ du 08 décembre 2004 portant formation du gouvernement ;
- Le décret de 2005 portant organisation du Ministère de la Planification, de la Programmation du Développement et de l'Aménagement du Territoire.

L'économie de ces trois décrets montre à suffisance que les enjeux du MINPLAPDAT s'articulent autour des trois éléments fondateurs suivants :

- La remise sur le tapis de la politique de la planification du développement à travers la création d'un ministère chargé d'élaborer les stratégies de développement à moyen et long termes et de suivre leur mise en œuvre ;
- La nomination d'un ministre de la Planification ;
- La publication d'un texte organique fixant les attributions des services centraux et déconcentrés de ce Ministère.

La boucle est ainsi bouclée. Or, à l'heure actuelle, il est établi que les enjeux du MINPLAPDAT ne sont pas encore clairement compris par les cadres de ce ministère, par les partenaires du développement, par les populations et même par les Ministères sectoriels.

C'est ainsi que les cadres du MINPLAPDAT, pour une large part, ne parviennent pas encore à définir clairement les attributions de leur Ministère. Par conséquent, ils éprouvent d'énormes difficultés à communiquer avec les usagers et les populations à la base.

C'est ainsi encore que les partenaires au développement ne perçoivent pas correctement le rôle de la planification dans un contexte politico-économique marqué par la libéralisation.

C'est ainsi également que les populations à la base ignorent pour la plupart qu'il existe un Ministère chargé des questions de développement et de lutte contre la pauvreté.

C'est ainsi enfin que certains Ministères sectoriels provoquent des dysfonctionnements dans l'action gouvernementale, en prenant des mesures et en organisant des activités en lieu et place du MINPLAPDAT.

Au bout du compte, il est utile de préciser ici que des mesures décisives doivent être prises et des actions systématiques engagées en vue de renforcer la présence du MINPLAPDAT au sein de l'opinion publique.

Enjeux d'un ministère stratégique

La création d'un Ministère chargé d'élaborer les stratégies de développement à moyen et long termes et de suivre leur mise en œuvre, marque un tournant décisif dans l'histoire du Cameroun. Tant il est vrai que la politique de la planification du développement a toujours constitué l'épine dorsale du progrès des nations. Cela s'est vérifié aux Etats-Unis d'Amérique avec la politique du. New Deal définie par Roosevelt. Cela s'est également vérifié en Union Soviétique avec la politique de la Centralisation de Staline. Cela s'est aussi vérifié en Chine avec la politique des « quatre révolutions » de Deng Xiaoping. Pour ne citer que ces quelques exemples.

De fait, le terme planification désigne l'encadrement de l'activité économique par les pouvoirs publics. Ce terme est souvent opposé au terme libéralisation lequel signifie la réduction des interventions de l'Etat dans l'activité économique.

A l'heure actuelle, la libéralisation tend à s'imposer à l'échelle mondiale, mettant ainsi en cause la politique de la planification.

Seulement, ce que certains théoriciens de l'économie libérale oublient de souligner, c'est le fait que le libéralisme pur et dur sécrète l'inégalité, la misère, l'injustice et la violence.

Aujourd'hui comme hier, l'enjeu de la planification stratégique du développement au Cameroun ne fait l'ombre d'aucun doute.

En effet, la mise en œuvre du premier Plan de développement du Cameroun à travers les plans quinquennaux, du début des années 1960 au milieu des années 1980, a permis au Cameroun de multiplier par deux le revenu national par tête d'habitant. Ce fut un succès sans précédent.

Or, cette politique fut abandonnée à la suite de la crise économique et du diktat imposé par les bailleurs de fonds dans la foulée de l'ajustement structurel.

En imposant le retrait de l'Etat du secteur productif au bénéfice des investisseurs privés, on a oublié que les pré-conditions nécessaires à un tel retrait n'étaient pas réunies, notamment : L'existence d'un tissu industriel performant, le développement d'une agriculture mécanisée à haut rendement, l'existence d'infrastructures de communications et de télécommunications, etc.

On a donc mis le pays en coupes réglées, en le jetant en pâture aux appétits voraces de multinationales étrangères. En outre, l'enjeu de la nomination d'un ministre d'Etat rompu à la politique de la planification stratégique du développement est établi.

Car, le ministre d'Etat Kodock est reconnu pour sa contribution à la mise en œuvre du premier plan de développement du Cameroun. En lui renouvelant sa confiance, le chef de l'Etat a fait de Kodock le pivot de sa nouvelle politique des « Grandes ambitions ». Cette politique, pour autant qu'elle intègre au premier rang la planification, appelle l'élaboration et la mise en œuvre du nouveau Plan de développement du Cameroun.

Telle est la lourde et exaltante tâche à laquelle Kodock collabore aujourd'hui. Cette tâche met à contribution l'enjeu des structures techniques du MINPLAPDAT, en matière de planification, de programmation et d'aménagement du territoire. Ainsi, le nouveau plan de développement du Cameroun est systématiquement favorisé par l'atteinte par le Cameroun du point d'achèvement de l'Initiative PPTE.

L'annulation d'une grande partie de la dette du Cameroun doit favoriser des économies budgétaires, qui doivent être orientées vers le financement des projets immédiatement identifiés. Ne traînant plus le poids d'une lourde dette, le Cameroun sera en mesure d'emprunter de nouveaux capitaux et de les orienter pour financer de grands projets industriels et des projets d'infrastructures.

Tout dépendra de la capacité des cadres nationaux à identifier, à évaluer et à proposer aux financements, des projets de toute nature et dans tous les domaines. Les pessimistes n'ont pas droit de cité ici au rendez-vous des bâtisseurs de l'Etat-nation au Cameroun.

La chance de l'avenir de ce pays dépend de la capacité de nos cadres à être des acteurs clés dans le progrès du Cameroun.

La Voix du Cameroun, N° 326, août 2006, p.16.

XXI

Cameroun : Après l'atteinte du point d'achèvement, l'immobilisme et la polysynodie

Le point d'achèvement de l'initiative PPTE est-il à peine atteint par le Cameroun que le pouvoir verse dans la polysynodie, c'est-à-dire dans l'organisation frénétique des colloques, des symposiums, des tables-rondes, des séminaires-ateliers, pour expliquer aux cadres de l'administration, aux maires et aux organisations sociales, ce qu'il faut entendre par point d'achèvement. Cette habitude des réunions contre-productives n'est que la manifestation la plus évidente de l'immobilisme chronique qui caractérise les institutions républicaines. Autopsie d'un état de vacuité idéologique.

Immobilisme et absence de dialogue social

Aucun Etat ne peut se développer s'il ne mobilise ses forces morales, politiques, économiques, scientifiques et techniques, autour des stratégies de développement à moyen et à long termes assortis de programmes et projets concrets. Ceci est valable pour les sociétés chaudes, autrement dit les sociétés historiques qui sont affectées par les effets de l'entropie, qui connaissent le changement et la division du travail social. Telle est la situation des sociétés industrielles avancées.

Au Cameroun, le peuple a accompli un progrès considérable dans le sens de la résignation : cette fatale attitude qui consiste à subir les événements au lieu d'anticiper sur eux.

Cette fatale attitude fait suite aux mesures d'ajustement structurel contenant des remèdes de cheval, que les bailleurs de fonds ont imposé au Cameroun de façon dictatoriale lorsque le Cameroun s'est trouvé en cessation de paiement à l'égard de ses créanciers.

D'où la généralisation de la pauvreté qui a acculé une large frange de la population dans la catégorie des laissés pour compte.

Or, ces mesures d'ajustement structurel étaient programmées pour atteindre leur point d'achèvement, dans le cadre de l'Initiative PPTE. L'échéance ainsi prévue n'avait d'autre signification que celle qui ouvrait de larges perspectives de développement autodéterminé pour le Cameroun.

A cet effet, l'Etat camerounais devait normalement identifier les grands projets de développement à proposer aux financements. D'autant que le pays est devenu à nouveau crédible aux yeux des bailleurs de fonds.

Seulement, après l'atteinte du point d'achèvement par le Cameroun, force est de constater que le gouvernement s'est trouvé les mains vides. Car, comment expliquer le fait que le gouvernement se soit lancé dans la polysynodie au sortir d'une échéance aussi capitale pour l'avenir du Cameroun ?

Tout se passe comme si le point d'achèvement se révèle être aujourd'hui un serpent de mer dont on appréhende furtivement la silhouette mais dont on ne peut identifier ni la tête ni la queue.

Cette absence de vision prospective et stratégique du développement, qui met d'office l'Etat en accusation devant l'opinion publique, n'est que la manifestation la plus évidente de l'immobilisme qui caractérise les institutions héritées de la période coloniale.

On observe la prédominance d'une administration de type napoléonien articulée autour du principe de l'autorité dans les rapports entre l'administration et les administrés. L'absence de dialogue du sommet jusqu'à la base de la société, pratique imposée par le Parti unique, et qui n'a pas évolué malgré les discours démagogiques.

Le constat simple et clair est que le pouvoir, depuis l'indépendance, a cherché beaucoup plus à assurer son maintien qu'à transformer le système social.

La situation générale de la société camerounaise relève à tous les niveaux des verrous sociaux dont la persistance empêche tout développement et tout progrès dans le pays.

Les verrous sociaux sont les pratiques, les habitudes et les comportements imposés par référence à certaines valeurs dépassées qui bloquent la dynamique vers la modernisation du pays.

La situation du Cameroun met donc en évidence le dérapage du système politique par rapport aux aspirations des populations, et lorsque le système tourne pour lui-même pour son maintien et pour sa durée, il ne croit plus à la mission de service public, mais à la seule sécurité du prince régnant.

Ce qu'on constate, en effet, c'est la mobilisation du Parti-Etat pour mettre ses rouages en branle, d'un côté, et l'agitation fébrile de l'Administration pour canaliser et orienter l'opinion publique, de l'autre. Qui plus est, en s'abstenant d'intervenir pour réguler et orienter les affaires économiques de l'Etat, le pouvoir a basculé le pays tout entier entre les mains des hommes d'affaires et des concessionnaires qui multiplient les liaisons avec les milieux mafieux.

Le pouvoir a choisi comme politique économique « attendre et voir », en espérant que les capitaux envoyés on ne sait par qui viendraient s'investir dans le pays. C'est pour cette raison qu'il n'a pas vu arriver le point d'achèvement de l'initiative PPTE.

Pour une culture de développement

La politique de l'Etat en matière économique semble être une démission et une complaisance envers les trafiquants internationaux, d'où la prépondérance des jeux de hasard dans la nouvelle donne économique. Au lieu de lancer les travaux d'assainissement dans les grandes villes et de construction dans les quartiers populeux, afin de fixer une partie de la jeunesse, le gouvernement se lance dans une fuite en avant vers l'organisation des forums pour distribuer des promesses, au lieu d'affronter les réalités.

L'économie camerounaise extravertie à tous les niveaux, frappée par l'effondrement des cours des matières premières, dont le pays est producteur, ne peut pas se relever sans la volonté décisive des populations et des dirigeants.

L'absence de dialogue qui caractérise le pouvoir ne permet pas d'encourager un sursaut vital dans un proche avenir. Le pouvoir multiplie les colloques, les symposiums, les tables-rondes, les séminaires-ateliers, comme si on pouvait régler les problèmes concrets par les bavardages et les discours. Dans ce contexte, une interrogation surgit : la tutelle des bailleurs de fonds sur le Cameroun se révèle-t-elle être en fin de compte la thérapeutique qui permet d'assister le Cameroun par biberon ou par perfusion jusqu'à ce que l'indignation du peuple éclate ?

A l'heure actuelle, il est question de développer à tous les échelons de la société et de l'Etat, une authentique culture orientée vers le développement. La culture n'est pas autre chose que ce que des hommes vivant en communauté organisée ont appris à faire et à réaliser, bref, leur façon de vivre.

Or, le développement, dans ses trois dimensions qualitative, quantitative et compétitive, est un élément de la culture à plus d'un titre, pour autant qu'il présuppose la société telle qu'elle est vécue et sentie par ses membres, et telle qu'elle est pensée dans l'horizon historique de l'avenir.

Nous voulons faire comprendre à tous les Camerounais que, face aux autres pays, c'est l'élite paysanne, intellectuelle, bref, c'est l'élite locale dans tous les domaines qui doit relever le défi du développement.

Ne pas le comprendre et se livrer à la destruction des hommes qu'on a formés pendant des dizaines d'années est une faute lourde de conséquences.

Il s'agit là des tares qui ont amené les Camerounais à détruire eux-mêmes ce qui représentait leurs instruments précieux dans la lutte pour l'existence. Et c'est ainsi que la systématisation du sectarisme dans certains domaines, la montée de la méchanceté dans les rapports entre les cadres eux-mêmes et la vision sectaire, rétrograde de la société, ont empêché la mobilisation des compétences nationales.

Il faut que les Camerounais comprennent qu'un pays se construit par ses hommes, par ses femmes, et que la qualité de l'œuvre de ces hommes et de ces femmes reflète leur véritable identité. Il faut qu'ils comprennent qu'avec des préoccupations matérialistes et un goût poussé pour l'intérêt individuel, l'action politique est vite bloquée et les jalousies ont vite fait de resurgir pour entraîner l'ensemble de l'édifice vers une désintégration.

De la même façon, tous ceux qui ont fait le bruit autour du point d'achèvement et qui se sont plus ou moins liés aux fortunes accumulées par le négoce frauduleux, ne peuvent pas provoquer un changement dans le pays parce qu'ils tiennent à protéger leurs biens et non l'avenir du pays.

Il faut repenser de fond en comble le système de la société tout entière. Le problème central de la situation du Cameroun en ce moment, c'est de déterminer quel est le degré de liberté des Camerounais et de demander s'ils veulent être des hommes libres.

L'avenir du Cameroun dépend de la qualité des hommes qui le gèrent. Cela impose un style de comportement conséquent, puisqu'il est hors de question qu'ayant découvert la dépendance suicidaire dans laquelle les intérêts inconnus veulent placer le Cameroun, qu'un patriote dorme.

Pour bâtir un pays solidaire, il faut une politique ouverte et connue avec les moyens de cette politique. On ne peut pas conduire un peuple dans le brouillard, il faut l'aider à découvrir lui-même son chemin. Tout dépend donc de la capacité de nos cadres à collaborer à la réalisation de cette grande ambition nationale. Rien de plus.

La Voix du Cameroun, N° 326, août 2006, p.4.

TROISIEME SECTION

De la situation du Parti

XXII

Au-delà de la menace fasciste : la voie upéciste de l'édification démocratique

Il est bien vrai que les peuples n'ont que les dirigeants qu'ils méritent. Cette idée dénote indubitablement de ce que l'équilibre et la stabilité des institutions sociales reposent sur la personnalité des hommes en charge de les animer. C'est pourquoi, à l'UPC, nous avons résolument entrepris d'interpeller la conscience politique camerounaise au sujet de ce phénomène dont la persistance pourrait, à terme, provoquer l'effritement de tous les ressorts de l'entente et de la solidarité nationale.

Le phénomène en question, nous en situons l'émergence au moment précis où l'irruption des revendications démocratiques de 1990 a suscité l'éclosion, au sein de la politique camerounaise, de réflexes d'auto identification ethniciste, claniques, prévaricateurs, et, en dernière instance, fascistes. La nation camerounaise semble être immergée, à l'orée des échéances électorales de 1997, dans la spirale de l'intolérance et des tendances monolithiques. Et le Secrétaire Général de l'UPC ne cesse de le signifier aux Camerounais.

La menace fasciste

A la faveur des événements de 1990, nous avions à juste titre pensé que le moment était venu, pour le Parti historique et nationaliste, de mettre en application le troisième volet de son programme de société, à savoir : l'élévation du standard de vie de toutes les populations camerounaises.

Nous estimions alors que le Cameroun venait de rompre avec plus de 30 années de dictature fasciste, dont le moins que l'on puisse dire, est qu'elle aura veillé à l'anéantissement du nationalisme camerounais dans le sang et dans les fers.

En réalité, le fascisme a une essence distinctive ayant trait à l'érection du pouvoir politique en une réalité absolue surpassant les libertés individuelles. L'idée selon laquelle l'Etat possède un pouvoir illimité sur la volonté du citoyen est à la base du fascisme. L'homogénéité de l'Etat fasciste suppose la mise à contribution de mécanismes d'homogénéisation qui restent entièrement tributaires du privilège de la répression attribué à l'Etat. C'est en ce terme que le fascisme se présente comme une forme de gouvernement placé sous l'autorité d'un seul individu et d'un seul Parti.

Les mailles de ce pouvoir sont si étroites que toute tendance subversive ou toute remise en cause du système établi subit une répression policière brutale.

D'obédience policière, le système fasciste prétend que l'Etat assure la suprématie de l'intérêt général contre l'aveugle anarchie des penchants individualistes, notamment : l'égoïsme, l'amour de soi, la corruption et le détournement de deniers publics. Dans l'écheveau d'un tel système, l'équilibre entre la liberté individuelle et la vie sociale est accompli par l'Etat, incarné par la personne d'un chef unique.

De fait, la volonté du citoyen ploie sous l'invasion du culte de la personnalité, de l'anéantissement terroriste du droit à la différence et de l'esprit de compromis. En ce sens, est-il illégitime de dire aujourd'hui que la démocratie camerounaise a définitivement mis un terme au règne du Parti unique?

A la vérité, pour le Parti historique et nationaliste, la mobilisation déclenchée autour des échéances électorales de 1997 ne permet pas encore d'inférer une réponse affirmative, tant la course au pouvoir semble s'accompagner de l'exacerbation de replis tribaux, haineux et séparatistes.

Ainsi, la haine tribale caractéristique de la scène politique camerounaise actuelle témoigne de ce que certains chefs de partis, visiblement motivés par des fétiches au gré desquels ils se croient investis de la mission de sauver le Cameroun d'une gestion chaotique, élèvent leurs stratégies politiques sur la base du dénigrement, de la délation, du parjure et de la calomnie. A court de programmes politiques systématiquement élaborés, ils ne dédaignent nullement l'usage de la violence comme support effectif de conquête du pouvoir.

L'un des fétiches par lesquels ils conquièrent leur popularité et qui retient particulièrement notre attention, consiste à faire croire au peuple que ses malheurs trouveraient ses solutions dans l'éviction d'un ou de quelques individus. La conséquence qui s'en suit est que le jeu politique connaît des vices extrêmement pernicieux, favorisant ainsi la résurgence de tendances fascistes telles que : le campement irréductible de positions antagonistes et la préparation à la guerre civile.

Certains chefs de partis, qui, de surcroît, se prévalent d'un investissement populaire faussement légitime, développent un fanatisme fermé à la contradiction et semblable à l'illumination religieuse. C'est ainsi qu'on leur prête, sans lucidité aucune, des vertus quasi mystiques, dont l'actualisation permettrait d'accoucher la société bonne.

Le syndrome du pouvoir totalitaire caractérise la politique camerounaise, en ce que l'ouverture démocratique a jusqu'ici sécrété l'émergence d'une catégorie de politiciens qui se sont employés, de longues années durant, à détruire la flamme du nationalisme camerounais. Ces hommes-là, qui se découvrent miraculeusement des qualités de leaders révolutionnaires, de grands défenseurs de la démocratie, ne tolèrent jamais la contradiction à l'intérieur de leurs propres formations politiques. En outre, ils n'hésitent pas à rechercher des soutiens à l'étranger, en vue d'asseoir leur appétit morbide du pouvoir.

Les ressorts de l'unité nationale, tant soutenus et défendus par le Parti historique et nationaliste, sont actuellement sujets à la persistance du rêve fasciste, celui précisément au travers duquel la bataille pour le pouvoir libère des rancœurs, des sentiments de frustration à visage tribal ou régionaliste.

En tout état de cause, l'UPC l'âme immortelle du peuple camerounais, inscrit au compte de son devoir ultime, la préservation de l'unité nationale en vue de la construction d'un système de démocratie pluraliste axé sur le consensus anti-tribal et anti-sectaire.

La voie upéciste de l'édification démocratique

Pour l'UPC, la démocratie ne saurait s'accommoder d'une identification des partis politiques à des clans, tribus ou régions. Toutes choses contraires à l'essence même de la démocratie.

L'UPC déploie son programme historique de société là où les ultra-conservateurs du pouvoir et de l'opposition dite radicale ont perdu de vue la nécessité de mener la lutte politique sur le terrain de la transformation de nos institutions, dans le but de les rendre conformes aux exigences de la démocratie moderne.

Le complot ourdi contre l'UPC n'est donc rien d'autre qu'une tentative pour arrêter l'irréversibilité du processus de démocratisation actuellement en cours. A l'encontre de la tentation barbare, le Parti historique et nationaliste affirme la primauté de l'esprit de compromis.

Le système démocratique que nous voulons édifier fait de l'Etat le produit par excellence de la volonté du citoyen formé, éduqué à la promotion d'une conscience politique patriotique. L'Etat n'est donc pas pour nous une réalité abstraite s'imposant du dehors à la conscience du citoyen.

Le principe fondateur de la démocratie réside en ce que la cohésion sociale est fondée sur l'unité dans la diversité. Or, l'unité ne peut être que l'œuvre de citoyens astreints à la nécessité de se tenir ensemble contre les errements de politiciens véreux, capables de mettre en péril l'existence même de la nation camerounaise.

Les principes de la légalité upéciste impliquent une subordination de nos intérêts particuliers à des lois reconnues et acceptées par tous. Par conséquent, la démocratie camerounaise sera exclusivement aussi légitime que le pouvoir politique qui la matérialise s'appliquera à la restauration de la confiance et du consensus. La survie de la nation camerounaise est à ce prix.

Le Parti d'avant-garde, l'âme immortelle du peuple camerounais, ne s'est pas contenté de parcourir entre les lignes des doctrines sclérosées, d'inspiration radicale et révolutionnaire, dont la caducité ne fait l'ombre d'aucun doute en cette fin de siècle. La voie upéciste de l'édification démocratique s'attèle à réconcilier la nation camerounaise avec elle-même pour que, sis en la démocratie au sortir des élections de 1997, le Cameroun apparaisse aux yeux du monde comme un type de pays intégré et prospère.

La Voix du Cameroun, N° 113, janvier 1997, p.8.

XXIII

L'enjeu de légalité au Cameroun : le cas de l'UPC

Le terme « légalité » se dit du caractère de ce qui, dans une société organisée, est conforme à la loi. Celle-ci désigne l'ensemble des règles écrites qui, dans une société donnée, régissent les relations entre les individus, et qui sont sanctionnées par l'autorité souveraine. Ainsi, la récurrence des manœuvres de déstabilisation de l'UPC, sur fond d'illégalité, commanditées par les polices parallèles, soulève aujourd'hui l'épineux problème de l'Etat de droit et de la nation au Cameroun.

Le recours à la loi

Face au défi de l'illégalité et du triomphe de l'Etat de non droit lancé par les polices parallèles à l'égard des patriotes et des upécistes depuis le début des années 90, la direction légale et statutaire de l'UPC a toujours répondu par la voie de la légalité.

Ainsi, ce choix historique participe d'une tradition de pensée et d'action que l'on a reconnu chez des hommes et des femmes qui, tel Montesquieu, s'efforcent de comprendre « l'esprit des lois » existantes dans leur société. Le souci du respect des lois a toujours été constant chez les dirigeants de l'UPC, notamment chez Augustin Frédéric Kodock, Secrétaire Général de l'UPC. Car, pour lui, seul le respect des lois établies par l'autorité souveraine peut garantir l'avenir et le développement d'un Etat.

En 1960, le Cameroun venait d'accéder à l'indépendance. Celle-ci fut proclamée le 1er janvier de cette année par le supplétif Ahidjo à qui les colons avaient donné le pouvoir. Ahidjo allait s'employer activement à mettre sur pied les leviers de son pouvoir. Pour y parvenir, il constitua un groupe d'intellectuels organiques chargés de rédiger la loi fondamentale - la Constitution - qui devait qualifier son régime et attribuer les compétences entre les trois organes de l'Etat à savoir : l'Exécutif, le Législatif et le Judiciaire.

A cette époque, Kodock était deuxième Secrétaire du Cercle culturel camerounais en France. Tirant profit des congés universitaires de Pâques, le Cercle organisa à Paris, le 15 avril 1960, au Foyer des étudiants, un débat contradictoire sur la Constitution du Cameroun élaborée par le gouvernement Ahidjo. Kodock fut désigné pour présider le débat. Son propos liminaire s'articulait autour de la présentation qu'il fit de la constitution et de son interpellation en direction des intellectuels camerounais.

Concernant la Constitution, Kodock estimait qu' « au point de départ, bien des problèmes ont été soulevés. Il s'agissait essentiellement d'établir une distinction entre la majorité politique du pays, appréciable par rapport au corps électoral, en général, et la majorité juridique, appréciable par rapport aux participants à la dotation populaire, en particulier. Posé de cette façon, nous voyons apparaître tout de suite le nœud du problème. L'absence d'une majorité en faveur de la Constitution, malgré une majorité juridique qui trompe parfois les sombres calculateurs, rend improbable la solution des grands problèmes qui se posent à la nation ».

Kodock poursuivit : « Les institutions politiques qui consacrent des situations de droit nouvelles, ne sont autre chose que des armistices sociaux. Cela veut dire que leur adoption est destinée à fermer une page de l'histoire pour en ouvrir une autre. De plus, lors de l'élaboration d'une Constitution, des préoccupations de toutes sortes se manifestent, bonnes ou mauvaises. Ces préoccupations peuvent vicier, altérer, et, en dernière limite, fausser une Constitution.

Celle-ci peut alors devenir l'instrument d'un homme, de préférence celui qui l'inspire, et la finalise, ou bien elle peut devenir l'instrument démagogique d'un groupe. Dans les deux cas, il n'y a pas de Constitution parce que la volonté du peuple est bafouée.

Cependant, dans l'ordre de faits et des préoccupations, il est une chose qui fut à l'origine de la naissance des constitutions. C'est le problème de la liberté des individus, c'est-à-dire des hommes.

La Constitution ne s'applique pas à des animaux, mais à des hommes. Or, la constante de l'autorité commandante est de chercher à concilier la marche nécessaire des services publics avec la liberté des particuliers. Personne n'ignore que cela est difficile, mais, cela signifie aussi que les clauses fondamentales d'une Constitution, c'est tout ce qui concerne la liberté des particuliers. L'affirmation est primordiale. C'est le problème de la liberté qui a donné naissance aux constitutions ».

S'agissant de son interpellation en direction des intellectuels, Kodock dit : « Il n'y a rien de plus dangereux, pour un pays quel qu'il soit, qu'une élite intellectuelle bornée et sans idéal. Le rôle des intellectuels est de poser les problèmes de leur pays. S'ils ne le font pas, d'autres pays s'immisceront dans la réalité quotidienne de leurs activités et les penseront à leur place. Ils agiront pour leur intérêt et non pas pour leur rendre service.

Une élite à l'esprit médiocre, facilement achetable, portée aux intrigues au moment où elle devrait éclairer son peuple fait faillite ». Kodock a donc fait l'expérience de ce qu'il appela « la faillite honteuse de l'élite intellectuelle » de son pays.

Mais, souligna-t-il, « il n'est pas trop tard ». C'est pourquoi, depuis 1991, il n'a cessé de militer en faveur de la légalité, de la liberté, de la pensée et de l'action positive au Cameroun.

L'intervention du juge

Dès le début de l'année 1991, la question politique fondamentale qui se posait à tous les Camerounais n'était autre chose que l'accès du peuple camerounais à la liberté dans un Etat de droit. A cet effet la direction légale et statutaire de l'UPC devait faire face à de multiples manœuvres de déstabilisation du Parti historique, orchestrées et entretenues par les polices parallèles. Aussi, la direction légale et statutaire de l'UPC, sous la houlette du Secrétaire Général Augustin Frédéric Kodock, mena-t-elle la lutte contre ces polices parallèles au moyen, non pas de la violence, mais de l'intervention du juge.

Le 09 décembre 1990, une réunion présidée par un bureau comprenant Dika Akwa (président), Tchoumba Ngouankeu (conseiller) et Njami Nwandi (rapporteur), s'était tenue au château de Dika Akwa. Cette réunion avait pour objectif l'adoption du projet de déclaration portant légalisation de l'UPC. Ensuite, un bureau exécutif provisoire de l'UPC fut élu comme suit :

- Président : Dika Akwa ;

- Secrétaire exécutif : Augustin Frédéric Kodock ;

- Secrétaire exécutif-adjoint : Gaspard Mouen.

Ce bureau reçut comme missions : la relégalisation de l'UPC, l'intensification des activités du parti sur toute l'étendue du territoire et la convocation d'un congrès unitaire.

Au moment où Kodock remplissait les formalités d'usage en vue de la relégalisalion de l'UPC, Joseph Sende soutenait que l'UPC avait été suspendue et non interdite après sa légalisation par le régime d'Ahidjo, au début des années 60. Donc, l'UPC devait introduire une enquête auprès de la Chambre administrative de la Cour suprême aux fins de reprendre ses activités légalement. Cette initiative malheureuse avait conduit à son arrestation. La Chambre administrative s'était prononcée seulement sur la forme en faisant notamment ressortir le défaut de qualité de Joseph Sende pour représenter légalement l'UPC.

Ensuite, ce fut le MANIDEM (manifeste pour la nouvelle indépendance et la démocratie), dont le chef de file était Anicet Ekane, qui introduisit une requête auprès du MINAT en vue de reprendre ses activités au nom de l'UPC, sous la dénomination UPC-MANIDEM. Seulement, Kodock avait pu déposer le dossier de relégalisation de l'UPC dans les services du gouverneur à Douala aux fins de transmission au MINAT à Yaoundé.

Ce qui fut fait, et, le 12 février 1991, un arrêté du MINAT portant relégalisalion de l'UPC fut rendu public.

Une fois la relégalisation de l'UPC acquise, Kodock avait procédé à la protection du sigle et de la dénomination de l'UPC à l'OAPI (Organisation africaine de la propriété intellectuelle). Ainsi, Kodock garantissait l'identité de l'UPC à l'égard de toute tentative d'aliénation ou d'enchâssement à quelque force politique que ce fût.

Or, peu de temps après la tentative des manidémistes, Kodock devait encore affronter le groupe Michel Ndoh. Une fois rentrés de leur exil européen en 1991, Ndoh Michel, Mack-Kit et les autres entreprirent une véritable campagne d'auto-proclamation dont l'objectif était de mettre en échec les upécistes qui avaient œuvré sans relâche pour la relégalisalion du Parti.

Michel Ndoh se croyait donc investi de la légitimité historique en tant que héritier d'Um Nyobe. Face à cette situation, Kodock avait esté auprès du Tribunal de Grande instance de Douala. Statuant contradictoirement entre les parties, le Tribunal avait reçu la demande de Kodock en la forme ; avait condamné Michel Ndoh aux dépens en lui interdisant notamment d'utiliser le sigle et la dénomination de l'UPC.

Après Ndoh Michel, c'est Woungly Massaga qui voulut aliéner l'UPC sous la dénomination PSP-UPC. Une fois de plus, le Tribunal avait ordonné au PSP et au MANIDEM de cesser d'utiliser le sigle et la dénomination UPC.

Du 28 au 31 décembre 1991, un Congrès unitaire de l'UPC fut convoqué à Nkongsamba. A l'unanimité des 4000 délégués présents, Kodock fut élu Secrétaire Général de l'UPC. Il sera réélu cinq ans plus tard au Congrès de la réconciliation à Makak.

En janvier 1996, le corps électoral devait procéder à l'élection des conseillers municipaux dans les mairies. Au moment où Kodock conduisait l'investiture des candidats de l'UPC, Ndeh Ntumazah entra en dissidence quelque temps avant, revendiquant également le droit d'investir les candidats de l'UPC auprès du MINAT. Sa demande fut rejetée. Il esta auprès de la Chambre administrative contre le MINAT et l'Etat du Cameroun. Il fut débouté.

Après les élections, quelques députés candidats de l'UPC dans leurs circonscriptions respectives, qui avaient été battus à plate-couture, imputèrent la responsabilité de leur échec à la direction légale de l'UPC incarnée par Kodock.

C'est ainsi qu'ils décidèrent d'organiser un putsch à la tête du Parti. Ils convoquèrent un forum les 13, 14 et 15 septembre 1996 à Yaoundé, précédé par le Congrès de l'UPC légale des 6, 7 et 8 septembre 1996 à Makak.

Ce forum avait pris certaines résolutions notamment l'élection de Ntumazah comme président national et Michel Ndoh comme secrétaire général de l'UPC.

Fidèle à la légalité, Kodock avait esté en justice auprès du Tribunal de Grande instance de Yaoundé aux fins d'annulation des résolutions du pseudo congrès de Yaoundé. Le juge de référé avait annulé les résolutions de ce forum jusqu'à l'examen de l'affaire au fond.

Au cours de l'année électorale 1997, qui fut marquée à un double titre par l'élection des députés à l'Assemblée nationale et l'élection du président de la République, l'opinion publique assista, impuissante, au triomphe de l'illégalité au Cameroun. En effet, au cours des législatives, le MINAT avait créé deux UPC, à savoir : l'UPC et l'UPC-N. Ainsi, on avait vu dans les bureaux de vote deux bulletins au nom de l'UPC, l'un portant le sigle « UPC » représentant le Parti de Kodock, et l'autre frappé du sigle « UPC-N » représentant la faction de Ntumazah.

En 1998, Hogbe Nlend et ses comparses annoncèrent un Congrès de l'UPC baptisé « Congrès du cinquantenaire », au cours duquel Hogbe Nlend fut « élu » « Secrétaire Général » de l'UPC. Cette fois encore, Kodock esta en justice. Il eut gain de cause. Hogbe Nlend récidiva en 2002. Egalement, Kodock esta en justice. Le Tribunal reçut sa requête en la forme et l'y dit fondé. Quant au fond, le Tribunal rejeta la requête au motif que les résolutions attaquées par la requête de Kodock n'existaient pas. Il s'agissait donc d'une rencontre purement informelle ou d'un forum.

Comme on peut le constater, Kodock s'est toujours placé sur le terrain du droit et de la légalité pour mener son action politique. Or, le danger qui guettait le Cameroun provenait de cette émergence de gens sans scrupule, sans foi ni loi au niveau de ceux qui devaient élaborer les lois de la République.

C'est pourquoi, des pratiques licencieuses étaient rencontrées à la surface et on s'orientait vers l'amalgame à tous les niveaux et vers l'anarchie.

En tout état de cause, les brandons de la discorde actuellement agités par Hogbe Nlend et ses comparses dans les rangs du Parti historique représentent un effort négatif, un de plus, pour éliminer l'UPC du jeu politique au cours de la prochaine élection présidentielle. Avis à tous ces imposteurs : Kodock a, comme en 1991, procédé à la protection du sigle de l'UPC à l'OAPI.

L'arrêté n° 3/1491/OAPI/DSG/SFD/HYK du 10 novembre 2003 est censé mettre un terme à ces brandons de la discorde qui continuent d'être agitées autour de l'UPC à l'heure actuelle. En effet, l'utilisation du sigle de l'UPC a été protégée dans les classes 35, 38 et 41. Cette protection réserve de manière exclusive l'usage de ce sigle pour l'éducation, la communication et les congrès, aux seules personnes représentant légalement l'UPC. Augustin

Frédéric Kodock demeure, dans le cas d'espèce, le seul représentant légal de l'UPC.

La plainte contre Samuel Mack-Kit ces derniers temps, est encore une autre preuve, même si les manœuvres de déstabilisation de l'UPC, sur fond d'illégalité, commanditées par les polices parallèles des réseaux ennemis du Parti historique, continueront leur bonhomme de chemin. L'Histoire jugera tous ceux qui laissent libre cours à la manifestation de ces crimes contre la légalité, contre le Cameroun.

La Voix du Cameroun, N° 317, août-septembre 2004, p.2.

XXIV

Alliance RDPC-UPC : le sens d'une réaffirmation

A l'issue de plusieurs mois de négociations laborieuses, l'Union des Populations du Cameroun (UPC) et le Rassemblement Démocratique du Peuple Camerounais (RDPC), ont signé, le 15 septembre 2004 à Yaoundé une « Déclaration commune additive à l'alliance entre le RDPC et l'UPC ». Déclaration par laquelle les deux parties ont convenu de poursuivre, dans un esprit de respect mutuel renforcé, la mise en œuvre des engagements pris dans le cadre de l'alliance conclue le 28 septembre 1992 à Yaoundé.

Cet acte de haute portée historique confirme l'option de l'UPC qui est de « construire dans la paix, la solidarité des cœurs et des esprits, la concorde fraternelle, la réconciliation et dans le respect des lois et des institutions, la nation camerounaise qu'elle a bâtie par sa sueur et par son sang ». Egalement, cet acte confirme le statut de l'UPC comme force d'avant-garde sur la scène politique nationale à l'heure actuelle.

Le temps de la rupture

Les élections législatives de mars 1992 avaient fait planer le spectre de la rupture de l'échelle des valeurs sur lesquelles reposaient les relations sociales jusqu'alors. Ainsi, deux forces centrifuges s'étaient emparées du pays en fourches caudines dans un double mouvement tournant : Pouvoir-opposition dite radicale. Cette évolution dangereuse avait amené la direction légale et statutaire de l'UPC à renouer avec une tradition ancrée dans le Parti historique : Le jeu des alliances stratégiques. D'où la signature de l'Alliance RDPC-UPC le 28 septembre 1992.

Déjà, répondant aux allégations des colons français selon lesquelles l'UPC était un mouvement inféodé au communisme soviétique et qui se battait en vue de l'instauration d'une dictature communiste au Cameroun, un Um Nyobe avait déclaré :

« L'UPC n'est ni communiste, ni communisante. L'UPC est prête à collaborer avec toute force politique sur la base d'un programme minimum ».

En 1991 à Bonamoutongo, le Comité directeur de l'UPC reprenait à son compte cette déclaration en formulant le propos suivant : l'UPC ne sera plus jamais absente partout où de grandes décisions engageant l'avenir du Cameroun seraient prises. Quoi de plus normal, si l'UPC fut amenée à faire un choix stratégique en 1992 pour éviter d'être exclue du jeu politique après l'élimination de son candidat à la candidature unique de l'opposition.

L'UPC avait donc composé avec la force politique qui détenait le pouvoir et qui s'était organisée pour le conserver face à une opposition dont l'unité et le projet de société n'étaient pas encore connus. D'où la fameuse théorie du serpent développée à cette époque par le Secrétaire Général de l'UPC, Augustin Frédéric Kodock : « Lorsqu'on se noie on s'accroche à tout, même à un serpent ».

En effet, l'UPC ne pouvait pas rester en dehors des tentatives de regrouper l'opposition. Certains grands partis de l'opposition, hélas, ne cherchaient qu'à isoler l'UPC. La Coordination de l'opposition avait échoué parce que ces partis cherchaient à affaiblir l'UPC. Malgré les vociférations des populistes anarchistes et sectaires, le seul vrai parti de l'opposition restait et reste l'UPC. Il convenait, dès lors, de reconnaître qu'un parti historique ne pouvait être ni intimidé, ni à la traîne sous quelque prétexte que ce fût. Les manipulations dans les journaux à la solde d'intérêts occultes ne trompaient que les gens non avertis.

Toutes les analyses convergeaient sur un point, notamment : c'est le côté où allait se positionner l'UPC qui gagnerait l'élection présidentielle.

Dans les conditions vécues en 1992, la stratégie qu'il convenait d'adopter était fonction du but poursuivi par le Parti alors que la tactique restait dictée par les circonstances et les entêtements des partis s'acharnant contre l'UPC. Le souci de l'UPC consistait à éviter que le régime ne réussisse à adopter efficacement la stratégie de la manipulation des groupes ethniques et partis d'opposition par l'intéressement.

Le régime avait exacerbé leurs contradictions dictées par les ambitions personnelles et avait permis de dévoiler les perspectives hégémoniques d'une certaine opposition. L'UPC entendait contrarier toute perspective de remettre aux affaires les seuls hommes bien connus du régime et qui lui étaient inconditionnellement fidèles, sans volonté de changement.

La débande de l'opposition occasionnée par cette stratégie avait été la première cause de l'échec de l'opposition et l'une des explications de la victoire de la majorité présidentielle. En cherchant à discréditer l'UPC, certains partis avaient encore une fois cassé l'opposition.

Le Parti historique, qui n'avait de leçons à recevoir de personne ne pouvait adopter en pareilles circonstances qu'une attitude réaliste, dictée par le but qu'il poursuivait : arriver au pouvoir. L'UPC ne pouvait se permettre de céder au chantage et à l'intimidation des lobbies occultes.

L'accord sur une plate-forme commune, doublé d'une répartition des responsabilités dans le gouvernement étaient l'unique voie du salut pour accepter le choix d'un candidat unique pour la majorité. La manipulation des statistiques dans les journaux privés et les tentatives pour déstabiliser la direction légale et statutaire de l'UPC avaient fini par convaincre les upécistes que pour certains partis de l'opposition, l'ennemi c'était l'UPC.

Son devoir étant d'assurer son existence sur la scène politique nationale, l'UPC devait s'organiser en conséquence pour éviter d'être noyée par des ambitieux sans scrupules, sans honneur pour défendre un grand idéal : l'indépendance et la liberté du Cameroun. Ceux qui avaient été d'accord avec le Parti historique sur la plate-forme adoptée, avaient fait la route avec lui.

L'UPC avait respecté ses engagements tandis que le Parti au pouvoir s'était montré ingrat, surtout pour ce qui concernait non seulement la juste représentation des partis signataires de l'Alliance au sein des institutions de la République et dans les administrations publiques, mais aussi la création d'un Fonds national de réconciliation en faveur des familles des héros nationaux, notamment : les martyrs de l'UPC. En tout état de cause, l'UPC avait œuvré pour rétablir la paix sociale, la démocratie, la crédibilité du Cameroun à l'extérieur et la relance de l'économie nationale à travers le secteur agricole, dans le cadre de l'application des clauses de l'Alliance.

En 1997, à l'issue d'une réunion de son bureau politique, l'UPC avait pris la décision de soutenir une fois de plus la candidature de Paul Biya à l'élection présidentielle. Cette décision était commandée par des circonstances objectives, notamment la nécessité de préserver la paix sociale et de continuer à soutenir la croissance économique dont le secteur moteur était l'agriculture, secteur jusqu'alors dirigé par le Secrétaire Général de l'UPC, Augustin Frédéric Kodock.

Mais, c'était sans compter avec la fourberie qui caractérise souvent l'action de certains hommes politiques. Déjà, quelques temps avant et au lendemain de cette élection des voix dissonantes avaient commencé à se faire entendre dans les allées du pouvoir et dans les cercles mafieux contrôlés par des lobbies occultes.

Aussi, pouvait-on entendre ici et là : dès lors que le Parti au pouvoir s'est solidairement implanté sur le terrain en remportant des « victoires » décisives sur l'opposition, à quoi servent encore les alliances ? De telles déclarations trahissaient non seulement la fourberie et la médiocrité de leurs auteurs, mais également l'invasion d'intérêts incontrôlés décidés à confisquer le pouvoir.

En fait, les upécistes avaient été frappés de stupeur par la composition du nouveau gouvernement. Paul Biya venait de jeter les membres du gouvernement upécistes dans la rue en y faisant entrer Hogbe Nlend. Pour les upécistes, cet acte s'expliquait par le fait que des intérêts occultes qui gravitaient autour de Paul Biya influençaient ses choix stratégiques.

Le Parti au pouvoir n'avait pas voulu des alliés pour gérer le pouvoir. Il voulait des gens à sa disposition, c'est-à-dire un certain nombre de personnes pour continuer sa politique, peu importe les partis de ces personnes. Cela, l'UPC l'avait vécu. On donnait l'impression au RDPC qu'il fallait absolument garder le pouvoir. Les upécistes n'avaient pas l'impression que le Parti au pouvoir acceptait de s'engager dans une politique précise pour ensuite en dresser le bilan.

Or, l'UPC avait travaillé avec ce Parti et avait obtenu l'amendement de la Constitution. Et, le Parti au pouvoir savait très bien que si l'UPC revenait avec assez de députés au Parlement, elle ferait tout pour que cette Constitution soit appliquée. On avait donc tout fait pour que l'UPC ne soit pas au Parlement, grâce à un Monsieur qui avait participé à toutes les liquidations des upécistes et qui, à cette époque, dirigeait l'Administration Territoriale.

L'UPC avait sauvé la mise à Paul Biya en refusant un scrutin à deux tours pour la présidentielle. Par la suite, il n'avait pas voulu comprendre que l'UPC avait joué sa survie pour le sauver. En cas de triangulaire Biya-Bello Bouba-Fru Ndi, Biya aurait pu devancer les deux autres au premier tour, mais, il aurait été battu au second tour. Bello et Fru Ndi auraient fait alliance. Voilà comment l'UPC avait composé avec Paul Biya.

Or, après coup, il avait jeté l'UPC pour tendre la main à l'UNDP. Pour les upécistes, cela s'expliquait par le fait que des réseaux mafieux de toutes sortes ; le vaudou, les francs-maçons et les marabouts s'étaient cristallisés autour du pouvoir, en plaçant celui-ci sous leur régence, au point où ils menaçaient même la vie du chef de l'Etat.

Le sens d'une réaffirmation

Lorsque l'UPC avait accepté d'entrer dans le gouvernement, elle avait négocié une plate-forme préalable. C'était a priori, pas a posteriori. Et cette plate-forme insistait sur l'installation d'une véritable démocratie au Cameroun. L'UPC avait énoncé les organes qui devaient gérer cette démocratie. Par exemple, l'UPC souhaitait sortir du carcan du monopartisme en aboutissant à un partage réel du pouvoir.

L'UPC avait mis cela par écrit et le Parti au pouvoir avait accepté ce protocole. L'UPC et le Parti au pouvoir n'étaient pas d'accord sur un seul point : La liberté de la presse.

Les upécistes voulaient l'appliquer au sens large alors que le Parti au pouvoir entendait la restreindre. Finalement, les upécistes s'étaient dit qu'en matière de gouvernement, les tenants du Parti au pouvoir avaient plus d'expérience que les upécistes ; qu'il y avait probablement des notions de sécurité de l'Etat qui pouvaient les inciter à vouloir mettre des garde-fous.

Pour le reste, ils étaient tous d'accord et c'était par écrit. Ce programme avait été exécuté. La paix est revenue dans le pays. L'économie est repartie. Kodock avait été au four et au moulin pour obtenir des déblocages de fonds. Au moment où il quittait le gouvernement, le pays avait remonté la pente avec un taux de croissance de 5,2% qu'on avait du mal à atteindre par la suite.

En 2002, les résultats des élections législatives et municipales avaient consacré la victoire de Kodock sur le terrain. Car, la liste qu'il avait conduite aux législatives dans le Nyong et Kéllé avait été élue par la même occasion. De plus, les trois mairies remportées par l'UPC étaient toutes du Nyong-et-Kéllé.

Au moment où l'UPC se réorganisait en vue de ses activités futures sur le terrain, son Secrétaire Général, Augustin Frédéric Kodock, avait été contacté à plusieurs reprises par le pouvoir, en vue de son éventuel retour aux affaires. Après moult tractations, il avait fini par accepter, et, le 24 août 2002, il effectuait une rentrée fracassante aux affaires à la faveur d'un décret présidentiel qui le nommait à la tête du Ministère de l'Agriculture, ce même jour.

Ainsi, le complot minutieusement organisé par les ennemis de l'UPC dont l'objectif était de l'empêcher de participer aux élections, avait lamentablement échoué, et, les initiateurs de cette machination croulaient dans la panique et dans la honte.

L'accord réalisé pour former des listes consensuelles avait été détourné par certains compatriotes pour noyauter l'UPC et déstabiliser sa position du sein des institutions.

A la suite de ces événements, le Parti historique était sorti comme une flèche dans la victoire, et cet acte est resté mémorable dans la mémoire des Camerounais.

L'entrée de l'UPC au gouvernement marquait un tournant qu'il fallait comprendre et qu'il fallait interpréter à sa véritable signification. Renouer avec le patriotisme du peuple camerounais pour la construction d'un Cameroun uni et solidaire, semblait être le choix sans équivoque auquel on assistait en ce moment.

En félicitant la magnanimité du chef de l'Etat dans un geste qui consacrait la clémence d'Auguste à la camerounaise, le Parti historique entendait assumer le rôle de la défense sans réserve du Cameroun, devant les sordides machinations et les ambitions démesurées de quelques camerounais égarés.

La liberté que l'UPC avait cherchée et qui lui avait coûté trop cher, devait permettre aux Camerounais d'être et de devenir des hommes responsables. Si le peuple a appris à connaître la réalité, il agira et réagira à bon escient et personne ne pourrait se targuer de le tromper tout le temps.

Un homme politique qui excelle dans les intrigues, la machination, le double jeu, croit que la politique est réduite à de sordides machinations. Pour bâtir un pays solidaire, il faut une politique ouverte et connue avec les moyens de cette politique. On ne peut pas conduire un peuple dans le brouillard. Il faut l'aider à découvrir lui-même son chemin. Collaborer à cette tâche, telle est l'ambition de l'UPC aujourd'hui. Et la faire partager au peuple camerounais présuppose la définition claire et certaine d'un cadre de concertation et d'action.

D'où la signature, le 15 septembre 2004, de la « Déclaration commune additive à l'Alliance entre le RDPC et l'UPC ». Ce qui est particulièrement intéressant dans cette Déclaration, c'est moins la satisfaction exprimée par les deux parties à propos des réalisations accomplies ensemble, lesquelles font désormais partie de l'Histoire, que la résolution prise de poursuivre, dans un esprit de respect mutuel renforcé, la mise en œuvre des engagements pris.

L'engagement historique de l'UPC

L'UPC a accepté de réactualiser son accord avec le RDPC pour la raison que le Parti historique a toujours œuvré en faveur de l'édification d'un Etat-nation démocratique, prospère et uni au Cameroun. Pour l'UPC, il s'agit d'œuvrer à la construction d'un Etat-nation pour les Camerounais qui garantisse les conditions de leur accès au bonheur. Des fils d'un même territoire qui se reconnaissent dans une même communauté de destin, et, qui, à ce titre, constituent des alvéoles qui se soudent mutuellement pour bâtir un Etat-nation décentralisé, solidaire et fort.

L'UPC a toujours été favorable à la décentralisation administrative. Ce système fut défendu par Um Nyobe devant l'Assemblée générale des Nations Unies en 1952. Car, ce système permet de responsabiliser les populations afin qu'elles défendent elles-mêmes leur destin. Cette décentralisation, avec le transfert des moyens au niveau des structures, permettra au génie du peuple camerounais d'éclater dans une compétition ouverte et fraternelle, qui pourrait projeter le pays tout entier vers le progrès économique et social.

A partir du moment où on considère l'activité politique par rapport à cette exigence de construction de l'Etat-nation décentralisé, on doit pouvoir œuvrer de telle sorte que cette exigence devienne un principe d'action pour chaque formation politique.

Ce ne sont donc pas la haine, la jalousie, la médisance, l'accumulation primitive, qui peuvent bâtir l'Etat-nation au Cameroun, mais l'entente et le rééquilibrage des ethnies. Telle est l'idée upéciste de l'édification d'une démocratie participative dans laquelle le citoyen doit se sentir libre. Et la société camerounaise, parce que démocratique, en est le cadre approprié.

L'UPC entend également contribuer au développement du Cameroun. Pour le Parti historique, si le pays est riche, le citoyen ne doit pas être pauvre. Il s'agit de maintenir cette philosophie dans l'action et de la faire triompher afin de donner une base solide au Cameroun. L'objectif pour l'UPC consiste à faire partager aux cadres et militants autant qu'à tous les citoyens camerounais qu'un parti politique n'est pas une formation pour entretenir l'agitation ou organiser des meetings et faire des discours.

Il doit agir pour améliorer les conditions de vie des populations. L'UPC veut une société où la confiance existe parce qu'il faut favoriser une entente entre les composantes de cette société, et l'UPC sait que si cette entente n'est pas bâtie de façon solide, la structure alvéolaire qui caractérise cette société l'expose à une désintégration.

L'UPC veut faire comprendre aux populations que le problème n'est qu'un problème d'organisation et qu'un pays aussi riche et doté par la nature de toutes les richesses imaginables ne peut pas être un pays pauvre. L'UPC confirme que si la pauvreté peut exister dans le pays, ce n'est qu'un problème d'organisation et de gestion. Sur ce point, les Camerounais doivent savoir qu'il leur faut essayer de mettre à profit le capital du savoir et d'engineering qu'ils ont accumulé depuis l'indépendance,

Face aux autres pays, c'est l'élite paysanne, intellectuelle, bref, c'est l'élite locale dans tous les domaines, qui doit relever le défi. Ne pas le savoir et se livrer à la destruction des hommes qu'on a formés pendant des dizaines d'années est une faute lourde de conséquences.

Il s'agit là des tares qui ont amené les Camerounais à détruire eux-mêmes ce qui représentait leurs instruments précieux dans la lutte pour l'existence. Et c'est ainsi que la systématisation du sectarisme dans certains domaines, la montée de la méchanceté dans les rapports entre les cadres eux-mêmes et la vision rétrograde, sectaire de la société, ont empêché la mobilisation des compétences nationales.

Si l'habitude prise de faire ce que l'on veut et d'imposer sa volonté au mépris des lois peut continuer, ce pays ne sortira pas de l'ornière, parce qu'il n'attirera pas les investissements productifs. Une grande multinationale pourrait lui imposer son projet parce qu'il est situé sur son passage, mais, ce ne serait pas un investissement volontaire basé sur la confiance au pays.

Et, que personne ne se trompe. Les conditionnalités posées par les multinationales dans de telles circonstances seraient toujours, draconiennes et, en dernière analyse, finiraient par dépouiller le pays de sa propre souveraineté.

Pour bâtir une économie adaptée au contexte local et aux besoins des Camerounais à l'heure actuelle, il est question de développer la production agricole. Ainsi, le Secrétaire Général de l'UPC et ministre d'Etat chargé de l'Agriculture, a une idée précise de ce qu'il convient de faire pour redonner espoir aux agriculteurs, en particulier dans le domaine des projets.

Aujourd'hui, qu'il s'agit de l'aménagement de l'espace rural au sens large du terme, le secteur agricole va assumer son rôle de locomotive de l'économie nationale, dans un pays agricole comme le Cameroun.

Dans deux secteurs précis, la filière cacao et la filière café, on a constaté une stagnation ou une baisse de la production, imposée par l'effondrement des prix de ce produit sur le marché international ces derniers temps. Le cacao vient d'avoir un retournement de situation favorable sur le plan international. Mais, le café reste encore dans la déprime. Le gouvernement devrait assumer dans ces deux cas précis, un rôle actif pour relancer ces deux filières.

Déjà, les mesures prises pour approvisionner ces secteurs en pesticides sont un acte concret qui va dans le sens souhaité. Quant aux autres filières, et particulièrement à l'agriculture vivrière, de vastes programmes ont été lancés pour la banane plantain et le manioc, tandis que l'aménagement des bas-fonds va relancer la culture maraîchère et potagère.

Dans le cadre de l'aménagement de l'espace rural, l'entretien des pistes, la construction des marchés ruraux et des maisons communautaires dans les grandes agglomérations, permettront de retenir la jeunesse paysanne et de la réintégrer dans le circuit de production, grâce à l'encadrement des services agricoles. Les moyens disponibles, s'ils sont bien gérés et bien orientés, permettraient d'ici quelques années la relance du secteur agricole. Il faudrait alors envisager le passage à la transformation et à l'exportation à grande échelle, pour donner à l'Agriculture, sa vraie dimension sur le plan national.

Pour ce qui concerne la préservation de la paix sociale et le maintien de la stabilité du pays, l'UPC dit que l'unité du pays est actuellement à l'ordre du jour face à la résurgence de sentiments régionalistes qui risquent d'entraîner les populations dans les replis identitaires et sécuritaires. L'analyse spectrale de la situation sociopolitique aujourd'hui met en évidence l'existence au sein de l'Etat de réseaux structurés sur une base ethnique.

Le fait que ces réseaux parviennent à se concerter pour cibler un dirigeant politique - le Secrétaire Général de l'UPC - qu'ils veulent déstabiliser devant l'opinion publique, illustre les dangers qui guettent les institutions du pays. Les cibles de ces réseaux, ce sont les personnalités qui veulent faire quelque chose pour le Cameroun, ou alors qui ont tout donné pour le Cameroun.

L'analyse poussée sur le comportement des groupes ethniques au Cameroun révèle que certains groupes bien connus ne connaissent que leurs intérêts personnels. Ils sont devenus ombrageux, et, quand on les voit s'agiter, c'est pour gagner quelque chose ou pour profiter d'une situation. Ils ont vite fait d'établir des réseaux interministériels et inter communicants pour la défense de leurs intérêts propres. Cela explique la levée de boucliers qu'on constate lorsqu'ils ont désigné leurs victimes.

Or, à l'UPC, on pense qu'il faut favoriser la convergence de toutes les forces capitales du pays vers la réalisation d'un grand dessein, qui ne peut être autre chose que l'affirmation de l'unité et de la paix au sein de l'Etat-nation camerounais. Cet Etat-nation, fruit des lourds sacrifices du peuple, doit être préservé envers et contre tout. Il doit être défendu parce qu'il est l'instrument de la souveraineté du peuple, pour son développement et pour sa place dans le monde. Les Camerounais doivent faire converger tous les efforts de toutes les couches sociales dans toutes les régions, en vue de l'affirmation d'une grande ambition nationale : La construction d'un Etat-Nation indépendant et libre.

Les upécistes sont des démocrates dont le souci est de faire triompher la gestion participative de tous les citoyens responsables, pour la construction de leur pays. Il s'agit bel et bien de construire un pays, d'assurer une réelle solidarité entre toutes les composantes sociales dans toutes les communautés ethniques, pour combattre la pauvreté rampante qui risque d'acculer une grande partie du pays dans la catégorie des laissés pour compte.

Les upécistes veulent faire accepter la solidarité collective dans le sursaut national qui interpelle les pays Africains aujourd'hui, à se remettre en cause pour renouer avec le progrès.

L'UPC entend participer à la construction et à l'édification de l'Etat-nation qu'elle a contribué à libérer et à réunifier. L'UPC veut comprendre pourquoi on lui opposerait une réponse négative sur ce problème qui est très sensible pour tous les patriotes. L'UPC est contre l'exclusion. L'UPC est contre la ségrégation tribale et sectaire. L'UPC est pour la paix et l'unité de l'Etat-nation camerounais. Un point c'est tout.

La Voix du Cameroun, N° 318, septembre-octobre 2004, p.14.

XXV

Présidentielle 2004 : les raisons d'un choix

A la suite de la « Déclaration commune additive à l'Alliance RDPC-UPC » signée par les deux parties en date du 15 septembre 2004, l'UPC a publié une déclaration le 17 septembre 2004 dans laquelle, entre autres, le Parti historique invitait ses militants, sympathisants et tous les patriotes épris de paix, de justice et d'amour pour le Cameroun, à apporter leur soutien indéfectible au candidat Paul Biya à l'élection présidentielle du 11 octobre 2004. Quelles sont donc les raisons qui militent en faveur du soutien du Parti historique au candidat Paul Biya dont la longévité au pouvoir tranche sur les exigences des démocraties aseptisées dans lesquelles les bureaucraties alternent au pouvoir dans un intervalle de dix ans?

L'humanisme du jeune Biya

Au milieu des années 60, Kodock fut limogé par Ahidjo de son poste de Secrétaire d'Etat aux Finances. Il fut, par la suite placé en hibernation comme Directeur des études et du contentieux au Ministère de l'Administration Territoriale. Kodock profita de cette période d'hibernation pour peaufiner sa thèse de Doctorat. Le thème sur lequel il avait travaillé constituait un apport décisif à la mise en place de la politique monétaire des Etats africains postcoloniaux de la sous-région d'Afrique Centrale et singulièrement du Cameroun.

Kodock posait sans fard le problème du crédit dans le développement des économies périphériques de l'Afrique Centrale, en évoquant notamment le cas du Cameroun. Les conclusions du travail de Kodock furent acceptées. Mais, avant qu'il n'eût obtenu l'autorisation de voyager pour la France en vue d'y soutenir sa thèse, il se heurta à l'incompréhension du ministre de l'Education Nationale de l'époque, qui avait comme Directeur de cabinet, Paul Biya.

Dans l'administration, à cette époque, lorsqu'un cadre devait aller en formation ou soutenir sa thèse à l'extérieur, l'Etat lui délivrait une réquisition lui donnant un billet d'avion aller-retour. Cette réquisition devait être signée par le ministre de l'éducation nationale. Après avoir rempli les formalités d'usage, Kodock introduisit son dossier auprès du MINEDUC qui lui opposa une fin de non-recevoir. Kodock en était interloqué. Il en informa Paul Biya.

Kodock se souvenait sans doute de sa camaraderie avec Paul Biya à la fois au Lycée Leclerc à Yaoundé et à l'Université à Toulouse. Il savait que Paul Biya était profondément humaniste en dépit de son comportement parfois austère.

Il savait que Biya n'avait jamais éprouvé le plaisir de voir souffrir les autres et, à ce titre, il faisait ce qu'il pouvait pour aider ses semblables.

Kodock avait donc, en quelque sorte, « branché » Paul Biya sur son dossier. Celui-ci chercha en vain la raison pour laquelle le MINEDUC avait rejeté ce dossier. C'est pourquoi, il prit la résolution d'attaquer le mal à sa racine. Paul Biya se saisit donc du dossier et fit venir Kodock au MINEDUC. Tous deux s'introduisirent dans le cabinet du MINEDUC. Biya fit attendre Kodock dans le salon attenant au cabinet et entra dans le bureau du ministre muni du dossier de Kodock.

L'attente pour Kodock s'apparentait à un supplice tant elle lui parut longue. Biya ne passa pas moins de 45 minutes à essayer de convaincre le ministre. Au bout du compte, il en ressortit nanti de la signature tant recherchée. Kodock eut l'impression que Biya venait de lui ôter un lourd fardeau sur les épaules. Il lui manquait des mots assez forts pour remercier son bienfaiteur. Toujours est-il qu'il s'en est toujours souvenu avec émotion.

Paul Biya n'avait pas jugé utile de mener des études doctorales. Il n'en a jamais pris ombrage, au point de chercher à gêner un compatriote qui voulait réussir dans ce domaine. Son attitude positive envers Kodock en fut un témoignage édifiant.

Convergence de vues

En 1982, Kodock allait vivre, depuis son village de Mom, un événement de portée historique au Cameroun : la démission du président Ahidjo et la passation de pouvoir à Paul Biya, alors Premier ministre. Kodock voyait dans l'arrivée de Paul Biya au pouvoir, un espoir qui était donné par la Providence au peuple camerounais.

Le régime d'Ahidjo présentait des signes évidents d'une sclérose. La pratique peu moderne de la gestion administrative avait montré ses limites. Les fonds publics étaient allègrement dilapidés par les barons du régime, qui avaient formé un véritable profitariat minoritaire régnant sur le patrimoine national. Dans ces conditions, le régime était comme une gangue qui empêchait le développement de la pensée et de l'action positive, qui empêchait le progrès.

Se rappelant ses relations d'amitié et de camaraderie avec Paul Biya, Kodock prit l'initiative de lui témoigner son soutien dans la lourde et exaltante tâche qu'il était désormais appelé à exercer à la tête de l'Etat du Cameroun. A cet effet, Kodock rédigea un mémorandum à la haute attention du nouveau président. Dans ce texte, il mettait l'accent sur deux concepts clés : la rigueur et la moralisation.

En ce qui concerne la rigueur, Kodock estimait que le nouveau président devait mobiliser toutes les compétences nationales en vue de la réalisation d'un grand dessein, qui ne pouvait être autre chose que la construction d'un Etat-nation démocratique, prospère et uni au Cameroun.

Pour le cas de la moralisation, il était question pour Kodock d'en finir avec des pratiques répréhensibles telles que : l'impunité, le contrôle par des groupes d'intérêts et des prébendiers, de pans entiers de l'Etat dans les domaines de l'investissement, du commerce et des négociations avec l'étranger.

Peu de temps après, Paul Biya présenta sa politique de Renouveau à la nation camerounaise. Les maîtres-concepts du Renouveau n'étaient autres que la rigueur et la moralisation. S'agissait-il là d'une heureuse convergence de vues ou de la prise en compte par le président de la République des propositions contenues dans le mémorandum ? Au demeurant, les deux hommes avaient la même approche quant à la nouvelle manière de gérer les affaires publiques.

Cependant, Kodock n'était pas certain que dans l'avenir immédiat, le discours proclamé par un dirigeant qui héritait d'un système monolithique était de nature à satisfaire ses convictions propres. De plus, les barons du régime d'Ahidjo étaient exactement ceux-là qui dirigeaient le nouveau Parti RDPC créé par Paul Biya. Et, comme on pouvait s'y attendre, ceux-là s'organisèrent pour confisquer le pouvoir en y implantant des « verrous» qui allaient bloquer toute possibilité de mettre en pratique la politique du Renouveau. Selon Kodock, cette orientation conservatrice était précisément le fléau qui allait bloquer le dialogue social et consacrer l'immobilisme au sein des institutions républicaines.

En 1991, l'UPC allait faire sauter les verrous sociaux qui étaient les pratiques, les habitudes et les comportements imposés par référence à certaines valeurs dépassées et qui bloquaient la dynamique vers la modernisation du pays. Sur le plan politique, le régime avait adopté le système administratif colonial dont la base était le mépris des gens qui étaient gouvernés, et l'arrogance de ceux qui détenaient le pouvoir.

La situation du Cameroun avait donc mis en évidence le dérapage du système par rapport aux aspirations des populations, et lorsque le système tournait pour lui-même, pour son maintien et pour sa durée, il ne croyait plus à sa mission de service public, mais à la seule sécurité du prince régnant.

L'ensemble des services de sécurité de l'Etat s'étaient alors transformés en barbouzes spécialisés, dont la mission était la chasse contre les ennemis réels ou supposés du régime.

En 1991, donc, l'UPC avait choisi d'être la formation politique d'avant-garde pour la restauration du dialogue social au Cameroun. La résolution y afférente prise au cours de la réunion de Bonamoutongo fut d'ailleurs expédiée à Paul Biya avant le Congrès de Nkongsamba.

Celui-ci avait immédiatement saisi la perche, d'autant que quelque temps avant, il avait accentué la tension sociale dans le pays, en déclarant « sans objet », la revendication de l'opposition en faveur d'une conférence nationale souveraine. Paul Biya avait donc donné des instructions fermes à son Premier ministre de l'époque, en la personne de Sadou Hayatou, pour organiser une rencontre réunissant le pouvoir, l'opposition et la société civile. Cette rencontre fut dénommée « Tripartite ».

La Tripartite se substituait de facto à la conférence nationale avec en prime le maintien en l'état des institutions républicaines. Le programme de cette rencontre prévoyait notamment l'élaboration d'un code électoral consensuel et l'acceptation par les formations politiques d'aller aux élections.

En s'appuyant sur les résolutions de la Tripartie, Paul Biya convoqua le corps électoral à l'effet de procéder à l'élection des députés à l'Assemblée nationale le 1er mars 1992. L'UPC, sous l'impulsion de Kodock, s'en tira avec 18 sièges à l'issue du scrutin consacrant alors son statut de parti politique de l'ère moderne. Ainsi, l'UPC devint un interlocuteur valable du pouvoir dans un contexte socio-politique où beaucoup d'upécistes présumés avaient tendance à confondre un parti politique et un mouvement de libération.

Après les législatives, un décret du président de la République convoquant le corps électoral à l'effet de procéder à l'élection du président de la République le 11 octobre 1992 fut publié. Ne pouvant présenter un candidat à cette élection pour cause de rejet par le MINAT de son dossier, l'UPC choisit de négocier avec le Parti au pouvoir qui, à ce moment, manifestait un certain esprit d'ouverture et était disposé à négocier une alliance avec l'UPC. Ainsi, l'UPC composait avec le candidat qui présentait le meilleur profil, même si ce dernier était l'héritier du régime du parti unique.

C'est dans ce contexte que Kodock affirmait qu'il s'accrochait à un serpent, puisqu'il avait choisi l'option qui présentait moins de risques pour la stabilité du pays.

L'UPC avait choisi d'articuler la conclusion de cette Alliance autour d'un programme minimum. Cela présupposait une comparaison entre le projet de société de l'UPC et celui du parti au pouvoir. Quelques années avant, Paul Biya avait publié un livre qui était immédiatement devenu le projet de société de son parti et le livre de chevet des cadres et militants de ce Parti. Il avait été intitulé par son auteur : Pour le libéralisme communautaire. Dans cet ouvrage, Paul Biya avait posé les jalons de son action en faveur de la construction d'un Etat fort, démocratique et prospère au Cameroun.

A cet effet, Paul Biya avait préconisé la démocratie, la solidarité nationale, le libéralisme économique à visage humain, autrement dit, le libéralisme qui ne se résumait pas seulement en la poursuite du gain dans une société néo darwinienne, mais qui pratiquait également la justice sociale.

Bref, l'ouvrage de Paul Biya mettait au jour les principes fondamentaux pour la construction d'un véritable Etat moderne au Cameroun.

L'UPC ne s'était pas installée autour de la table de négociations les mains vides. Avant la réunion du bureau du Comité directeur qui prit la résolution de conclure l'alliance, Kodock avait piloté la rédaction et la publication du projet de société de l'UPC. Celui-ci avait été déclaré document de référence pour les négociations avec les partis politiques par le Comité directeur des 05 et 06 septembre 1992. A cet effet, Kodock avait mis sur pied un Groupe d'études et d'analyses de l'UPC dans les domaines politique, économique, social et culturel.

A partir de l'alliance conclue avec le parti au pouvoir, l'UPC était entrée en campagne pour soutenir la candidature de Paul Biya à l'élection présidentielle du 11 octobre 1992. Au cours de cette campagne, on avait noté la présence dans l'arène de Fru Ndi, Bello Bouba et Ndam Njoya, pour ne citer que les plus représentatifs des candidats de l'opposition.

Les résultats de cette élection proclamés par la Cour suprême permettaient à Paul Biya de conserver le pouvoir, tandis que l'opposition divisée criait haro sur le baudet.

De 1992 à 1997, l'UPC remplit intégralement ses engagements, alors même que son allié nourrissait un dessein caché dont la face apparut devant l'opinion publique après le réaménagement du gouvernement du 07 décembre 1997. En fait, l'UPC avait réitéré son soutien à Paul BIYA pour l'élection présidentielle du 12 octobre 1997.

Or, selon les upécistes, Paul Biya s'était montré assez cynique pour éjecter l'UPC du gouvernement en tendant la main à l'UNDP.

L'histoire se répète

Après l'éviction des upécistes du gouvernement en 1997, les upécistes estimèrent qu'un esprit malfaisant s'installait dans la société camerounaise. Car, les réseaux mafieux qui gravitaient autour de Paul Biya en quête de privilèges et d'accumulation primitive, et qui avaient ciblé un dirigeant politique qu'ils voulaient déstabiliser devant l'opinion publique, influençaient les choix stratégiques de Paul Biya.

Or, aucun pays ne pouvait se développer en cultivant l'ingratitude et la méchanceté qui étaient les qualités de l'esprit maléfique. Il fallait chasser le mauvais esprit qui habitait le Cameroun et rendait les gens gratuitement méchants.

En 2002, après les élections couplées législatives et municipales du 30 juin, Paul Bita fit appel à Kodock pour effectuer son comeback aux affaires et singulièrement à la tête du MINAGRI. Kodock accepta cette proposition pour deux raisons :

d'abord, l'auréole nationale et internationale de Paul Biya venait d'être spectaculairement rehaussée par sa victoire à l'issue du différend frontalier qui opposait le Cameroun au Nigéria à propos de la péninsule de Bakassi.

En effet, la Cour internationale de justice de la Haye avait reconnu la souveraineté du Cameroun sur cette péninsule, après plus de huit ans d'instruction. Pour Kodock, Paul Biya effectuait une entrée marquante dans l'Histoire comme un grand patriote, eu égard à la patience et à la pondération avec lesquelles il avait géré ce dossier sensible et explosif.

De plus, l'exploitation du pétrole tchadien à travers le pipeline Tchad-Cameroun devait rapporter à l'économie nationale des recettes additionnelles importantes. Ensuite, Paul Biya avait accepté de réchauffer l'alliance RDPC-UPC du 28 septembre 1992, car, soulignait Kodock, l'UPC n'est pas entrée au gouvernement pour y rechercher des prébendes et des postes. L'UPC entendait participer à la construction et à l'édification de l'Etat qu'elle avait contribué à libérer et à réunifier.

Pour l'UPC, en effet, l'activité politique présuppose des objectifs concrets que chaque formation politique veut atteindre. Ces objectifs peuvent être définis en termes d'idéal ou d'intérêt et, en ce sens, leur réalisation dépend des possibilités qu'offre la société établie, dans la mesure où celle-ci aspire à garantir le bien-être et la sécurité de ses membres. Et, dès l'instant où une formation politique traduit ces objectifs en termes de capacités réelles, elle se rend ainsi apte à contribuer à l'amélioration de la condition humaine. C'est pourquoi, l'UPC a mené des négociations laborieuses avec le RDPC en vue de soutenir l'action de Paul Biya pour le septennat à venir.

Le 11 octobre 2004, le corps électoral doit procéder à l'élection du président de la République pour un mandat de 7 ans. Dans ce contexte pré-électoral, disent les upécistes, le problème essentiel pour un homme politique digne de ce nom n'est pas de se hâter pour faire des déclarations sur sa candidature, alors même qu'il ne propose pas son projet de société au peuple souverain appelé à élire le président de la République.

Comme en 1992, les partis politiques de l'opposition cherchent à se souder, afin de mieux se positionner en vue de l'échéance électorale à venir. Cela ne devrait étonner personne. Par contre, ce qui est souvent surprenant, c'est précisément le comportement de certains dirigeants de ces partis. L'UPC constate qu'aujourd'hui, certains leaders ont perdu leur prestige d'antan au sein de l'opinion. Passés les moments d'euphorie, celle-ci s'est rendu compte qu'il ne s'agissait que de marchand d'illusions. Il est difficile pour des politiciens embarqués dans cette aventure de rebondir.

Aujourd'hui, ce qui interpelle la nation camerounaise, face à l'évolution globale de l'Afrique et du monde, c'est de consolider ses acquis que sont : la paix sociale, la relance économique, l'unité et la concorde nationales.

L'UPC ne voit donc pas comment des politiciens qui sortiraient, on ne sait d'où viendraient donner des leçons aux Camerounais, visant par-là à détourner leur attention de ces objectifs majeurs. Pour l'UPC, tous ceux qui sont en porte à faux avec la préservation de ces acquis, sont déclarés hors-jeu, parce qu'ils veulent se mettre à nouveau dans la logique de la confrontation. Par conséquent, il leur est difficile d'être crédible quelle que soit l'identité de leur candidat unique.

L'UPC est un Parti historique qu'on a voulu piétiner, humilier et diviser. Cela s'est vu à travers des déclarations intempestives faisant état d'une candidature de l'UPC à l'élection présidentielle du 11 octobre 2004. Mais, il est difficile d'éliminer l'UPC au Cameroun. Chacun doit l'accepter ainsi. A partir de là, ne pas composer avec l'UPC et raconter ce que l'on veut aux Camerounais n'est qu'un leurre.

Quant à l'idée d'une candidature unique de l'opposition face à Paul Biya, elle présuppose un programme minimum. Quelle est donc cette coalition sans programme politique ? Comment ses leaders entendent-ils gérer concrètement le pays?

L'heure n'est plus aux slogans et aux discours creux. Une coalition sans programme politique n'en est pas une ; c'est de la farce politique, dont le seul but est de permettre à certains journaux stipendiés de mieux se vendre.

Les jeux sont faits. Cela veut dire que l'UPC a choisi son candidat, le candidat de la continuité dans l'innovation : Paul Biya. L'UPC l'a fait par le passé, l'UPC le fait aujourd'hui pour l'avenir. L'UPC ne veut pas composer avec des politiciens qui promettent monts et merveilles au peuple dans le seul but de le tromper.

L'UPC est dans une alliance dynamique avec le Parti au pouvoir, qui a une responsabilité vis-à-vis du Cameroun.

Il faut laisser l'UPC gérer sa position en s'arrangeant avec le Parti au pouvoir comme elle le peut. Son souci c'est que le Cameroun demeure un grand pays. Pour le moment, l'UPC veut démontrer à la nation tout entière qu'elle a toujours su tenir les engagements qu'elle a pris vis-à-vis d'elle. L'UPC est satisfaite de l'avoir fait.

Que les autres sachent aussi tenir les leurs. L'UPC est parvenue à une entente stratégique avec le Parti au pouvoir, afin de faire comprendre définitivement aux uns et aux autres que combattre l'UPC c'est en quelque sorte combattre le Cameroun. Il ne reste pour l'UPC qu'à espérer que son partenaire stratégique se départit de la tentation de verser dans la politique politicienne et de respecter ses engagements vis-à-vis de la nation.

La Voix du Cameroun, N° 318, septembre-octobre 2004, p.4.

XXVI

5ᵉ Congrès de l'UPC : pour la reconstruction du courant patriotique

Le 5ᵉ Congrès ordinaire de l'UPC dénommé « Transparence et vérité » aura lieu à Yaoundé du 30 au 31 décembre 2006. A la veille d'une année électorale qui marquera une étape décisive dans l'évolution de la politique actuelle du Cameroun. Le grand conclave qui va réunir les militants et cadres du Parti historique est le résultat frappant de leur engagement pour reconstituer le courant patriotique sur l'ensemble du territoire national. Chronique d'un rassemblement historique.

Le problème des tendances

Après la signature de l'Alliance RDP-UPC en 1992, qui consacrait l'entrée de l'UPC au sein des institutions républicaines, le Secrétaire Général de l'UPC, Augustin Frédéric Kodock, avait continué à diriger l'action du Parti historique en faisant face à une redoutable adversité multiforme. Cette adversité était entretenue contre l'UPC par les conservateurs du Parti-Etat et par une certaine opposition populiste et sectaire, soutenue par une certaine presse prisonnière des réseaux occultes et par des militants dissidents de l'UPC. Cette situation avait donné lieu à l'affaiblissement de l'UPC sur le terrain. Affaiblissement qu'on avait constaté à l'issue aux élections municipales de janvier 1996.

En fait, certains députés de l'UPC étaient entrés en dissidence, en imputant à la direction du Parti la responsabilité de l'échec du Parti aux municipales, alors même que le Parti affrontait les élections municipales pour la première fois. Or, tous ces députés, qui avaient été battus à plate-couture dans leurs circonscriptions respectives, estimaient pourtant que les cinq mairies remportées par l'UPC dans le Nyong-et-Kellé n'étaient rien d'autre que des « communes villageoises ».

Donc, l'UPC avait échoué aux élections et, par voie de conséquence, le Secrétaire Général devait démissionner.

A l'issue du Comité directeur qui eut lieu à Yaoundé en mars 1996, la décision fut prise de convoquer le 4ᵉ Congrès de l'UPC la même année, lequel prit la dénomination de Congrès de la «Réconciliation » de tous les upécistes.

Le 4ᵉ Congrès de la Réconciliation eut lieu à Makak les 6, 7 et 8 septembre 1996.

Seulement, au même moment, les députés frondeurs s'organisèrent pour perpétrer un hold-up à la tête de l'UPC. Leur stratégie était de faire foule, en recrutant tous ceux qui acceptaient de se prêter à leur jeu pour impressionner l'opinion publique et lui faire croire que la légitimité à l'UPC se trouvait dans leur camp.

C'est ainsi qu'ils avaient embarqué dans leur aventure les cadres ambitieux qui voulaient prendre le contrôle de l'UPC, les désœuvrés et les transfuges d'autres partis politiques. Un forum illégal et anti-statutaire eut donc lieu à l'esplanade du palais des congrès de Yaoundé, où il était difficile d'établir la différence entre les dissidents de l'UPC, les désœuvrés et les transfuges d'autres partis politiques.

Les organisateurs de ce forum étaient soutenus par l'administration, qui tordait le coup à la légalité et entérinait du même coup la partition de l'UPC en deux blocs : UPC-K et UPC-N.

La marginalisation

Deux UPC firent irruption sur la scène politique nationale, au détriment du courant patriotique qui s'était implanté dans le pays. Cette confusion, organisée et entretenue par le pouvoir, avait eu un impact désastreux sur l'implantation de ce Parti sur le terrain. Miné à la direction, gangrenée à la base, l'UPC avait vu ses forces s'amenuiser, jusqu'à ce que cet affaiblissement fût confirmé par les législatives de 1997 et que le Parti fût victime d'un processus de marginalisation qui dura quelques années.

La persistance de la fronde au sein du Parti, entretenue par l'administration, indiquait clairement la participation de deux UPC aux législatives de 1997. Au sortir de la proclamation des résultats du scrutin, l'UPC n'avait pu sauver qu'un seul siège sur les 18 de la législature précédente. Et, ironie du sort, c'était le siège du Secrétaire Général, Augustin Frédéric Kodock.

L'UPC avait préparé les élections à l'Assemblée nationale dans le pays. Les cadres du Parti avaient parcouru toutes les provinces afin de pouvoir faire sortir des listes honorables là où c'était possible. L'UPC avait rencontré, à cet effet, une résistance organisée au niveau des autorités préfectorales. Une résistante qu'il fallait affronter de façon résolue pour faire accepter les listes de l'UPC dans certains départements. C'est ainsi que Kodock était intervenu à plusieurs reprises dans certaines régions pour faire inscrire les militants de l'UPC là où les sous-préfets s'y opposaient fermement.

C'était le cas dans le Nyong-et-Kéllé, dans la Sanaga-Maritime, dans le Nyong-et-So'o, dans la Lékié. Il était même arrivé qu'ayant accepté d'inscrire les militants de l'UPC, les sous-préfets s'évertuent à ne pas leur délivrer les cartes électorales en utilisant des subterfuges comme : l'absence dans les bureaux aux heures ouvrables, les prétextes de missions ou même de congé.

L'UPC avait donc constaté que les élections qu'elle préparait ne se dérouleraient pas où on le croyait, c'est-à-dire dans les urnes, mais que c'était sur le plan administratif que se jouerait en fin de compte le résultat.

La dynamique de la reconstruction de l'UPC

Kodock devait reconstituer l'UPC et colmater ses brèches en partant de très bas, puisqu'il s'était auparavant ruiné pour un résultat peu glorieux. Il allait donc réinvestir le terrain, pratiquement à pied, accompagné par son dernier carré de fidèles bien connus qui doivent être éternellement félicités et encouragés.

Arpentant jour et nuit de nombreux layons et quadrilatères dans l'arrière-pays, il s'était investi intégralement dans la réhabilitation du Parti historique. C'est dans cette optique qu'il ouvrit le dialogue avec Ndeh Ntumazah. Car, pour Kodock, le problème à ce moment était de ne ménager aucun effort pour reconstituer le courant patriotique et réhabiliter l'UPC sur la scène politique. A cet effet, Ntumazah et lui devaient prendre leurs responsabilités devant les upécistes et envers l'Histoire.

Kodock alla à la rencontre de Ntumazah à plusieurs reprises. Les deux dirigeants, respectivement Secrétaire Général et président du Bureau politique, mirent chacun sur pied un « groupe de contact» chargé de finaliser le processus d'entente entre tous les upécistes. Les deux groupes se mirent à pied d'œuvre sans relâche et le résultat de leur travail se concrétisa à travers la signature d'un mémorandum d'entente par Kodock et Ntumazah en date du 07 avril 1998, c'est-à-dire trois jours avant la célébration du cinquantenaire de la création de l'UPC.

Ce mémorandum reconstituait le courant patriotique dans le pays, en tant qu'il recommandait à tous les upécistes de reprendre le travail d'organisation du parti à la base. Cette recommandation fut réitérée au cours du Comité directeur de l'UPC de septembre 2000 à Yaoundé.

Du coup, la décision de l'UPC de restaurer l'unité du courant patriotique dans le pays avait provoqué la réaction du pouvoir, qui encourageait les réseaux parallèles à relancer la confusion sur le terrain.

Le Parti historique avait ainsi constaté la diffusion des manifestes, des fiches et des formulaires non signés dans les villes et les villages, le lancement des tournées de banquets dans les fiefs de l'UPC, l'organisation des diversions dans les médias publics. La panique semblait donc s'emparer du pouvoir qui avait toujours organisé des divisions artificielles au sein de l'UPC.

Le pouvoir était allé plus loin, jusqu'à nommer des responsables dont l'action était de faire campagne contre le Parti historique. L'agitation constatée jusqu'alors expliquait l'embarras du pouvoir et les divagations de l'Exécutif. La hantise de la reconstitution du courant patriotique dans le pays expliquait l'attitude de certaines autorités. La perspective de la réhabilitation de l'UPC tétanisait les adeptes du Parti unique et leurs partis satellites.

Le temps du couronnement

Après avoir intensifié le travail d'organisation du Parti historique à la base, sous la houlette du Secrétaire Général, Augustin Frédéric Kodock, la direction du Parti a organisé le cadre dans lequel tous les militants de l'UPC allaient se retrouver pour évaluer le chemin parcouru, évoquer les difficultés rencontrées et envisager de nouvelles solutions.

Dans ce cadre, qui n'est autre que le Congrès de transparence et de la vérité, le courant patriotique va renouer avec l'histoire. Il s'agit de la véritable histoire de ce pays, celle précisément qui charrie la lutte héroïque des martyrs de l'UPC pour l'indépendance et la réunification du Cameroun. Renouer avec l'histoire cela signifie encore pour l'UPC, rappeler tous les militants au souvenir et à la reconnaissance envers leurs aînés qui s'étaient sacrifiés pour leur liberté. Il importe que les générations futures soient bien informées de leur histoire.

La restauration du courant patriotique de l'UPC à travers le Congrès de la transparence et de la vérité donne des sueurs froides et des cauchemars aux ennemis de l'indépendance et de la liberté. Nous constatons par des exemples éloquents qu'aucun pays ne peut prospérer s'il ne se réconcilie pas avec lui-même.

On a vu le général De Gaulle se rendre à Verdun pour réconcilier ses compatriotes sur le problème du maréchal Pétain. Une telle manifestation signifiait qu'il fallait toujours réconcilier les vivants et les morts quand il se formait un schisme politique et moral dans le pays. Le Cameroun ne peut pas échapper à cette règle.

L'esprit malfaisant qui s'est installé dans notre société est la preuve qu'on gouverne ce pays en confisquant le pouvoir. Ce faisant, on attire les malheurs dans le pays. Aucun pays ne peut se développer en cultivant l'ingratitude et la méchanceté, qui sont les qualités de l'esprit maléfique. Il faut chasser le mauvais esprit qui habite le Cameroun et rend les gens gratuitement méchants.

En tout état de cause, la mobilisation des militants et des sympathisants du Parti historique autour du Congrès de la transparence et de la vérité met en évidence la renaissance du courant patriotique dans le pays. Les choses ne seront plus jamais comme avant. Telle est la leçon des faits et des événements.

La Voix du Cameroun, N° 327, décembre 2006, p.7.

XXVII

UPC : les grandes orientations du Congrès

Le 5e Congrès ordinaire du Parti historique dénommé «Transparence et vérité » aura bel et bien lieu à Yaoundé les 30 et 31 décembre 2006. En dépit des remous de surface provoqués ces derniers temps par quelques torpilles commanditées par les polices parallèles pour affaiblir la position de l'UPC au sein des institutions républicaines et déstabiliser sa base militante. Remous vite dissipés par les autorités administratives soucieuses de préserver la légalité républicaine et de garantir les droits reconnus à chaque formation politique conformément à la loi. *La Voix du Cameroun* vous présente ici une analyse succincte des grandes orientations de ce Congrès historique.

Le 5e Congrès ordinaire de l'UPC va s'appesantir sur une période marquante de l'histoire mouvementée du Parti historique ; histoire jalonnée par les efforts incessants de la direction légale et statutaire du Parti incarnée par son Secrétaire Général, Augustin Frédéric Kodock, pour imposer l'UPC sur la scène politique nationale et rétablir la paix sociale au Cameroun.

Cette période qui s'ouvre avec la relégalisation du Parti historique eu 1991, culmine au 5e Congrès ordinaire du Parti et se confond avec l'évolution actuelle de la politique du Cameroun. C' est pourquoi, force est de constater que les grandes orientations du Congrès qui s'annonce déterminant pour l'évolution future de l'UPC, concerneront les questions liées aussi bien à la vie du Parti historique qu'à la situation du pays à l'heure actuelle.

Une période de transition pour le Parti historique

Le Congrès qui s'ouvre le 30 décembre prend place dans un contexte socio-politique marqué par la remobilisation des formations politiques en vue d'affronter les échéances électorales de 2007. Cette année constituera une épreuve majeure pour l'évolution de la politique camerounaise, dans la perspective du renforcement de la démocratie et de l'Etat de droit au Cameroun.

A cet effet, le Parti historique s'appesantira sur les faits saillants de son évolution politique depuis 1991 et entamera une nouvelle période pour son évolution ultérieure au moyen des grandes orientations suivantes : l'élection du Secrétaire Général, l'orientation politique du Parti, sa démarche politique, son organisation et son fonctionnement, l'éducation et la formation, la communication, les relations avec les acteurs du mouvement social, la révision des textes, le choix des dirigeants, le financement du Parti, les prochaines élections, etc.

Sur l'élection du Secrétaire Général

Le Congrès écoutera avec la plus haute attention le rapport de politique générale présenté par le Secrétaire Général sortant, Augustin Frédéric Kodock. Après un débat franc et ouvert, le Congrès décidera de donner ou non son quitus au Secrétaire Général sortant, au regard de sa gestion du parti entre le 4e Congrès ordinaire de la réconciliation de septembre 1996 à Makak et le 5e Congrès ordinaire de la transparence et de la vérité des 30 et 31 décembre à Yaoundé.

Le Congrès décidera ensuite de le reconduire ou non à son poste et de lui donner mandat ou non de présenter ses collaborateurs.

Sur l'orientation politique du Parti historique

Le Congrès fera le point sur le développement de l'idéologie de l'UPC fondée sur le patriotisme, et qui se décline :

Au plan politique, par la défense de la démocratie et des institutions républicaines ;

Au plan social, par la protection des valeurs culturelles, morales et éthiques ;

Au plan économique par la défense du rôle régulateur de l'Etat dans les secteurs prioritaires, notamment : l'énergie, les forêts et l'agriculture.

Sur la démarche politique de l'UPC

Le Congrès décidera du contenu qu'il convient de donner à sa démarche politique basée sur la transparence et la vérité autant que de l'engagement de tous les membres de l'UPC à cette démarche.

Sur l'organisation et le fonctionnement de l'UPC

Le Congrès examinera et appréciera le chemin parcouru par le Parti suite aux instructions données par les camarades Ndeh Ntumazah et Augustin Frédéric Kodock, respectivement président du Bureau politique et Secrétaire Général de l'UPC, en 2000 ; instructions relatives à l'intensification des activités de l'UPC sur le terrain, consacrant ainsi la dynamique unitaire au sein de l'UPC.

Sur l'éducation et la formation

Le congrès analysera et appréciera les efforts accomplis par la direction du Parti, relatifs à l'éducation et à la formation des cadres du parti, à travers la réouverture de l'Ecole des cadres et l'institution de l'Université d'Été.

Sur la communication

Le Congrès appréciera les réponses du Secrétaire Général de l'UPC suite au complot organisé contre l'UPC par les polices parallèles et relayé par une certaine presse instrumentalisée. Le Congrès formulera les recommandations quant à la modernisation des instruments de communication au sein de l'UPC.

Sur les relations avec les acteurs du mouvement social

Le Congrès réaffirmera la disponibilité du Parti historique à collaborer avec toute formation politique qui partage la vision de l'UPC de l'Etat et de la nation sur la base d'un programme minimum.

Sur la révision des textes

Au regard du contexte et de l'environnement politique actuels, certains articles des statuts doivent être amendés, notamment les articles relatifs à la périodicité du Congrès et à la composition du Bureau politique.

Sur le choix des dirigeants

Le Congrès définira les critères en fonction desquels seront choisis les dirigeants, élus et représentants du parti, qu'il s'agisse du Secrétariat Général, du Bureau politique, du Comité directeur, du Sénat, du Conseil régional ou des municipales.

Sur le financement du Parti

Au regard de la réalité des faits, le Congrès recommandera l'application stricte des articles 3 et 5 des statuts, relatifs à la qualité de membre et aux cotisations.

Sur les prochaines consultations électorales

Le Congrès rappellera à tous les imposteurs que le Cameroun est un Etat de droit et interpellera les pouvoirs publics au respect de la légalité et des droits qui sont reconnus par la loi aux partis politiques.

De même, le Congrès formulera une recommandation sur la mise en place de l'organe indépendant chargé d'organiser les élections au Cameroun.

Axes de l'évolution du pays

Après l'atteinte par le Cameroun en 2006 du point d'achèvement de l'Initiative PPTE et au regard des lourds sacrifices consentis par le peuple camerounais, à cet effet, la politique camerounaise va connaître en 2007 une épreuve majeure, caractérisée par des échéances électorales qui vont imposer, non seulement un choix de société, mais également les valeurs autour desquelles serait bâtie la société camerounaise. La question à laquelle il faudra répondre dans ce contexte, et qui comporte plusieurs volets, est la suivante :

Le Cameroun est-il prêt à opérer les changements internes nécessaires à son évolution aux plans politique, économique, social et international? Les axes suivants permettront au Congrès d'apporter une réponse claire à cette question.

Axe politique

Le Congrès prendra acte du maintien du Secrétaire Général de l'UPC au gouvernement après le récent réaménagement et formulera des recommandations pour le respect des engagements pris par les deux partis dans le cadre de l'Alliance.

Le Congrès appréciera également les mesures relatives à la lutte contre la corruption et la promotion de la bonne gouvernance. Le congrès proposera des mesures à prendre pour sécuriser les frontières du pays après le dénouement pacifique de la crise de Bakassi.

Le congrès analysera aussi l'évolution actuelle de la justice camerounaise.

Enfin, le Congrès s'appesantira sur le renforcement des institutions républicaines, suite aux attaques dirigées par les réseaux mafieux contre le Secrétaire Général de l'UPC, et appréciera la réaction du peuple camerounais.

Axe économique

Le Congrès prendra acte de l'atteinte par le Cameroun du point d'achèvement de l'Initiative PPTE suite aux lourds sacrifices consentis par le peuple camerounais à cet effet.

Le Congrès interpellera l'Etat en vue de la mise en œuvre d'un véritable plan de développement pour le Cameroun.

De même, le Congrès donnera son point de vue sur l'application des mesures relatives à la baisse des prix de certains produits de consommation.

Axe social

Le Congrès établira un constat sur les menaces sérieuses qui pèsent sur l'équilibre de l'Etat, à cause de la montée de l'insécurité dans le pays du fait du chômage et de la paupérisation qui ont envahi la jeunesse. D'où la nécessité d'une recommandation du Congrès en faveur de la mise en place d'une véritable politique d'encadrement de la jeunesse.

D'un autre côté, le Congrès appréciera la qualité du processus d'intégration des instituteurs vacataires dans la fonction publique.

De même, le Congrès réaffirmera l'unité de la nation par-delà la recrudescence de replis identitaires dans les institutions universitaires et de formation des jeunes.

Le Congrès recommandera des mesures décisives en vue de développer le mouvement sportif national.

Le Congrès se prononcera aussi sur la question de la sécurité sociale au Cameroun.

Egalement, le Congrès évaluera et formulera des recommandations à propos de la politique nationale de lutte contre les grandes endémies.

Axe international

Le Congrès appréciera à sa juste valeur le regain de dynamisme de la diplomatie camerounaise relativement à l'option prise par le chef de l'Etat en faveur du règlement pacifique des conflits et la participation du Cameroun aux initiatives de maintien de la paix au sein de l'ONU et de l'Union africaine.

Le Congrès examinera la position centrale du Cameroun en Afrique centrale et reconduira l'engagement tous azimuts du Cameroun dans le processus d'intégration sous régionale. Concernant la sécurité dans cette sous-région, le congrès interpellera les Etats de la sous-région à avoir une volonté politique claire pour juguler les conflits qui se dérouleront dans la sous-région.

Au demeurant, le Congrès «Transparence et Vérité » des 30 et 31 décembre 2006 se veut historique, pour autant qu'il va consacrer la nouvelle configuration de l'organisation structurelle du Parti historique, et qu'il va engager l'UPC à prendre ses responsabilités historiques pour imposer son choix de société à l'issue des échéances électorales de 2007.

La Voix du Cameroun, N° 327, décembre 2006, p.3.

XXVIII

Après le Congrès de la Transparence et de la Vérité : la reconstruction de l'UPC militante

Le 5ᵉ Congrès ordinaire de l'UPC dénommé « Transparence et Vérité » s'est tenu à Yaoundé les 30 et 31 décembre 2006, à la veille d'une année électorale qui constituera une épreuve majeure dans la perspective du renforcement de la démocratie et de l'Etat de droit au Cameroun. A l'issue de ce grand conclave, les upécistes se sont donné la main pour reconstruire ensemble la base militante du Parti historique sur l'ensemble du territoire national, conformément aux dispositions des statuts de l'UPC prévues à cet effet. *La voix du Cameroun* dresse ici le profil type du militant de l'UPC de type nouveau.

Rompre avec les habitudes du passé

Jusqu'alors, le Parti historique a été secoué par des forces centrifuges et par les ennemis de la liberté qui ont infiltré les rangs du Parti au point de former deux blocs rivaux.

Ces deux blocs se sont affrontés sur le terrain et ont offert la possibilité à l'administration hostile au courant patriotique, de présenter deux UPC aux élections, baptisées par l'administration UPC-K et UPC-N.

Les ennemis de la liberté, caciques rétrogrades du Parti unique, ont programmé leurs hommes grenouilles et les ont torpillés en rouge flamboyant, exhibant les symboles de l'UPC, pour la pénétrer, la diviser et la détruire.

La profondeur de ces infiltrations au sein du Parti historique mettait en évidence l'étendue du mensonge et de la calomnie qui guidaient le comportement de certains compatriotes égarés qui se réclamaient de l'UPC mais freinaient le Parti au rendez-vous des bâtisseurs de la nation.

Cette situation délétère, qui révélait à tous les niveaux la fragilité de la base militante de l'UPC, était due au fait que la réhabilitation de l'UPC sur la scène politique nationale a été particulièrement laborieuse.

En fait, à la faveur du retour du Cameroun au multipartisme, l'occasion était ainsi donnée au courant nationaliste éparpillé dans les quatre coins du monde de se reconstituer et d'agir de concert sur le terrain de la légalité à l'intérieur même du pays.

C'est ainsi que Kodock, élu entre temps Secrétaire exécutif du Bureau exécutif provisoire de l'UPC, avait procédé à la relégalisation de l'UPC et à la protection de son sigle à l'OAPI.

Seulement, un groupe de compatriotes revendiquant l'héritage du combat des pères fondateurs du nationalisme camerounais, et qui étaient jusque-là en exil à l'étranger, avaient adopté à l'égard de leurs camarades restés au pays, une attitude d'hostilité et de rejet.

Or, les upécistes qui avaient vécu au Cameroun durant le règne d'Ahidjo, qui y avaient assumé des postes de responsabilité, étaient ceux-là mêmes qui maîtrisaient les rouages de l'administration. Dans ces conditions, ils étaient qualifiés pour mettre en échec l'orientation autoritaire du pouvoir. D'autant qu'ils avaient déjà acquis la maîtrise du terrain, facteur essentiel de l'activité politique.

Pourtant, les upécistes rentrant d'exil n'avaient pas cru devoir aller à la rencontre de leurs camarades du terroir. Ils avaient préféré l'affrontement en lieu et place du dialogue. Ainsi, leurs comportements s'étaient trouvés en porte à faux par rapport à l'esprit de solidarité upéciste.

Dans cette atmosphère de fronde permanente, une gigantesque confusion fut créée et entretenue dans les rangs de l'UPC. Lorsque le Parti croyait avoir des militants, il ne travaillait pour la plupart du temps qu'avec des sympathisants qui s'éclipsaient au premier coup de vent.

Au cours des campagnes électorales, il avait été relevé des défaillances sérieuses au niveau des responsables qui étaient chargés de mener la campagne sur le terrain. Les défaillances portaient sur le laisser aller pour certains comme si les enjeux de la campagne ne les intéressaient pas ; le détournement des moyens dégagés pour la campagne ; et, en fin de compte, une collaboration avec la partie adverse.

La collaboration avec la partie adverse a révélé le niveau d'infiltration au sein de l'UPC. Cela méritait une analyse en profondeur, afin que l'UPC ne soit pas piégée par les opportunistes qui ne cherchaient qu'à se procurer de l'argent.

D'un autre côté, on a constaté que ceux qui à peine admis à l'UPC fréquentaient le Secrétaire Général et entraient dans son entourage, cherchant à le voir à tout bout de champ, étaient en majorité ceux qui avaient des contacts avec la partie adverse. Certains étaient restés chez eux avec les moyens qu'on leur avait donnés comme s'ils avaient pris la résolution de neutraliser la formation politique à laquelle ils prétendaient appartenir, au profit des concurrents.

Le constat était simple et clair : ceux qui remplissaient l'entourage du Secrétaire Général, Augustin Frédéric Kodock, pour y tirer des avantages pécuniaires n'étaient pour beaucoup rien d'autre que de vulgaires opportunistes mangeant à tous les râteliers et qui n'allaient pas tarder à retourner leurs vestes dès lors qu'ils avaient constaté que la source de leur agitation ventriloque avait tari.

Seulement, l'UPC a su résister avec détermination à toutes ces manœuvres organisées par les ennemis de la liberté pour la détruire. Dans l'ordre des faits et des évènements, à l'heure actuelle, il est question, pour les upécistes dignes de ce nom, de rompre avec les habitudes sectaires et rétrogrades qui ont failli acculer le Parti historique à la disparition, et de s'accepter pour reconstruire la base militante du Parti.

Reconstruire la base militante du Parti

Il s'agit aujourd'hui, pour le Parti historique, connaissant les réalités, ayant vécu les faits, ayant compris les tournures des évènements, de poser de façon claire et nette, comment il entend reconstruire sa base militante, malgré les calomnies et les trahisons. Les mécanismes antérieurs de recrutement des militants, qui consistaient à tendre la main à qui frappait au portillon, ont cessé d'être efficaces.

Fonder l'action du Parti sur le pseudo engagement de sympathisants sans conviction ni idéal, voilà ce qui a limité l'évolution de l'UPC sur la scène politique nationale, et, seul le recrutement et la mobilisation de militants formés, conscients de leurs responsabilités envers le Parti, pourront renforcer l'action du Parti historique sur la scène politique nationale.

Pour cela, les upécistes doivent évoquer l'éclairage des textes organiques du parti en vue de remettre de l'ordre dans les rangs. Déjà, la résolution sur l'organisation et le fonctionnement du Parti, prise par les délégués au 5e Congrès ordinaire de l'UPC, recommande le respect scrupuleux des dispositions des articles 3 et 5 des statuts et 2 du règlement intérieur.

L'article 3 des statuts stipule: « Peuvent être membres de l'Union des Populations du Cameroun, les personnes qui acceptent les statuts, s'engagent à y militer activement et à s'acquitter régulièrement de leurs cotisations. L'admission des membres est prononcée par le bureau à chaque échelon de l'organisation ».

Il est intéressant de voir ici comment les pères fondateurs ont consigné dans des documents leurs qualités d'habiles stratèges. Ils ont privilégié l'éducation et la propagande. Ils ont parfaitement compris que la lutte pour la liberté qu'ils ont engagée visait à sauver le Cameroun de l'exploitation et de la brutalité inhumaines ; que cette lutte engageait l'existence de tous les upécistes ; que, sous ce rapport, si tous les upécistes avaient appris à voir et à connaître les grandes orientations du Parti contenues dans les statuts, ils agiraient en accord avec la réalité.

Sont-ils nombreux, les upécistés qui connaissent ou qui ont déjà au moins une fois, lu les statuts et le règlement intérieur du Parti ?

L'habitude prise de réunir les militants pour faire des discours semble privilégier la propagande en lieu et place de l'éducation. Les upécistes doivent être amenés à ouvrir les yeux et à s'exposer aux occurrences des textes organiques du Parti. A cet effet, ils doivent, d'une manière ou d'une autre, avoir accès à ces textes.

L'éducation, en général, et l'éducation politique, en particulier, n'ont de valeur que s'ils s'appuient sur des supports documentaires que tout apprenant peut consulter. Par conséquent, la solution prioritaire, pour l'UPC, c'est de former les militants, de donner une conscience et une voie à ceux qui sont les militants authentiques de l'UPC.

En outre, l'article 5 des statuts stipule : « Chaque adhérent verse une cotisation annuelle dont le montant est fixé par le Congrès. Il reçoit en échange la carte de membre signée du Secrétaire Général et du trésorier de l'organisation locale responsable ».

L'argent est le nerf de la guerre, dit-on souvent. Nous reformulons ce dicton en ces termes : L'argent est le nerf de l'action politique. Sous d'autres cieux, l'Etat prend des mesures concrètes pour financer les partis politiques. Au Cameroun, bien que la loi y afférente existe, il s'agit généralement d'un financement au forceps ou à tête chercheuse.

C'est pourquoi, les formations politiques sont obligées de centrer leurs activités sur les contributions des militants. Cela s'est vérifié au cours de la lutte historique pour la libération du Cameroun. Même les paysans classés très pauvres de l'arrière-pays ont apporté leurs contributions pour soutenir l'effort de guerre à cette époque. Aujourd'hui, pouvons-nous valablement dire que les upécistes suivent l'exemple de leurs prédécesseurs qui ont donné leur argent et leur vie pour que ce pays soit libéré et réunifié?

A l'évidence, la réponse à cette question est négative, ne serait-ce que par le fait que la trésorerie du Parti est inefficiente, le financement étant concentré entre les mains du Secrétaire Général.

Bon à savoir : une formation politique moderne n'est pas seulement faite pour organiser des meetings et faire des discours. Elle est faite pour organiser son action autour des principes clairs et acceptés par les militants. Cela signifie que seuls les cadres qui s'acquittent régulièrement de leurs cotisations sont considérés comme étant des militants de l'UPC.

Le populisme n'a jamais engendré une formation politique capable de gérer un Etat démocratique. Tenez : en France, le Parti majoritaire, l'UMP, ne peut pas se targuer de regrouper dans ses rangs plus de cent cinquante mille (150 000) militants. Il en est de même pour le Parti socialiste. Sur une population globale de plus de soixante millions d'habitants.

Il apparaît donc clairement ici que la force d'un vrai parti politique repose moins sur la multitude que sur l'engagement sans équivoque des militants capables de défendre leur Parti et leur pays. Quelle que soit le degré de disponibilité du Secrétaire Général, il ne peut à lui seul soutenir le poids de toute l'action d'un parti comme l'UPC qui a une ambition nationale.

En revanche, les upécistes doivent se débarrasser de leur vieille carcasse d'assistés pour devenir des militants authentiques ayant la ferme conviction que leur Parti peut, à travers leur contribution matérielle, financière et morale, arriver au pouvoir. Une ambition sans moyens est dépourvue de signification.

Par ailleurs, l'article 2 du règlement intérieur stipule : « Est considéré comme membre de l'UPC et devant se soumettre stricto sensu au présent règlement intérieur, toute personne qui après avoir pris connaissance des statuts dudit mouvement, en accepte la discipline ». Cet article met l'accent sur la discipline commune à tous les membres du mouvement.

Une fois de plus, nous disons que tous les problèmes qui ont sapé l'action de l'UPC jusqu'alors trouvent leur explication dans le fait que le Parti était inondé par des sympathisants.

Or, un militant qui connait les statuts du Parti, est celui qui se bat pour aider son Parti comme un instrument essentiel dans la conquête du pouvoir. L'ostentation exhibitionniste des foulards et des écharpes avec le crabe noir sur fond rouge a servi d'alibi pour fermer les yeux du peuple camerounais, comme si tous ceux qui portaient le rouge aussi symbolique qu'évocateur étaient animés d'une foi inébranlable pour forcer la victoire. Malheureusement, l'ennemi a utilisé les apparences, et, comme tout le monde devait le savoir, les apparences ont toujours été trompeuses.

L'ennemi avait habillé ses hommes grenouilles et s'était torpillé en rouge flamboyant, exhibant les symboles de l'UPC pour la pénétrer, la diviser et la détruire.

Aujourd'hui, les militants de l'UPC doivent renouer avec le courant patriotique dans le pays. Ils doivent donc s'accepter et reprendre dans l'entente et la discipline le chemin qui mène à Canaan. Ils doivent marcher ensemble, vivre ensemble pour faire honte aux démons de leurs divisions, car, c'est ensemble qu'ils combattront, c'est encore ensemble qu'ils gagneront.

Dans ces conditions, les prochaines échéances électorales constitueront, pour le Parti historique, un véritable test de maturité.

La Voix du Cameroun, n° 328, mars 2007, p.4.

XIX

Le Parti des martyrs et l'évolution politique actuelle du Cameroun

Entre la fin de la décennie 80 et le début de la décennie 90, on a assisté à un effondrement massif et quasi général des régimes de Parti unique, en l'occurrence les régimes communistes en Europe de l'Est. Ce qu'on avait nommé ainsi le « Vent d'Est» avait provoqué une onde de choc sur toutes les régions du monde.

C'est alors que l'ère des revendications démocratiques s'ouvrait sur les pays qui étaient jadis sous la gangue du Parti unique. Les régimes autoritaires en place en Afrique, et singulièrement au Cameroun, à cette période, n'avaient pas été épargnés par cette onde de choc.

C'est dans ce contexte qu'un groupe de patriotes camerounais s'était constitué pour engager à l'échelle du Cameroun ce qu'il était convenu d'appeler la lutte pour la liberté, sous la bannière de l'Union des Population du Cameroun.

Les origines de la lutte

Lorsque, après l'accession du président Paul Biya à la magistrature suprême en 1982, les concepts clés de sa politique rigueur et moralisation - furent dévoyés par les caciques du Parti-Etat qui s'organisèrent pour confisquer le pouvoir en y implantant des verrous sociaux, l'UPC avait réagi en estimant que le Cameroun devait renouer avec le multipartisme.

A cet effet, les nationalistes avaient formé un petit cercle d'intellectuels qui se réunissaient régulièrement dans la clandestinité. A la faveur de l'accession au pouvoir du socialiste français François Mitterrand, en 1981, ceux-là lui adressèrent un mémorandum dont l'idée force n'était autre que la restauration du multipartisme au Cameroun.

Par la suite, le groupe de nationalistes conduit par Kodock avait rencontré au début des années 90 un courant favorable à travers le «groupe des léopards » de Dika Akwa. La fusion des deux groupes aboutit à la mise en place d'un bureau exécutif provisoire de l'UPC, à la fin de l'année 90, dont Dika Akwa était le président, et, Kodock, le secrétaire exécutif. Ce bureau avait pour missions de relégaliser l'UPC, d'intensifier les activités du Parti sur le terrain et de convoquer un congrès unitaire de l'UPC.

La relégalisation du Parti

Après avoir reçu la mission de procéder à la relégalisation de l'UPC, Kodock devait faire face aux manœuvres dolosives de jeunes manidémistes qui se sont organisés autour de ce qu'ils ont appelé «politique de la distanciation ». Rappelons que le MANIDEM a été créé par les polices parallèles pour renverser les anciens dirigeants de l'UPC et prendre le contrôle du Parti.

Kodock avait donc réussi à réunir les 15 dossiers y afférents conformément aux textes organiques du Parti. Dossiers qu'il déposa au MINATD. C'est ainsi que le 12 février 1991, un arrêté du MINATD portant légalisation de l'UPC fut rendu public. Dès lors, l'UPC devait se consacrer à l'intensification de ses activités sur le terrain.

La question de l'unité de l'UPC

L'intensification des activités de l'UPC sur le terrain a immédiatement donné lieu à l'organisation du Congrès unitaire de Nkongsamba en décembre 1991. La problématique du Congrès unitaire était axée sur le fait qu'il fallait réunir les upécistes qui avaient vécu au Cameroun durant le règne d'Ahidjo, qui y avaient même assumé des postes de responsabilité et qui maîtrisaient les rouages de l'administration, d'un côté, et les upécistes qui rentraient d'exil et qui voulaient aller à la rencontre de leurs camarades du terroir, de l'autre.

Devant plus de quatre mille délégués présents à Nkongsamba, Kodock fut élu à l'unanimité Secrétaire Général de l'UPC, tandis que Ndeh Ntumazah devenait président du Bureau du Comité directeur. Forte de sa légitimité historique retrouvée, l'UPC entreprit d'organiser la lutte pour la liberté au sein de l'opposition.

La Coordination de l'opposition

Le foisonnement de regroupements sous forme de partis politiques et d'associations qu'on a constaté à la faveur des revendications démocratiques en 1991, appelait une synchronisation de l'action de tous ces partis et associations confrontés à un pouvoir aux abois. C'est à ce travail de coordination que l'UPC consacra une grande partie de son énergie.

La Coordination accula le pouvoir à la défensive, au point qu'il radicalisa ses méthodes de répression à travers la mise en place des commandements opérationnels. Seulement, les objectifs que la Coordination s'était assigné, dès le départ, avaient été dévoyés par les ambitions personnelles de certains chefs de partis et d'associations.

Des dizaines de partis et d'associations avaient été ainsi créées par les mêmes individus avec pour seul projet d'arriver à la conférence nationale avec le plus grand nombre de suppôts. Cette stratégie d'accaparement fondée sur la tricherie devait conduire ses artisans à organiser un véritable putsch civil au moyen de la conférence nationale.

L'UPC ne pouvait pas s'engager dans une aventure dangereuse pour l'avenir du pays. Aussi, l'exclusion de l'UPC de la coordination participait-elle d'une démarche d'anticipation destinée à diaboliser le Parti.

Dans ces conditions, l'UPC devait réviser sa stratégie d'action pour impulser le dialogue social au Cameroun.

La Tripartite

L'impulsion du dialogue au Cameroun fut donnée à l'UPC au cours du Comité directeur du 28 septembre 1991 à Bonamoutongo. Une résolution historique fut prise à cet effet, suivant laquelle l'UPC ne serait plus jamais absente partout où de grandes décisions engageant l'avenir du pays seraient prises. Cette résolution fut expédiée au président Biya qui sauta sur cette occasion pour organiser la rencontre Tripartite de Yaoundé, laquelle allait regrouper le pouvoir, l'opposition et la société civile.

L'UPC allait participer aux travaux de la Tripartie jusqu'à leur terme. Cela avait abouti à l'élaboration d'un projet de loi portant organisation d'élections pluralistes au Cameroun. Le dialogue social ainsi amorcé allait logiquement aboutir à une entente entre l'UPC et le RDPC.

L'alliance RDPC-UPC

A l'orée des législatives de 92, l'atmosphère au sein de l'UPC était chargée de lourdes menaces d'implosion.

En fait, certains upécistes avaient préféré s'aligner sur l'option du boycott prôné par les tenants de l'opposition dite radicale, qui exigeaient avant toute chose la tenue de la conférence nationale souveraine. A l'issue du Comité directeur de Bonadouma Home, la décision fut prise, à l'issue d'un vote démocratique, d'emmener l'UPC aux élections.

Au sortir du scrutin, l'UPC s'en tira avec 18 sièges. Ce qui lui permit de former un groupe parlementaire dont Kodock était le président. Dès lors, Kodock s'employa à faire de l'UPC un interlocuteur d'avant-garde dans le cadre du dialogue politique avec le pouvoir. Ainsi, la tradition des alliances politiques allait être restaurée au Cameroun.

Au cours du Comité directeur des 05 et 06 septembre 92 à Yaoundé, il était question d'élire le candidat de l'UPC à la candidature unique de l'opposition en vue de l'élection présidentielle d'octobre 92. L'histoire nous révèle qu'un agent commandité par les polices parallèles pour empêcher l'UPC d'aller aux élections fut élu candidat de l'UPC à la candidature unique de l'opposition.

Son dossier fut rejeté par le MINAT pour défaut de certaines pièces, notamment :

-Le certificat de nationalité ;

-Le certificat d'imposition ;
-La caution.

Qui plus est, certains leaders politiques qui s'étaient subitement découvert une ambition présidentielle, avaient entamé toutes sortes de tractations dans le but de coaliser entre eux pour battre le candidat du RDPC en cas d'élection à deux tours. Face à cette situation délétère, l'UPC fit un choix stratégique : retirer son amendement à l'Assemblée nationale sur l'élection à deux tours et conclure une alliance stratégique avec le RDPC.

Le but de l'UPC n'était pas d'arriver à la mangeoire. D'autant que quelques temps avant la conclusion de cette Alliance, Kodock avait piloté un groupe d'études et d'analyses à l'UPC dans les domaines politique, économique, social et culturel. C'est ce projet qui fut confronté au projet du RDPC et qui donna lieu à la mise en place d'un programme commun.

La décision de conclure cette Alliance fut prise à l'issue de la réunion du Bureau du Comité directeur du 28 septembre 1992.

Ce même jour, l'Alliance fut signée par les deux partis. Dans les conditions vécues, en effet, la stratégie qu'il convenait d'adopter était fonction du but poursuivi par le Parti historique alors que la tactique restait dictée par les circonstances et les entêtements des partis s'acharnant contre l'UPC.

Le souci de l'UPC consistait à éviter que le régime ne réussisse à adopter efficacement la stratégie de manipulation des groupes ethniques et des partis d'opposition par l'intéressement. Le régime avait permis de dévoiler les perspectives hégémoniques d'une certaine opposition.

L'UPC entendait ainsi contrarier toute perspective de remettre aux affaires les seuls hommes bien connus du régime et qui lui étaient inconditionnellement fidèles, sans volonté de changement. D'où le développement par Kodock de la fameuse « théorie du serpent ».

Ainsi, la débandade de l'opposition occasionnée par cette stratégie avait été la première cause de l'échec de l'opposition et l'une des explications de la victoire de la majorité présidentielle. L'agitation de l'opposition après la victoire était donc puérile. Le régime s'en était frotté les mains.

Face à une opposition en débandade qui cherchait à discréditer l'UPC, le Parti historique ne pouvait adopter en pareilles circonstances qu'une attitude réaliste dictée par le but qu'il poursuivait : arriver au pouvoir. L'accord sur une plate-forme commune doublé d'une répartition des responsabilités dans le gouvernement était l'unique voie du salut pour accepter le choix d'un candidat unique. Ceux qui étaient d'accord avec le Parti historique sur la plate-forme adoptée, ont fait route avec lui.

Par la suite, des négociations eurent lieu entre le RDPC et l'UPC. Elles aboutirent au vote de la nouvelle Constitution de janvier 1996 à l'Assemblée nationale.

Kodock, ci-devant ministre d'Etat du MINPAT, négocia l'admission du Cameroun aux crédits de l'International Development Association (IDA), première étape de l'admission du Cameroun à l'Initiative pays pauvres très endettés, dont on connaît les résultats aujourd'hui. Seulement, c'était sans compter avec la fourberie et l'ingratitude du Parti au pouvoir.

Rupture de l'Alliance

A l'approche des échéances électorales de 1997 - législatives et présidentielles - l'UPC avait engagé ses militants et ses sympathisants vers une résolution déterminante pour ne pas reculer devant les difficultés et les intimidations, afin d'imposer leur volonté de bâtir un Etat fort, indépendant, prospère et libre. L'UPC avait préparé dans l'allégresse et dans la joie les élections à l'Assemblée nationale.

Seulement, le Parti avait rencontré, à cet effet, une résistance organisée au niveau des autorités préfectorales. Une résistance qu'il fallait affronter de façon résolue pour faire accepter les listes de l'UPC dans certains départements. Il s'agissait là des signes avant-coureurs de la confrontation qui se dessinait devant l'UPC.

C'est ainsi que le Secrétaire Général de l'UPC était intervenu à plusieurs reprises dans certaines régions pour faire inscrire les militants de l'UPC là où les sous-préfets s'y opposaient fermement. C'était le cas dans le Nyong-et-Kellé, dans la Sanaga Maritime, dans le Nyong-et-So'o, dans la Lékié, etc.

Il était même arrivé qu'ayant accepté d'inscrire les militants de l'UPC, les sous-préfets s'évertuent à ne pas leur délivrer les cartes électorales, en utilisant des subterfuges comme : l'absence dans les bureaux aux heures ouvrables, les prétextes de mission ou même de congé. L'UPC a relevé par la suite de ces agissements qu'une grande partie des militants de l'UPC n'avaient pas pu retirer leurs cartes électorales.

Enfin, le Parti avait été informé que les élections qu'il préparait ne se dérouleraient pas où on le croyait, c'est-à-dire dans les urnes, mais que c'était sur le plan administratif que se jouerait en fin de compte le résultat.

Les machinations électorales avaient marqué les opérations et il était dès le départ impossible de renverser une machine qui avait été conditionnée pour les malversations.

Le zèle de certaines autorités préfectorales, d'une part, l'utilisation ouverte de la corruption comme moyen électoral ajouté aux intimidations, d'autre part, avaient marqué l'ensemble des opérations pour aboutir au résultat programmé que tout le monde connaît : 01 siège pour l'UPC, celui de Kodock.

L'UPC a compris que le Parti au pouvoir n'avait pas voulu des alliés pour gérer le pouvoir. Il voulait des gens à sa disposition, c'est-à-dire un certain nombre de personnes pour continuer sa politique, peu importait le Parti de ces personnes. Cela l'UPC l'avait vécu.

En témoigne la configuration du gouvernement de décembre 1997, en dépit du soutien apporté par l'UPC au candidat de la majorité présidentielle, dans le cadre de l'Alliance RDPC-UPC. Au lendemain de l'élection présidentielle d'octobre 1997, on donnait l'impression au RDPC qu'il fallait absolument garder le pouvoir. Voilà toute la préoccupation des tenants de ce Parti. Et, pour y parvenir, ils étaient capables de tout : s'allier aux sectes, aux cercles maraboutiques, aux cercles de magie noire. Voilà ce qu'ils faisaient.

On n'avait pas l'impression que le Parti au pouvoir acceptait de s'engager dans une politique précise pour ensuite en dresser le bilan. Des réseaux mafieux de toutes sortes, le vaudou, les francs-maçons et les marabouts s'étaient cristallisés autour du pouvoir, en plaçant celui-ci sous leur régence, au point où ils menaçaient même la vie du président de la République.

Kodock avait eu un courage suicidaire pour aider Biya, en se levant devant une Assemblée de 180 députés pour retirer l'amendement sur les élections présidentielles à deux tours. Or, Paul Biya avait fermé les yeux sur cet acte majeur d'une incommensurable portée. Il avait jeté l'UPC dehors en s'alliant à l'UNDP.

Dans ce contexte, l'UPC mit au point une nouvelle stratégie de remobilisation, de formation et d'éducation des militants, pour poursuivre sa lutte pour la liberté et imposer la légalité dans ses rangs.

La victoire de la légalité

Le corps électoral fut convoqué en juin 2002 à l'effet d'élire les députés à l'Assemblée nationale et les conseillers municipaux dans les mairies. Aussi, le MINATD adressa-t-il une injonction à Kodock, suivant laquelle s'il ne parvenait pas à une entente avec un certain groupe pour former des listes consensuelles, l'UPC serait interdite sur toute l'étendue du territoire national. Après moult tractations, l'UPC finit par aller aux élections et à remporter la victoire dans le Nyong-et-Kéllé.

Répondant à l'appel du pouvoir, dans un contexte socio-politique marqué par l'imminence du verdict de la Cour internationale de justice de la Haye, dans le différend frontalier qui opposait le Cameroun au Nigeria à propos de la presqu'île de Bakassi, Kodock accepta de rentrer au gouvernement. C'était en août 2002, à la tête du Ministère de l'Agriculture.

Kodock avait précisé son choix en disant que le complot minutieusement organisé par les ennemis de l'UPC et dont l'objectif était de l'empêcher de participer aux élections, avait lamentablement échoué, et les initiateurs de cette machination croulaient dans la honte et dans la panique.

L'accord réalisé pour former des listes consensuelles avait été détourné par certains compatriotes pour noyauter l'UPC et déstabiliser sa position au sein des institutions. D'où la crise à la mairie d'Eséka provoquée par une poignée d'intrigants introduits dans les rangs de l'UPC pour la détruire. A la suite de ces évènements, le Parti historique était sorti comme une flèche dans la victoire et cet acte restait mémorable dans la mémoire du peuple camerounais.

C'est pourquoi, on avait constaté des rassemblements d'allégresse un peu partout dans le pays et particulièrement lors de l'installation du ministre d'Etat chargé de l'Agriculture à son poste.

La rentrée de l'UPC au gouvernement marquait un tournant décisif qu'il fallait comprendre et qu'il fallait interpréter à sa véritable signification. Renouer avec le patriotisme du peuple camerounais pour la construction d'un Cameroun uni et solidaire, semblait être le choix sans équivoque auquel on assistait alors.

En félicitant la magnanimité du chef de l'Etat dans un geste qui consacrait la clémence d'Auguste à la camerounaise, le Parti historique entendait assumer le rôle de défense sans réserve du Cameroun, devant les sordides machinations et les ambitions démesurées de quelques camerounais égarés.

L'UPC marchait la main dans la main avec tous ceux dont la seule ambition était de bâtir le Cameroun et de renforcer la nation camerounaise en action. L'UPC avait fait son choix. Rien de plus.

Après avoir boosté l'agriculture au moyen de sa politique en matière de développement des filières à travers les projets, Kodock allait continuer sa lourde tâche, à la Planification, à la suite du réaménagement du gouvernement de décembre 2004. En effet, le corps électoral fut convoqué à l'effet d'élire le président de la République en octobre 2004.

L'UPC avait approuvé la politique des « Grandes ambitions » définies par le chef de l'Etat. C'est pourquoi, à l'issue de multiples concertations au sommet, le Parti historique avait accepté de signer la « Déclaration commune additive à l'Alliance RDPC-UPC.

Dans cette perspective, l'UPC avait appuyé la candidature de Paul Biya et avait consenti beaucoup d'efforts dans la campagne en faveur de ce candidat.

Le résultat fut sans appel. Paul Biya avait été réélu à une écrasante majorité face à des candidats de l'opposition qui n'avaient pour seul programme politique que leurs ambitions personnelles.

Au demeurant, le président réélu avait confié au Secrétaire Général de l'UPC la lourde mission de conduire le Cameroun dans la voie du développement, en le nommant à la tête du MINPLAPDAT.

La Voix du Cameroun, N° 331, août 2007, pp.9-10.

QUATRIEME SECTION

De la justice et de la morale

XXX

Le problème de la justice dans *Le Procès* de Franz Kafka
ynthèse analytique

La conception idéologique ou philosophique de la réalité humaine contient la distinction voire l'opposition de l'existence et de la valeur. Cette opposition rend effective la nécessité de l'organisation de la socialité fondée sur des principes éthiques tels que : La justice et l'équité, gages d'une libération authentique de l'homme à l'égard de la servitude du besoin et de la volonté de puissance de l'ego. L'homme devient ici un être authentiquement libre. Il n'est plus cet être individuel, seul juge et législateur de son action, limité en cela uniquement par la puissance de l'autre.

La liberté conçue ici sur le plan pratique est couplée à la justice. Car celle-ci s'établit dans un certain ordre établi entre les individus composant la société. La justice s'enracine dans la personne individuelle, en ce que dans le conflit l'opposant originellement à son semblable, l'individu éprouve la douleur de l'existence au monde, la peur de la mort brutale par assassinat. Cette éventualité pousse donc l'individu à signer la paix lorsqu'il accède à la lucidité des valeurs telles que la justice, la vérité, le bien, etc. Le désir et la volonté de dominer se transforment alors en passion d'aimer le plus souvent.

La justice s'oppose donc au règne de tendances individualistes et égoïstes. Elle suppose l'égalité de droits entre les individus. Mais, elle n'implique pas du tout une uniformisation et un équilibrage des talents et des aptitudes individuels, puisque les hommes sont naturellement inégaux en ce qui concerne les capacités, les dons, les aptitudes, etc. En ce sens, le but de l'équité est de permettre à chacun de réaliser au mieux ses capacités dans la voie qu'il s'est lui-même donnée. L'égalité de droits consacre donc la liberté véritable de l'homme par une régulation et un accomplissement humain de la liberté originelle.

Ainsi, l'égalité recouvre la valeur d'une loi, en ce qu'elle interdit aux plus forts et aux privilégiés d'écraser les plus faibles. Autrement, on retomberait dans la caverne de la tyrannie des passions et des désirs.

A ce stade, la justice consiste positivement dans la loi. Elle consiste, pour l'individu, à se soumettre aux occurrences de la vérité et à ne s'occuper que de sa propre tâche. Ainsi, aucun individu dans ce type de société régie par la loi, ne peut légitimement prétendre détenir le monopole de la vérité pour pouvoir gouverner à sa guise le vouloir des autres.

Dès lors, au plan des principes de l'éthique et de la morale - c'est-à-dire du jugement de valeur appliqué à la distinction du bien et du mal et à la saisie idéelle de valeurs telles que : le vrai, le juste, le beau etc.-, la loi en même temps qu'elle norme les rapports interindividuels, assure aussi des conditions minimales d'existence décente aux individus. Il est donc contraire à la loi humaine qu'une poignée de gens regorge de superfluités tandis que la multitude affamée meure de faim.

Cette possibilité constante d'anéantissement de l'individu fait surgir cette double interrogation : la justice peut-elle se trouver un contenu réel dans les conduites humaines ? Ou, si l'on veut, la loi faite socialement par l'homme peut-elle sauver l'homme de la déchéance ?

Ce questionnement fait surgir le déchirement au cœur de la réalité humaine, provoqué par l'inquiétude d'une existence que l'homme est condamné à assumer. Il n'y a aucun repos pour l'homme engagé dans l'existence. Et, cela, *Le Procès* de Franz Kafka le démontre à profusion.

L'analyse a donc pour fonction d'expliciter la substance des rapports entre l'individu humain, conscient de sa destinée et cherchant toute sa vie durant à retrouver dans la sphère de la socialité le contenu d'une loi immuable régulant les conduites humaines, d'une part, et le domaine public des affaires humaines, d'autre part. Il est donc question de l'aventure existentielle de Joseph K., arrêté sans motif explicite, et qui passe toute sa vie de liberté provisoire à essayer de défendre une cause qu'il ne connaît pas, dans un monde dont le sens lui échappe, devant un Juge suprême qu'il n'atteint pas. Joseph K. meurt finalement comme un chien, égorgé par des bourreaux dans une carrière.

L'analyse montre que *Le Procès* n'est autre chose que l'histoire de l'ambigüité de la réalité humaine, encastrée dans le conflit tragique et perpétuellement renouvelé du perfectionnisme métaphysique et de la déchéance de la vie pratique. C'est, à n'en point douter, l'histoire de la lutte qui oppose dans l'individu humain la raison et les exigences de la vie pratique. C'est, bref, l'histoire du vacillement de la Raison face à l'envahissement du besoin biologique de conservation.

Et, faute de juge à même de légiférer dans leurs conduites, incapables de se représenter eux-mêmes leur propre dignité, les hommes versent dans la déchéance, la caverne de la servitude, de l'égoïsme, de l'impatience, de la fourberie, bref, de tous ces fléaux qui atteignent au cœur même de la vie, menaçant de l'arrêter. Cet échec est représenté par le sort infligé par la société corrompue à Joseph K.

De la procession existentielle de Joseph K.

Le terme procession s'entend au niveau de la succession d'expériences n'ayant entre elles aucun rapport d'implication logique. Mais, ces expériences, si distinctes soient-elles les unes des autres, n'empêchent pas pour autant de comprendre la profondeur de la déperdition de la conscience humaine. Il s'agit donc de reconstituer, réflexivement, les différents échecs de Joseph K. et leurs implications sur son sort. Echecs de l'illusion métaphysique de la transcendance d'un Juge suprême qui existerait sur terre et dont le jugement autonome et rationnel lui prouverait à lui, Joseph K., une innocence qu'on peut difficilement situer tout aussi bien que ce Juge lui-même.

Il convient de noter que l'analyse est thématique et insiste sur les symboles utilisés par Kafka pour matérialiser sa pensée.

Chapitre 1 : Mise sur pied des principaux éléments du procès dont : L'arrestation de Joseph K. ; l'intervention de sa logeuse Mme Grubach puis de Mlle Bürstner.

K. est arrêté le jour de son 30ème anniversaire. Cet âge symbolise une génération ou l'âge du discernement où l'individu est aux prises avec les différentes facettes de la vie et s'en fait un jugement d'homme adulte. Kafka rompt ici toute équivoque au niveau d'une éventuelle irresponsabilité de son héros. On ne saurait donc attribuer les comportements de Joseph K. à sa jeunesse. Car, il est déjà arrivé à maturité. Et, de plus, à cet âge, l'homme agit librement en distinguant soigneusement où se situent son intérêt vital et les risques auxquels son action l'expose.

Passé ce détail, nous retrouvons le citoyen honnête, Joseph K., fondé de pouvoir dans une banque, et qui s'indigne du fait que son intimité soit brisée par l'irruption de deux inspecteurs de police qui lui notifient son arrestation, sans pour autant lui indiquer ni l'autorité ni le motif à l'origine de cette arrestation. K. réagit négativement en s'en remettant à la lucidité de la logique et du respect des lois dans une société où règne la paix.

C'est ainsi qu'il s'en prend violemment à ces inspecteurs qui tentent vainement de lui faire comprendre que c'est le délit qui donne réalité à la loi. Point n'est donc besoin de les maltraiter, car, ils ne font qu'accomplir leur devoir. K. aimerait bien connaître cette loi qui ordonne l'arrestation d'un innocent. De plus, il lui est demandé de mettre un costume noir, celui des grands jours.

Lors de l'interrogatoire, K., imbu de l'idée qu'il est dans son droit, s'offusque de la présence de tierces personnes, dont trois employés de sa banque, et, plus loin, d'un groupuscule de curieux, des gens à la mine patibulaire, mal rasés et sales.

K. se sent donc victime d'une mauvaise plaisanterie et veut sceller la paix des braves lorsque le brigadier fait un geste insidieux : il rassemble les objets se trouvant sur la table ; bougie, allumettes, livre et boîte à ouvrage. La bougie, il la place au centre des autres objets rassemblés en cercle. Ce geste n'a pour signification que l'absence de simplicité dans le cas de Joseph K. Ainsi, l'étau s'est déjà noué autour de K. D'où la tentative de se persuader de son innocence par une explication avec Mme Grubach et Mlle Bürstner.

Le rôle de la femme s'annonce déjà déterminant pour la suite du procès, en ce que K. veut obstinément que celles-ci - Mme Grubach et Mlle Bürstner - le rassurent. Or, leur hésitation devrait lui montrer qu'elles ne peuvent en réalité l'aider dans son procès.

Ainsi, les principaux versants du procès sont mis en place : accusation, contre-accusation de K., intervention de femmes, sans oublier l'indécence des conditions dans lesquelles K. est interrogé, ainsi que le manque d'attrait esthétique des agents de la justice, tout aussi bien que l'enfance corrompue à travers le garçon à la pipe posté à l'entrée du domicile de K. Et, enfin, ces regards curieux jetés sur lui, comme si K. était déjà un damné.

La première réaction de K. sera celle d'un incompris qui tente de restituer une certaine compréhension de la dignité du citoyen à ses interlocuteurs, qui ne sont autres que des agents du système en place.

Chapitre 2 : K. tente vainement d'entrer une nouvelle fois en contact avec Mlle Bürstner. Celle-ci évite de le rencontrer et se fait représenter par Mlle Montag, son amie.

Mlle Montag essaie de justifier auprès de K. l'indisponibilité de son amie Mlle Bürstner. K. refuse de comprendre et insiste pour la rencontrer. En vain. Mlle Montag essaie aussi vainement de lui faire comprendre que Mlle Bürstner ne peut lui être d'aucun secours dans son procès.

K. s'attache de plus en plus à la gent féminine pour se prouver son innocence. Serait-ce là le meilleur procédé pour se tirer d'affaire ? Nous le saurons plus loin.

Chapitre 3 : Premier interrogatoire.
Lieu choisi : Un faubourg.
Jour arrêté : Le Dimanche.

K. doit se présenter aux bureaux de la justice, perdus dans un faubourg populeux, grouillant et sale. L'habitat y est indécent. La promiscuité y règne. Le jour choisi - dimanche - dénote déjà la complexité de la tâche qui attend K. C'est aussi un signe qu'il n'y a pas de repos pour l'homme engagé dans un procès existentiel.

K. doit effectuer plusieurs fouilles pour retrouver le lieudit de l'interrogatoire. Une salle bondée de gens vêtus, pour la plupart, de noir. Une salle qui tient aussi lieu de maison d'habitation et est caractérisée aussi par une élévation intempestive de fumée. Elle est plongée dans l'obscurité. Tout ceci montre qu'il n'y a pas de sérieux dans les méthodes de la justice.

A l'ouverture de l'interrogatoire, K. commence par récuser sa qualification de peintre en bâtiment. Voilà un accusé dont on ne connaît pas la profession. Il y aurait, selon K., erreur sur la personne. Cette situation amène K. à s'en prendre violemment aux fonctionnaires de la justice, qu'il qualifie de corrompus, de vénaux, de stupides. Il va même arracher, pour l'exhiber comme un torchon, le registre du juge d'instruction. Ce qui signifie qu'il ne saurait traiter avec cette justice des bas-fonds, une justice puérile et pourrie. Ceci est d'autant plus vrai qu'une scène d'érotisme vient troubler le discours de K. Celui-ci décide, derechef, de retrouver les vrais juges et la vraie Justice.

Chapitre 4 : Dans la salle vide - L'étudiant - Les greffes.

K. se rend une nouvelle fois au lieudit de l'interrogatoire. Il s'agit d'une maison d'habitation où loge un huissier, dont la femme est un objet de satisfaction biologique pour les grands fonctionnaires de la justice.

D'ailleurs, c'est cette femme qui a troublé son discours lors du premier interrogatoire. Elle explique qu'elle est obligée de se prostituer pour sauver le statut de son mari. La situation est d'autant plus grave que même l'avocat stagiaire la possède.

K. vole de découverte en découverte. Il s'aperçoit que ce qui aurait dû être les codes de la justice, n'est, en réalité, qu'une texture de bouquins obscènes. Il décide d'aller visiter les archives judiciaires plongées dans un grenier. K. y rencontre des accusés en attente d'être reçus. Ce qui témoigne de la lenteur dans les procédures. K. est victime d'un malaise. Ce qui dénote son inadaptation à cet univers de la justice à l'atmosphère suffocante et malsaine.

Ainsi, le premier combat de K. avec les bureaux de la justice s'avère catastrophique. Ce qui contribue à augmenter son courroux à l'égard de cette justice. Or, il n'entend pas baisser les bras devant une justice sans valeurs et sans codes. K. ne peut de par sa pensée sur la vraie Justice se soumettre à la corruption d'une justice dépourvue de dignité.

Chapitre 5 : Le bourreau.

Dans un cabinet de débarras au sein de la banque, les deux inspecteurs responsables de son arrestation sont bastonnés, sous prétexte que K. se serait plaint chez le juge d'instruction du fait qu'il a été maltraité. Cette situation montre que l'entourage de K. feint de le prendre très au sérieux. Il tente donc de libérer les deux victimes. Mais, le bourreau refuse le pot-de-vin à lui offert par K.

Ceci aurait eu pour effet si le bourreau avait accepté d'être soudoyé, de mettre fin aux grands principes auxquels K. s'accroche et le procès prendrait une autre signification. Ou alors on aboutirait à la banalisation du cas de Joseph K. Mais, K., à cause de ce refus, décide de continuer son combat et de le mener jusqu'à son terme.

Chapitre 6 : L'oncle - Leni.

K. reçoit la visite de son oncle qui s'inquiète de sa situation. L'oncle s'indigne de la légèreté avec laquelle K. s'occupe de son procès. Zélé et impatient, il décide de conduire son neveu chez un avocat, maître Huld, l'avocat des causes perdus et des pauvres.

Maître Huld est gravement malade. Son habitat est lugubre.

K. y rencontre Leni, infirmière de l'avocat à laquelle il s'attache, négligeant la discussion que son oncle alimente avec l'avocat et un haut fonctionnaire de la justice. Leni lui fait remarquer son entêtement et son impertinence à l'égard de la justice. K. décline l'aide de Leni.

K. subit par la suite les remontrances de son oncle qui lui reproche sa désinvolture envers le haut fonctionnaire.

K. complique un peu plus son procès, sans peut-être s'en rendre compte. Il se confie aux femmes, mais, refuse leur aide. Quant aux hommes, il les méprise à la limite.

Chapitre 7 : L'avocat, l'industriel et le peintre.

Moment décisif pour le procès de K.

Il se fait expliquer la procédure de requête au tribunal par maître Huld, ainsi que l'organisation interne de la justice.

L'acte d'accusation n'est jamais révélé à l'avocat et à son client. On ne sait donc à qui adresser la requête pour la défense de l'accusé. De plus, les débats ne sont pas publics. Ce qui compte, ce n'est pas le droit du citoyen, mais ses relations personnelles.

La justice est stratifiée. Chaque niveau étant absolument soumis sans droit de regard, au niveau qui lui est supérieur. Il n'y a donc aucune cohésion dans l'action judiciaire. La seule attitude raisonnable consiste, selon maître Huld, à s'accommoder de la situation au lieu de vouloir améliorer la justice. Car, l'organisation sociale survit toujours à l'individu.

Ainsi, K. va commencer à être absorbé par la complexité de son procès au point de négliger son travail. Un industriel, client de la banque, constate l'ennui qui se dessine sur le visage de K. et lui déclare : « Tout le monde a sa croix à porter ». L'industriel lui conseille les offices d'un peintre misérable : Titorelli.

Rendu chez le peintre, K. découvre que ce monsieur vit dans des conditions misérables, où il y a trop de bruit. Il y rencontre des fillettes aux mœurs dépravées, des enfants précoces.

Le fait qu'elles appartiennent, selon Titorelli, à la justice achève de montrer comment cette justice est omniprésente et ravageuse.

De plus, même l'art fait partie de la justice. Classiquement, l'art est une tentative pour retarder les horreurs du présent par un détachement imaginaire dans le monde de la transcendance. Or, Titorelli représente le peintre encastré dans la réalité avec tout ce qu'elle comporte d'inhumain. K. s'en rendra compte par l'exploration de certains tableaux pleins de symboles.

Le premier tableau représente un juge assis sur un trône à l'air menaçant, sur le point de se lever. A côté de lui, l'allégorie de la Justice symbolisée par un personnage ayant un bandeau autour des yeux. Une balance ayant des ailes aux talons et qui court.

Pour le peintre, le tableau représente à la fois la Justice et la Victoire. Or K. s'explique mal cette liaison. Car, le personnage aux yeux bandés c'est la Justice dans son immutabilité, dans son universalité et qui, à ce titre, ne saurait être le monopole d'individus singuliers. C'est pourquoi, la balance, symbole de l'équité dans la Justice, a des talons. Ce qui veut dire que la Justice échappe toujours, en tant qu'elle est une valeur suprême à l'usage de l'homme dans sa particularité et dans ses intérêts propres. Autrement dit, la Justice se refuse à intégrer un univers humain dominé par les passions les plus viles et la corruption la plus servile.

L'homme emploie donc toute son industrie à vouloir posséder cette Justice éternelle qui lui échappe, car, il n'a rien fait pour lui donner une réalité humaine effective. Dès lors, Justice et Victoire signifient l'impossibilité pour l'homme de trouver un moyen de posséder cette Justice qui, pourtant, n'est que son œuvre lorsqu'il s'appréhende lui-même comme un être raisonnable revêtu d'une dignité. En conséquence, la Justice dépasse la furie inconsidérée de l'homme. Et, si ce dernier ne sait qu'agir dans la servilité de penchants biologiques, la Justice lui échappera toujours.

Car, elle est transcendance et dépassement ou victoire de l'équité qui se situe hors du domaine de l'humain, entièrement transi par la veulerie et la servilité.

On comprend mal l'incrédulité de K., puisque le peintre fait l'effort de lui montrer que le juge dont la tête est ceinte d'une couronne n'est qu'un petit juge, et, dans ce cas, la Victoire prend l'aspect de la Déesse de la chasse - la chasse au Juge parfait à qui elle s'en remettrait dès lors qu'il serait l'image humaine de la Justice éternelle. Un tel Juge existe-t-il pour pouvoir rendre raison à l'innocence de Joseph K.?

Nous verrons plus loin la signification transcendantale des mots Justice et Victoire au niveau de la reconstruction d'un plan probablement divin. Pour l'instant, nous nous limitons au règne de la corruption dans la justice humaine. D'où la toute-puissance du petit juge non moins corrompu qui sonne le glas de la Justice immuable.

A ce moment de son discours, le peintre élucide la procédure judiciaire en vigueur à l'attention de K. ; s'il est effectivement innocent, alors il n'a pas besoin d'aide ; il peut s'en tirer tout seul. Le peintre lui présente sur son insistance les trois modes d'acquittement offerts à un prévenu :

1-Acquittement réel ; fondé exclusivement sur l'innocence de l'accusé. Mais, de mémoire d'homme, il n'a jamais existé que dans les légendes. Titorelli n'a donc jamais vu prononcer l'acquittement pur et simple d'un accusé, d'autant plus qu'il n'a jamais aperçu de grand juge habileté à le faire.

2-Acquittement apparent. Cela nécessite un effort violent et momentané de la part de l'accusé. Dans ce cas, il y a urgence d'un déploiement massif de méthodes matérielles et humaines de corruption. Ce, pendant que l'accusation demeure en suspens et peut resurgir à tout moment et tout faire recommencer.

3-L'atermoiement illimité exige un petit effort chronique. Ici, le procès ne sort jamais de sa première phase liée à la requête de la défense. Ainsi, l'accusé et son défenseur restent en permanence à la disposition de la justice.

K. se trouve à présent devant une solution alternative sans issue véritable. Ceci est d'autant plus vrai qu'il acquiert deux tableaux représentant deux grêles arbres, des herbes et le coucher du soleil. Il est donc analogiquement un être pantelant, au milieu d'un désert humain où règnent les ténèbres de l'avilissement et du néant. K. ne peut, à ce moment, se rendre compte du caractère sinistre des tableaux. Trop absorbé qu'il est d'assurer sa propre défense. Il croit toujours qu'il peut parvenir à prouver son innocence malgré les avertissements du peintre. La tragédie commence à se faire pressentir.

Chapitre 8 : Mr Block le négociant.

K décide de se défaire de son avocat. Rendu chez maître Huld, K. fait la connaissance de Block, un négociant instruit depuis 20 ans par les offices de l'avocat. Et, depuis cinq ans pour son procès. Block révèle à K. qu'en plus de maître Huld, il est assisté par cinq avocats marron. Pour son cas, il a déjà tout abandonné, biens et privilèges. Car, il se consacre désormais entièrement à son procès. A ce moment, K. s'aperçoit que son procès dure depuis six mois.

K. apprend qu'il existe de grands avocats, de petits avocats et d'avocats marron. Les grands avocats défendent qui ils veulent, indépendamment de l'importance ou de la face de l'accusé. Mais, ces grands avocats sont inaccessibles. C'est ce qui explique sans doute la soumission absolue de Block à la volonté de maître Huld dont il est pratiquement l'esclave. Situation inadmissible pour K. qui annonce, contre toute attente, sa défection à l'égard de l'avocat.

K. confirme sa décision lorsqu'il manifeste son mépris à l'égard de Block le soumis. Ce dernier réagit par une boutade :

« Il est meilleur pour un homme suspect de s'agiter que de se reposer. Car, celui qui se repose risque toujours, sans le savoir, de se trouver sur l'un des plateaux et d'être pesé dans la balance avec le poids de ses péchés ». Déclaration sentencieuse qui révoque en doute la prétention de K. à se croire supérieur aux autres, sous le prétexte d'une innocence illusoire qui ne peut aboutir qu'à une pétition de principe et à une certitude subjective. Car, le problème n'est pas de proclamer solennellement son innocence, mais, de se soumettre aux réalités de la société dans laquelle il vit. Il ne doit donc négliger aucune possibilité de retarder sa condamnation.

K. franchit le Rubicon par une sortie fracassante du domicile de l'avocat. Malgré l'inaccessibilité aussi bien des juges véritables et suprêmes que des grands avocats, K. est toujours décidé à les rencontrer, où qu'ils soient. Or, la réalité est tout autre. Il doit s'adjoindre la disponibilité et l'action des petits juges et des petits avocats, les seuls qu'il peut rencontrer. Là n'est pas le souci majeur de K.

Chapitre 9 : A la cathédrale.

K. doit conduire un client italien pour une visite à la cathédrale. Ce choix significatif réfère à l'intervention de la transcendance divine dont la copie est la religion révélée.

K. se sent harcelé, puisque son client ne s'est pas présenté. Il décide alors de pénétrer à l'intérieur de la cathédrale, où il aura un entretien capital avec un abbé, médiateur entre la réalité humaine et la transcendance divine. L'abbé lui révèle qu'il est la cause de son déplacement. Ainsi, après tous les échecs qu'ont rencontrés les explications de son entourage face à l'obstination de K., le prêtre essaie de faire intervenir la dimension du divin, pour élucider les concepts de cruauté et de corruption qui déchirent la réalité humaine.

D'emblée, l'abbé affirme que K. est tenu pour coupable. Et il lui reproche de toujours rechercher l'aide des autres, des femmes en particulier. Or, la femme représente la distraction et l'égarement pour l'homme. Tant qu'on s'y attache, on oublie facilement les réalités du combat de l'homme contre l'adversité.

Ce qui provoque la chute de l'âme dans l'illusion d'une satisfaction biologique terrestre. Par conséquent, il est inopérant de s'attacher à la femme pour mener un combat d'homme. La femme n'est que le symbole de la particularité, de l'égoïsme et de la corruption des mœurs.

K. accuse l'abbé de faire partie de la justice humaine corrompue. L'abbé s'en défend et décrie la méprise de K. au sujet de la Justice. Notons que K. fonde la preuve de son innocence sur l'existence, dans l'espèce humaine, d'un grand juge. Erreur que l'abbé explique par une allégorie de l'Ecriture : la sentinelle - la loi - l'homme de la campagne.

La sentinelle est postée à l'entrée de la loi. Vient un homme de la campagne qui lui demande la permission de pénétrer dans la loi. La sentinelle s'y oppose. L'homme insiste pour revenir plus tard tout en essayant de regarder à l'intérieur de la loi.

La sentinelle lui oppose sa force et en même temps souligne le fait qu'elle n'est que la dernière dans l'échelle de la puissance, car, chaque entrée de chaque salle des étages de la loi est protégée par des sentinelles trop puissantes. L'homme décide d'attendre. Il croit encore que la loi est accessible à tout le monde. L'attente dure des années au cours desquelles l'homme tente de soudoyer la sentinelle. Celle-ci accepte, mais, uniquement pour que l'homme n'accuse pas le hasard et l'oubli ou encore la fatalité d'une vie vouée tout entière à la damnation.

L'homme dispose lui-même d'éléments lui permettant de pénétrer dans la loi, mais, il attend toujours le signe d'une hypothétique faiblesse de la part de la sentinelle. Au crépuscule de sa vie, il s'aperçoit qu'il a effectivement oublié de poser cette question : Si tout le monde veut connaître la loi, comment se fait-il que depuis personne d'autre que lui n'ait demandé à y pénétrer ?

La sentinelle répond : personne d'autre que lui n'avait le droit d'y entrer.

K. s'indigne de ce que le gardien aurait trompé l'homme. Or, selon l'abbé, la sentinelle n'a fait que son devoir. Il ne lui revenait donc pas d'enseigner à l'homme la clarté de la loi, alors que lui-même n'en est que le gardien.

Il n'a, par conséquent, aucune qualité pour le faire. D'où ces deux moments forts notés par l'abbé dans l'allégorie. Au début, la sentinelle ne peut laisser l'homme entrer ; à la fin, l'entrée n'était faite que pour lui.

K. pense qu'il y a là une antinomie. Mais, en réalité, il n'en est rien, simplement parce que la sentinelle représente le hasard qui sépare l'homme de la transcendance et lui révèle la gratuité de son existence soumise à l'abstraction du désir et à l'insatisfaction permanente ou l'inquiétude existentielle d'une conscience qui ne sait pas retrouver, par un effort constant, sa dignité d'homme.

Retenons ces commandements de l'Ecriture : « Tu aimeras le seigneur ton Dieu, de toute ton âme, de toute ta force et de tout ton cœur ; tu aimeras ton prochain comme toi-même ». Or, ce plan divin de l'homme en rapport avec son Créateur et avec son monde n'existe plus. Kafka le démontre à travers le rôle joué par la femme dans l'égarement de l'homme dans *Le procès*. Même s'il ne fait pas expressément allusion à la sainte Ecriture, on le remarque aisément à travers la représentation de la loi et de l'incrédulité de l'homme dans *Le procès*.

Aussi longtemps qu'il proclame son orgueil, l'homme ne peut donc s'en prendre qu'à lui-même et à son obstination à vouloir toujours faire triompher un idéal humain manifestement impossible à réaliser. Au lieu de se tourner vers la Justice divine et éternelle, seule source de satisfaction et de paix pour l'homme. Nous débouchons là sur le destin humain ou la Providence opposé à la fatalité ou la Prédestination.

La voie tracée par l'homme lui-même, qui ouvre dans l'existence mondaine la voie à toutes les déperditions et les corruptions, ne peut aucunement être transformée par un Justicier humain soumis à la pression de la lutte pour la survie.

Car, dit l'abbé : « La Justice te prend quand tu viens et te laisse quand tu pars ». Le plan divin de l'univers ne peut donc être accompli que par un retour de l'homme sur lui-même et par un fécond repentir. Or, jusque-là, K. ne s'est pas encore décidé à remettre ses pieds sur terre et à comprendre la réalité dans laquelle il vit.

Chapitre 10 : Fin.

C'est la veille du 31e anniversaire de K.

K. reçoit la visite de deux messieurs. Ceux-ci l'accrochent et le traînent à travers les dédales d'une rue sombre. Ouverte un matin, c'est dans l'obscurité que s'achève l'aventure tragique de K.

K. s'indigne, en bon puriste, de la mine patibulaire de ses bourreaux. Etres vils et sales. K. aurait préféré des gens plus importants, vu son statut de noble citoyen.

K. essaie sans succès de résister à la poigne de ses bourreaux qui l'entraînent dans une carrière.

Au passage, K. aperçoit une femme ressemblant à Mlle Bürstner. Elle ne peut certainement rien faire pour le sauver. Pas plus que le sergent de ville qui a failli découvrir la mauvaise passe dans laquelle se trouve K. Mais, celui-ci, comme pris de honte, force le pas à ses bourreaux afin d'éviter la curiosité du sergent. Leur marche les mène hors de la ville.

Ainsi, K. quitte avec des remords cette société qu'il n'a jamais cherché à comprendre.

Au moment où il va être exécuté, il aperçoit un homme qui observe à partir d'une fenêtre. Ultime recours illusoire pour reconstruire un procès dont les maillons ont été mal articulés dès le début, de par l'imaginaire dans lequel vivait Joseph K. Il s'en suit donc que la logique a beau être raisonnable, elle ne résiste pas à un homme qui veut survivre.

K. est saisi par l'angoisse et la peur de la mort, car, malgré ses pérégrinations, il ne peut saisir la vie dans son entièreté. Avant l'homme, il y a d'abord l'individu aux prises avec son monde. Bref, avant de spéculer sur des valeurs éternelles, il faut d'abord appréhender la vénalité et la gratuité de l'existence humaine, en reconnaissant le nécessaire passage d'un pôle à un autre de l'existence ; du pôle de la faute au pôle de la Rédemption.

En guise de conclusion : *Le Procès* **ou l'expression de l'angoisse existentielle de Kafka.**

Le monde kafkaïen est totalement plongé dans les ténèbres obscures de la misère et de l'insécurité. C'est un cercle vicieux, sans porte ni fenêtre, sans issue possible pour l'homme. Le malheur de l'homme, c'est l'homme lui-même. La même faculté par laquelle l'homme affirme sa toute puissance, sa dignité d'homme, est celle-là même qu'il utilise pour se rendre esclave de ses propres productions. Ainsi, c'est à dessein que Kafka ne restreint pas le champ d'existence de son héros aux exigences privées de la vie de famille. Car, l'atmosphère sociale n'épargne nullement la famille.

C'est un homme seul, qui n'a pour unique arme que la seule logique, face à une société sans foi ni loi, une société dans laquelle le simple fait d'exister met l'homme en demeure d'assumer cette existence qu'il n'a ni voulue, ni souhaitée. Dans cette société, il n'y a pas de refuge possible pour l'homme. C'est sa société, en dehors d'elle il n'y a rien.

Il est donc impossible d'imaginer une société sans hommes tout comme il est impossible de se représenter des hommes en dehors de leur univers vital. Ce qui suppose, au niveau social, l'aménagement du cadre dans lequel l'homme est appelé à vivre, en sorte que ce milieu lui assure davantage de bien-être et de bonheur.

L'angoisse de Kafka n'est pas autre chose que le problème de la liberté et de l'équilibre dans la justice. Lorsqu'on représente la justice par le symbole de la balance, on a certainement en vue des valeurs telles que l'équité, l'égalité. Et ces valeurs impliquent pour l'homme la droiture et la justesse dans l'action, c'est-à-dire que l'homme doit agir de telle manière que les mobiles qui déterminent son action n'entament d'aucune façon la dignité et la vie humaine. L'action ici respecte les droits fondamentaux de l'homme, en vue de préserver l'harmonie et l'équilibre dans la société.

C'est uniquement dans cette mesure que la liberté peut avoir une réalité effective, consistant, dans ce cas, à accomplir ses devoirs envers autrui et la société, comme il le faut, sans défaillance ni propension morbide à l'individualisme.

Or, c'est justement à ce niveau que Kafka montre la difficulté inouïe pour l'homme à reconnaître à autrui son droit à la vie et à la dignité. Car, peut-on raisonnablement espérer appliquer la loi dans une société où règnent la misère, l'indécence, le manque d'argent, l'absence de conviction et l'abrutissement que provoque un travail mal rémunéré, la promiscuité et l'insalubrité des taudis ? Autant de fléaux qui étouffent la valeur humaine et empêchent les aptitudes de s'exprimer.

Dans ces conditions, l'esprit et l'intelligence sont privés d'ambition ; la conscience morale s'étiole ; le désespoir provoque le recours aux méthodes les plus abjectes telles que : La corruption, le trafic d'influence, etc.

La justice dans *Le Procès* est donc minée dans ses racines mêmes. Elle n'échappe pas à la pandémie qui frappe la société : La misère. C'est une société misérable qui n'a que les juges qu'elle mérite, des juges tout aussi misérables. L'égalité n'y est plus qu'une notion abstraite dépourvue de sens, puisqu'elle ne peut faire l'objet d'aucune vérification empirique. Dès lors, la justice s'exprimant dans la liberté et l'équité, se réduit à un octroi discrétionnaire ou à un don. Elle n'est plus une exigence catégorique fondant la grandeur de la personne humaine.

Autrement dit, l'issue d'un procès dépend moins de l'innocence ou de la culpabilité de l'individu, que des bonnes grâces qu'il obtient auprès des juges en charge d'instruire son procès.

Ces juges mettent au compte de leurs droits, l'exercice de leurs privilèges tout autant que leur perpétuation. L'arbitraire en vigueur dans cette société consacre la corruption de la justice et le recul de la liberté authentiquement humaine.

Pour K., une telle vénalité est insoutenable. Il faut donc faire quelque chose pour s'en détacher. C'est ici le lieu de noter la dimension de l'homme juste aux prises avec une société déchue. Il s'agit du conflit de la liberté et de la nécessité, de la raison et de la sensibilité, du droit et de la force, de l'existence et de l'essence, de l'immanence et de la transcendance. L'issue du conflit tient du sort qui est réservé à K. dans cette société.

Ainsi, au-delà du procès de Joseph K., Kafka ouvre celui de l'existence humaine. Le premier enseignement qu'il véhicule est celui de l'entente et de l'amour entre les hommes. Il interpelle ainsi la conscience humaine qu'il traduit devant son propre tribunal. Il veut l'amener à se rendre compte, par elle-même, de l'extrême perversité dans laquelle elle s'est fourvoyée.

Kafka nous révèle que l'entente et l'amour ne sont pas à inventer, ce sont des valeurs qui existent en fait dans les facultés et les aspirations de l'homme. Ces valeurs ne sont faites que pour les hommes. Elles sont immuables selon un schéma de l'immuabilité de l'univers dans lequel l'homme a été destiné à la vie en société. La symbiose originelle de l'homme et de son univers a été brisée par l'homme lui-même, et non par une force qui l'aurait agi ou qui aurait contraint son vouloir à la déchéance.

La loi est devant nous, mais nous lui attribuons toujours une réalité inhumaine, lorsque par notre égoïsme hérité de notre vouloir-vivre, nous sanctifions l'injustice et la perversion. Nous oublions par-là que la loi suprême qui doit réguler nos conduites n'est pas une donnée saisissable au même titre que la saisie d'un objet.

C'est par un effort conscient fondé sur la foi en la transcendance divine, que nous pouvons parvenir à la réconciliation avec la nature et avec le Juge Eternel.

Car, la recherche humaine de la vérité et de la justice ne va pas de soi, et, quand on s'y prend trop rationnellement, on finit par ne rien trouver. On verse dans une impatience improductive et insatisfaisante aussi bien que dans l'arbitraire de la volonté individuelle.

Kafka nous donne également une leçon d'effort et de patience. La dimension véritablement humaine de l'homme n'est pas une réalité en soi que l'on pourrait, pour ainsi dire, trouver en chaque homme. Nous existons d'abord dans un univers qui nous est étranger et que nous devons modeler de manière à en faire une forme hypostasiée de notre être dans le monde.

Notre vie est donc une libération perpétuelle, un effort soutenu pour accéder à la perfection et à la liberté véritable. Car, depuis la chute dans le monde de l'incurie, l'homme n'est plus libre, sa liberté est toujours en suspens dans le choix qu'il fait de lui-même. Il n'a le sentiment que sa liberté est réelle que lorsqu'il agit par lui-même et que le résultat de son action ratifie son choix.

L'homme est donc toujours en instance de liberté, en tant qu'il est exposé au risque permanent du non-être, de la mort. L'unique recours demeure, à titre de simple esquisse dans *Le Procès*, la reconnaissance de la Vérité éternelle et immuable et la foi en cette Vérité. En deçà, tout n'est que souffrance et tragédie pour l'homme dans son existence finie et incrédule.

Ce ne sont donc pas ceux qui meurent, mais ceux qui meurent avant qu'ils doivent et veuillent naturellement mourir, ceux qui sont poussés à la mort par l'angoisse d'une existence déchue et obséquieuse, qui établissent l'acte d'accusation capital contre l'humanité. Leur mort culpabilise à jamais l'humanité sans rédemption possible. Car, elle fait naître la tragédie d'une conscience humaine qui s'aperçoit tardivement que cette mort n'était pas nécessaire.

Et, dans *Le Procès*, la mort de Joseph K. est le signe d'une absence de liberté, d'une défaite pour l'humanité. Le désespoir fait ainsi penser que l'homme ne sait pas pourquoi il est né, il s'ennuie toute sa vie durant et il oublie de vivre.

Conférence donnée au collège privé Mongo Béti, Yaoundé, mai 1994.

XXXI

Le problème moral et la décadence du Cameroun

On ne le répétera jamais assez : Aucun peuple ne peut se développer s'il ne mobilise ses forces morales vers la réalisation d'une grande ambition : la construction d'une nation solidaire, démocratique et prospère. Aucun développement n'est possible dans un Etat sans l'éducation du citoyen à la prise de conscience de ses devoirs envers l'Etat. Or, en Afrique subsaharienne, en général, et, au Cameroun, en particulier, on observe la prédominance de l'immoralité entretenue par les réseaux mafieux organisés au niveau de la gestion des institutions héritées de la période coloniale. Chronique des mythes et des dérives d'un Etat en crise.

Signification des concepts

Deux concepts clés constituent la trame de notre analyse : la morale et l'Etat.

Le concept de morale peut être compris à partir des caractéristiques suivantes :

- Comme objectif ;

1- Ce qui concerne soit les mœurs, soit les règles de conduite admises à une époque ou dans une société déterminée.

2- Ce qui est louable, conforme aux bonnes mœurs, à la morale.

- Comme nom ;

1- L'ensemble des règles de conduite tenues pour inconditionnellement valables de façon absolue, pour tous les hommes.

2- L'ensemble des valeurs, des règles, des habitudes, des comportements moraux dans une société donnée.

3- La théorie raisonnée du bien et du mal, du devoir.

Le concept d'Etat signifie :

1- Au sens étymologique : *Stere*, se tenir debout, être fixe.

2- En un sens politique et avec une majuscule : Ensemble d'institutions politiques, juridiques, économiques, administratives, policières, militaires, organisées sous un gouvernement et un territoire indépendants.

Le gouvernement est l'ensemble des personnes auxquelles la société a délégué le pouvoir de diriger l'Etat.

Il convient ici d'évoquer, à toutes fins utiles, l'intéressante définition de l'Etat formulée par Max Weber en ces termes : « Il faut concevoir l'Etat comme une communauté humaine qui, dans les limites d'un territoire - la notion de territoire étant une de ses caractéristiques - revendique avec succès pour son propre compte le monopole de la violence physique légitime ». Qui plus est, poursuit Weber, « nous entendons par politique l'ensemble des efforts que l'on fait en vue de participer au pouvoir ou d'influencer la répartition du pouvoir, soit entre les Etats, soit entre les divers groupes à l'intérieur d'un même Etat » (*Le savant et le politique*, éditions 10/18, Paris, 1963, p.125).

En fait, trois facteurs fondamentaux déterminent la domination légitime revendiquée par l'Etat sur les citoyens, notamment :

1- L'autorité instituée par la tradition par référence au passé et sanctifiée par les coutumes, dont la valeur repose sur l'habitude enracinée en l'homme de les respecter. Telle est, par exemple, l'autorité traditionnelle exercée par les patriarches, les chefs, etc.

2- L'autorité fondée sur la valeur intrinsèque extraordinaire d'un individu (charisme), et qui se caractérise par le dévouement personnel des affidés à sa cause et par leur confiance indéfectible à sa seule personne, en tant qu'elle rassemble les qualités exemplaires qui font le chef. Tel est le pouvoir « charismatique» du prophète, du chef de guerre élu, du souverain plébiscité, du grand démagogue ou du chef d'un parti politique.

3- Il y a, enfin, l'autorité qui s'impose en vertu de l'institution d'un pouvoir « légal » et de la croyance en la validité d'un statut légal et d'une « compétence » objective, sous-tendue par les règles établies rationnellement et acceptées par tous.

Il en est ainsi du pouvoir qu'exerce le « serviteur de l'Etat » moderne et par tous ceux qui détiennent une parcelle du pouvoir qui s'y rapproche.

Au demeurant, la fonction cardinale dévolue à l'Etat par l'institution des « armistices sociaux » que sont les lois, c'est de tenir tous les citoyens en union et obéissance en vue de garantir la sécurité de l'ensemble et de préserver l'intérêt général. En ce sens, il existe un lien étroit entre l'éducation morale et la construction d'un juste équilibre entre les deux.

Ainsi, au moment où le Cameroun est engagé dans une dynamique irréversible vers le développement et le progrès, après l'atteinte du point d'achèvement de l'Initiative PPTE, la pensée politique devrait se mettre à la première place pour défendre ce nécessaire équilibre salutaire pour tous entre l'éducation morale du citoyen et la construction de l'Etat-nation aujourd'hui.

Seulement, à l'opposé des sociétés industrielles avancées, dans lesquelles le danger de voir rompre cet équilibre réside dans l'orientation destructive de la technologie, au Cameroun, ce sont les comportements irrationnels parce qu'étrangers à toute référence à la morale, qui compromettent la construction de l'Etat-nation à l'heure actuelle. Et, l'idéologie politique, qu'il faut entendre comme un rapport illusoire et mystificateur que des hommes entretiennent à l'égard de leurs conditions réelles d'existence, se révèle comme l'étai qui structure et solidifie le discours dans l'espace public national.

Ces illusions collectives se retrouvent dans la morale, le droit, la politique, la religion d'une époque et sont l'expression déguisée des intérêts de la classe dominante. L'une des fonctions de l'idéologie politique en ce sens serait donc de masquer les contradictions de classes de la société. A cet effet, quelques faits et événements significatifs illustrent à suffisance la réalité actuelle.

L'éclairage séculaire des Grecs

C'est à la tradition de la pensée politique grecque que nous devons les premières analyses les plus profondes concernant la nature et les causes de la décadence de l'Etat. Faut-il le rappeler, les penseurs grecs ont constamment eu comme souci la mise en forme théorique de la meilleure forme de gouvernement possible.

En revanche, par-delà les variations du temps qui ont accompagné la construction de l'Etat dans l'Histoire, les mêmes causes ont toujours produit les mêmes effets. Voici ce que dit Platon à propos des conséquences politico-morales et sécuritaires de la perversion et de la corruption d'un Etat :

« Comment donc, Glaucon, notre cité sera-t-elle ébranlée? Par où s'introduira, entre les auxiliaires et les chefs, la discorde qui dressera chacun de ces corps contre l'autre et contre lui-même? Veux-tu qu'à l'exemple d'Homère nous conjurions les Muses de nous dire comment la discorde survint pour la première fois ? Nous supposons que jouant et plaisantant, elles parlent, comme si leurs propos étaient sérieux, sur le ton relevé de la tragédie.

Comment?

A peu près ainsi : Il est difficile qu'un Etat comme le vôtre s'altère ; mais, comme tout ce qui naît est sujet à la corruption; ce système de gouvernement ne durera pas toujours, mais il se dissoudra, et voici comment.

Quand vos gardiens, ne connaissant pas le nombre géométrique tout entier qui commande aux bonnes et aux mauvaises naissances, uniront jeunes filles et jeunes gens à contretemps, les enfants qui naîtront de ces mariages ne seront favorisés, ni de la nature, ni de la fortune. Leurs prédécesseurs mettront les meilleurs d'entre eux à la tête de l'Etat ; mais, comme ils en sont indignés, à peine parvenus aux charges de leurs pères, ils commenceront de nous négliger, quoique gardiens, n'estimant pas comme il conviendrait d'abord la musique, ensuite la gymnastique. Ainsi vous aurez une génération nouvelle moins cultivée.

De là, sortiront des chefs peu propres à veiller sur l'Etat, et ne sachant discerner ni les races d'Hésiode, ni vos races d'or, d'argent, d'airain et de fer. Le fer venant donc à se mêler avec l'argent et l'airain avec l'or, il résultera de ces mélanges un défaut de convenance, de régularité et d'harmonie ; défaut qui, partout où il se rencontre, engendre toujours la guerre et la haine. Telle est l'origine qu'il faut assigner à la discorde, en quelque lieu qu'elle se déclare.

La division une fois formée, les deux races de fer et d'airain aspirent à s'enrichir et à acquérir des terres, des maisons, de l'or et de l'argent, tandis que les races d'or et d'argent, n'étant pas dépourvues, mais riches par nature, tendent à la vertu et au maintien de l'ancienne Constitution. Après bien des violences et des luttes, on convient de se partager et de s'apprivoiser les terres et les maisons; et ceux qui gardaient auparavant leurs citoyens comme des hommes libres, des amis et des nourriciers, les asservissent, les traitent en périèques et en serviteurs, et continuent à s'occuper eux-mêmes de la garde des autres.

Mais comment se fera le changement?

La crainte d'élever les sages aux magistratures, parce que ceux-ci ne seront plus simples et fermes, mais de naturel mêlé ; le penchant pour les caractères irascibles et moins compliqués, faits pour la guerre plutôt que pour la paix; l'estime dans laquelle on tiendra les ruses et les stratagèmes guerriers, l'habitude d'avoir toujours les armes à la main.

De tels hommes sont avides de richesses. Comme les citoyens des Etats oligarchiques, ils adoreront farouchement, dans l'ombre, l'or et l'argent, car ils auront des magasins et des trésors particuliers, où ils tiendront leurs richesses cachées, et aussi des habitations entourées de murs, véritables nids privés, dans lesquels ils dépenseront largement pour les femmes et pour qui bon leur semblera.

Ils seront avares de leur argent, parce qu'ils le vénèrent et ne le possèdent pas au grand jour, et, par ailleurs prodigues du bien d'autrui, pour satisfaire leurs passions. Ils cueilleront des plaisirs en secret, et, comme des enfants aux regards du père, ils se déroberont aux regards de la loi : conséquence d'une éducation fondée non sur la persuasion mais sur la contrainte, où l'on a négligé la véritable Muse, celle de la dialectique et fait plus grand cas de la gymnastique que de la musique ...

Il est en effet mêlé ; il n'y a en lui qu'un seul trait qui soit parfaitement distinct, et il tient à ce que l'élément irascible y domine: C'est l'ambition et l'amour des honneurs ... Quel est l'homme qui répond à ce gouvernement?

Il doit être plus présomptueux et plus étranger aux Muses ... Mais, nullement orateur. A l'égard des esclaves, un tel homme se montrera dur ... Il se montrera doux envers les hommes libres et fort soumis aux magistrats; jaloux de parvenir au commandement et aux honneurs, il y parviendra..., par ses travaux guerriers et ses talents militaires, et il sera passionné de gymnastique et de chasse...

Un tel homme pourra bien, pendant sa jeunesse, mépriser les richesses, mais, plus il avancera en âge, plus il les aimera, parce que sa nature le porte à l'avarice, et que sa vertu, privée de son meilleur gardien, n'est point pure. Quel est ce gardien? La Raison alliée à la musique ; elle seule, une fois établie dans une âme, y demeure toute la vie conservatrice de la vertu » (La République, 545b-549 a).

Platon évoque ici certains traits caractéristiques d'un Etat perverti. La question qui se dégage de cette évocation est celle de savoir si de tels traits sont datés ou encore actuels.

Examinons, pour nous en convaincre, les caractéristiques de notre Etat actuel.

Caractéristiques de l'Etat aujourd'hui

Notre Etat actuel fonctionne-t-il comme un Etat rationnel, c'est-à-dire moderne?

Originellement, l'Etat africain est un Etat colonial qui a évolué vers un Etat néocolonial indépendant. Dans le système colonial français, en effet l'indépendance est exclue. L'évolution des colonies va d'abord se faire à l'intérieur de l'Union française (1946), puis de la loi-cadre Deferre (1956), etc.
Le pôle capital dans la mainmise de l'impérialisme métropolitain va donc être la communauté de 1958 que propose De Gaulle aux Africains à Brazzaville, le 24 août 1958, et à l'intérieur de laquelle doit se faire l'évolution des colonies.

De Gaulle dit : « L'indépendance, quiconque la voudra pourra la prendre aussitôt... Et cela signifiera qu'il ne veut pas faire partie de la Communauté proposée et qu'il fait en quelque sorte sécession. Cela signifiera qu'il veut poursuivre son chemin lui-même, isolément, à ses risques et périls ».

Ce discours marque une date importante dans le processus de satellisation des Etats africains. C'est ce discours qui explique la situation de dépendance dans laquelle se trouvent ces Etats aujourd'hui. Brazzaville marque donc l'émergence des Etats néocoloniaux portant les stigmates de l'Etat colonial. Car, les indépendances sont des indépendances factices, artificielles, en tant que la métropole s'arrange à laisser à la tête de ces Etats des individus dociles, « des blancs de remplacement » (René Dumont).

Ce sont des gens qui passent de la minorité sociologique à la majorité sociologique, qui occupent des places ayant appartenu aux blancs, tout en continuant de perpétuer le système colonial. Ce sont de bons nègres garants de l'ordre néocolonial. Ainsi, les nègres ne remettent pas en cause les idées des Occidentaux témoignent d'un niveau élevé de civilisation. C'est ce qu'on appelle le colonialisme interne, qui aboutit à écarter de la gestion de l'Etat, les mauvais nègres, les nègres gênants. Cela se fait par la ruse, par la force, par l'isolement politico-économique.

En outre, au niveau des Africains eux-mêmes, il y a acceptation des schémas de la dépendance. Car, la plupart des pays africains aujourd'hui n'ont pas accédé à l'indépendance par un processus de violence. La personnalité du nègre n'a pas été reconnue par les Blancs. Le blanc a bien voulu dire au nègre qu'il était libre. Le nègre n'a donc pas compris sa liberté, on lui a octroyé une certaine liberté : « Historiquement, le nègre, plongé dans l'inessentialité de la servitude, a été libéré par le maître. Il n'a pas soutenu la lutte pour la liberté.

Le nègre est un esclave à qui on a permis d'adopter une attitude de maître. Le nègre est un esclave à qui on a permis d'adopter une attitude de maître. Le blanc est un maître qui a permis à ses esclaves de manger à sa table. Le blanc, en tant que maître, a dit au nègre : «désormais, tu es libre ». Mais, le nègre ignore le prix de la liberté, car, il ne s'est pas battu pour elle » (Frantz Fanon, *Peau noire Masques blancs*, Paris, éd. du Seuil, 1962, chap. 7.).

Ainsi, les Etats africains, bien qu'indépendants sur le plan formel, n'ont pas de dynamique politique interne. Cette dépendance politique se retrouve au niveau économique.

A ce niveau, la dépendance s'enracine également dans l'héritage colonial. Pendant la colonisation, et après, l'activité économique des pays africains est régie par le pacte colonial. Suivant les termes de ce pacte, les colonies constituent de simples débouchés pour les industries de la métropole. Tout ceci est encadré par un système bancaire monopolisé : « Par rapport à d'autres zones monétaires qui englobent également métropoles et dépendances, la zone franc présente une caractéristique particulière : une centralisation excessive.

Les pseudo-banques centrales africaines de la zone franc n'ont pas ce pouvoir (émission de la monnaie). En fait, l'ensemble de la zone constitue un seul marché monétaire et financier contrôlé par la seule Banque de France. A vrai dire, les Etats francophones dans ces conditions ne peuvent pas avoir de politique monétaire quelconque» (Samir Amin, *Impérialisme et sous-développement en Afrique*, Paris, éd. Anthropos, 1988.)

Donc, l'Etat africain moderne se caractérise par la vacuité idéologique. Cela emporte plusieurs conséquences au niveau du développement de la mentalité nègre :

1-La mentalité de la servitude

Elle comporte deux attributs : L'imitation servile des modèles importés et le comportement du refugié.

2 - L'archaïsme

Caractérisé par la faiblesse technologique, une propension au misonéisme (refus de la nouveauté). Ensuite, il y a l'immobilisme, qui fait de notre société une société anhistorique

Il y a également l'inertie mentale, qui se détermine par la loi du moindre effort, la grossièreté des mœurs, l'omniprésence du phénomène de la magie et du surnaturel.

3-L'arrivisme

Animé par l'idée selon laquelle « la fin justifie les moyens ». Donc, « tous les citoyens sont bons quand ils sont efficaces » (Sartre).

L'arriviste a recours au sexe, au matériel, au charlatanisme, à la délation, comme moyens de promotion et de réussite sociale.

4- Le tribalisme

C'est l'attitude qui consiste à rejeter les valeurs d'une tribu en tant qu'elles sont différentes des siennes propres. Cette attitude témoigne d'une impossibilité à admettre et à penser la relativité des valeurs culturelles.

Le tribalisme consiste moins à rejeter les autres tribus qu'à ériger sa propre tribu en valeur de référence à laquelle sont rapportées et comparées les autres tribus.

D'où l'exaltation frénétique des qualités naturelles de sa tribu fondées sur le sang et sur le sol. Poussé à l'extrême, le tribalisme engendre le génocide et la destruction de l'Etat.

Vers la construction de l'Etat-nation

Cette visée s'articule autour de la conception selon laquelle la construction de l'Etat-nation présuppose l'existence d'une entité ou d'un groupement d'individus situé sur un territoire défini, organisé autour d'un projet plus ou moins commun avec une histoire et des objectifs communs.

L'architecture de la société camerounaise d'aujourd'hui répond-elle à cette conception?

Toute proposition gardée, aucune tribu ne revendique ouvertement sa rupture d'avec l'Etat. Toutefois, le fonctionnement irrationnel de l'Etat nous amène à déclarer avec Durkheim :

« Tout ce qui peut avoir pour effet de diminuer l'efficacité de l'éducation morale, tout ce qui risque d'en rendre l'action plus incertaine, menace la moralité publique à sa source même » (*L'éducation morale*, Paris, éd. PUF, 1974, p.2. ». Bien plus, souligne Durkheim : « Quand les forces morales d'une société restent inemployées, quand elles ne s'engagent pas dans quelques œuvres à accomplir, elles dévient de leur sens moral, et s'emploient d'une manière morbide et nocive » (*Ibidem.*, p.11.).

Nous voulons faire comprendre à tous les Camerounais que face aux autres pays, c'est l'élite paysanne, intellectuelle, bref, c'est l'élite locale dans tous les domaines qui doit relever le défi du développement. Ne pas le comprendre et livrer à la destruction des hommes qu'on a formés pendant des dizaines années est une faute lourde de conséquences. Il s'agit là des tares qui ont amené les camerounais à détruire eux-mêmes ce qui représentait leurs instruments précieux dans la lutte pour l'existence.

Et c'est ainsi que la systématisation du sectarisme dans certains domaines, la montée de la méchanceté dans les rapports entre les cadres eux-mêmes et la vision sectaire et rétrograde de la société, ont empêché la mobilisation des compétences nationales.

Il faut repenser de fond en comble le système d'organisation de la société toute entière. Le problème central à l'heure actuelle est de déterminer quel est le degré de liberté des Camerounais et de demander s'ils veulent être des hommes libres.

L'avenir du Cameroun dépend de la qualité des hommes qui le gèrent. Cela impose un style de comportement conséquent, axé sur le principe de la révolution morale. Celle-ci implique une transmutation radicale des valeurs périmées sur lesquelles reposent l'Etat aujourd'hui ; des valeurs qui constituent des habitudes et des comportements adoptés par référence au passé colonial et qui bloquent la dynamique vers la modernisation du pays.

Il faut en finir avec la dépendance suicidaire dans laquelle les intérêts mafieux organisés veulent placer le Cameroun. Pour bâtir l'Etat-nation postcolonial, il faut une politique ouverte avec les moyens de cette politique. On ne peut pas éternellement conduire un peuple dans le brouillard, il faut l'aider à découvrir lui-même son chemin. Car, faut-il le souligner, la liberté réelle a la couleur du sang !

La Voix du Cameroun, N° 328, mars 2007, p.20.

XXXII

La problématique de l'éducation morale dans la société camerounaise d'aujourd'hui

Introduction

La compréhension de notre communication sur le thème de « La problématique de l'éducation morale dans la société camerounaise d'aujourd'hui» est centrée sur le développement des interrogations suivantes :

1-Qui nous donne le droit d'éduquer? ;

2-De quel droit intervenons-nous dans la vie présente et future d'un être humain? ;

3-Qui nous autorise à essayer de le former, à prendre en main la conduite de son développement?

De fait, tout homme d'âge adulte veut que celui qui vient de lui soit à sa ressemblance sinon qu'il soit plus que lui-même. En outre, la vie en société repose sur un certain nombre de valeurs reconnues et admises universellement par tous. Egalement, il existe dans la société un certain nombre de lois et de coutumes qui régissent la vie de ses membres, favorisent les relations interpersonnelles et contribuent au maintien de la paix sociale. Dès lors, il devient tout à fait indiqué que les aînés transmettent tout cet héritage aux cadets.

L'éducation favorise l'insertion de l'être humain dans la société. Par conséquent, être éducateur, c'est, d'une part, adopter une doctrine morale et sociale qui permette de guérir et de redresser ce que la morale et la société considèrent comme malsain. C'est, d'autre part, préserver et cultiver ce que la morale et la société jugent recommandable.

L'éducation est toujours une action sur un individu, en principe, d'un adulte sur un jeune. L'éducation est donc toujours formative. Dans sa pratique, il faut savoir ce que l'on veut, quel type d'homme l'on veut former. Ainsi, le pourquoi éduquer doit toujours primer sur le comment éduquer.

Et, ce pourquoi, eu égard à l'histoire de l'éducation, chaque société le formule à sa manière. Il semble qu'il y a autant d'éducations qu'il y a de conceptions de l'homme et du type d'homme à former.

Dans cette perspective, les Camerounais ont toujours péché par omission, c'est-à-dire que chaque fois que s'est posé le problème de bâtir une société camerounaise offrant des possibilités égales d'accès au bonheur à tous ses enfants, nous nous sommes toujours posé cette question :

Quel Cameroun voulons-nous pour nos enfants? Nous étions ainsi guidés exclusivement par le principe de l'éducation à la citoyenneté, dont l'élément angulaire n'était autre que la discipline du travail socialement nécessaire.

Tout s'est passé comme si on voulait construire l'Etat sans savoir quel type de citoyen serait membre de cet Etat?

Nous avons utilisé pour cela une méthode qui était, dès le départ, faussée dans son contenu. Aujourd'hui, nous voulons appliquer une méthode exactement contraire à celle qui a prévalu jusqu'alors. Au lieu de : Quel Cameroun voulons-nous pour nos enfants? Nous interrogeons : Quel type de citoyen voulons-nous pour le Cameroun?

Le problème de la construction d'un Etat moderne ne dépend pas de la quantité des richesses dont il dispose, mais, de la qualité des hommes chargés de les exploiter et de les allouer au corps social dans son ensemble. D'où l'importance de l'éducation morale dans ce processus d'édification.

En matière de morale, en effet, il faut retenir les éléments de définition suivants :

1-Ce qui concerne soit les mœurs, soit les règles de conduite admises à une époque ou dans une société déterminée.

2-Ce qui est louable, conforme aux bonnes mœurs, à la morale.

3-L'ensemble des règles de conduite tenues pour inconditionnellement valables, de façon absolue, pour les hommes.

4-L'ensemble des valeurs, des règles, des habitudes, des comportements moraux dans une société donnée.

5-Théorie raisonnée du bien et du mal, du devoir.

Notre communication, dans ses articulations essentielles, comprend :

- Le contexte socio-historique ;
- L'évaluation de l'éducation civique en vigueur ;
- La possibilité de l'éducation morale au Cameroun.

Contexte socio-historique

Il est marqué par l'effondrement massif des valeurs morales dans la société camerounaise d'aujourd'hui. S'agit-il d'un refus délibéré de la vocation de l'homme à la rationalité ou d'une fatalité?

Depuis 1991, l'UPC a eu le mérite d'attirer l'attention du peuple camerounais sur l'évolution fatale de notre société vers l'adoption et la généralisation des modes de pensée et de comportement obscurantistes et périmées. Aussi, au Comité directeur de Bonamoutongo, l'UPC avait-elle pris cette initiative historique: ne plus jamais être absente partout où de grandes décisions engageant l'avenir du Cameroun seraient prises.

En vue de collaborer à cette tâche, le Parti avait interpellé le pouvoir sur la nécessité d'instaurer l'enseignement de la morale dans les écoles primaires et la création d'une chaire de philosophie morale dans les Universités. Or, rien n'a été fait dans ce sens.

Lorsqu'on observe la société camerounaise d'aujourd'hui, on est frappé par le gouffre qui existe entre les principes qu'on devrait appliquer et la réalité des faits.

Voici les manifestations évidentes du phénomène de l'effondrement des valeurs morales dans la société camerounaise d'aujourd'hui:

1-Le refus de considérer l'homme comme une fin, appelé à un idéal de vie élevé.

Ceci se caractérise par :

-Le refus de cultiver l'esprit pour s'élever aux cimes de la pensée;

-Le refus de la culture gratuite, qui consiste dans le refus d'exercer une tâche non monnayée ;

-Le refus de se prendre en charge, d'être responsable, d'assumer ses actes ;

-Le manque de courage moral et intellectuel face à une situation où il faut prendre une décision ;

-La médiocrité de vie d'où est absente toute ambition d'accéder à un niveau de vie meilleur ;

-La recherche du clinquant qui fait qu'on considère le paraître par rapport à l'être de l'individu;

-Le culte de la facilité;

-La recherche effrénée du matériel qui occulte toute visée vers la transcendance ;

-La recherche constante du profit qui étouffe tout désintéressement dans le travail ;

2-La démission de l'individu du rôle de promoteur de la rationalité dans le monde.

Cela se manifeste par :

-Le refus de l'effort prolongé dans une tâche contraignante ;

-L'esprit de débrouillardise qui s'illustre par le travail bâclé ;

-Le manque de prévision ou de vision du futur ;

-La précipitation dans la dernière minute qui nous fait entreprendre quelque chose d'utile au dernier moment ;

-L'acceptation ou la recherche des situations toutes faites ;

-Le respect quasi sacré de la tradition ;

-La peur de se singulariser par des opinions positives élevées au-dessus des opinions vulgaires ;

-La propension assez vive pour l'indiscipline caractérisée par une recherche effrénée des passe-droits, des exceptions et des privilèges spéciaux.

3-La détérioration des relations privées interpersonnelles, dont voici les effets :

-La tendance à la chosification de la personne ;

-Le mépris à l'égard des autres que développent ceux qui occupent une position supérieure à celle des autres ;

-La tentative permanente d'intimidation des autres ;

-L'indifférence vis-à-vis des autres et de leurs problèmes ;

-L'agressivité gratuite qui se traduit par l'insulte spontanée et l'arrogance facile qui tient lieu de paravent pour masquer l'ignorance;

-L'exploitation sans scrupule des autres à des fins égoïstes ;

-Le non-respect de la parole donnée ;

-La révolte gratuite devant le devoir ou les évènements imposés par le cours normal des choses ;

-Le rejet de toute autorité que beaucoup d'entre nous considèrent comme une forme d'affirmation de soi, d'indépendance d'esprit ;

-L'esprit sectaire et tribaliste, notamment de la part de la frange dite éclairée, c'est-à-dire les élites ;

-L'esprit de suspicion chronique alimenté par la mauvaise foi ;

-Le galvaudage des sentiments aussi nobles que l'amitié et l'amour qui deviennent de plus en plus objet de marchandage.

4-L'institutionnalisation de l'affairisme, caractérisée par :

-Le refus de considérer l'homme comme une fin utile de l'activité déployée dans les relations professionnelles ou d'affaires ;

-Le penchant prononcé pour la corruption sous toutes ses formes;

-Le trafic d'influence, le clientélisme, le protectionnisme, le népotisme ;

-L'amour pathologique du faux dans l'activité publique ou privée;

-L'absence quasi-totale du sens de l'intérêt général ;

-Le manque de conscience professionnelle, le laxisme, l'absentéisme ;

-Le manque d'esprit d'initiative et l'hostilité à l'innovation.

5-L'irresponsabilité dans l'exercice des charges publiques, marquée par :

-Un arrivisme sauvage et agressif ;

-La destruction du mérite personnel ;

-Le cumul des fonctions ;

-Le recours aux magouilles pour figurer dans un texte de nomination ;

- L'abus de pouvoir ;
- Le culte de la personnalité ;
- Les manœuvres dilatoires pour retarder la prise des décisions d'intérêt collectif ;
- L'utilisation des fonds publics à des fins privées ;
- Le gaspillage des ressources et des moyens.

Evaluation de l'éducation à la citoyenneté en vigueur

La description des fléaux sociaux que nous venons d'effectuer et qui bloquent toute dynamique vers la modernisation du pays, participe de l'absence de vision prospective en matière d'éducation morale dans notre système éducatif actuel. Cette situation participe de l'hostilité maladive de notre société à l'égard de la fonction sociale du philosophe, maître par excellence de l'éducation morale dans toute association humaine civilisée.

Dans notre société d'aujourd'hui, le philosophe est mis sur la sellette. Ecoutons ce que dit cette société à propos du philosophe, et qui est rapporté par l'excellent théoricien de la violence légitime, Herbert Marcuse, que nous citons : « Vous cachez quelque chose. Que voulez-vous dire quand vous dites ... ? Vous parlez un langage qui est suspect. Vous ne parlez pas comme nous, comme l'homme de la rue, vous parlez comme un étranger qui n'a rien à faire ici. Il faut vous ramener à la dimension courante, il faut exposer vos artifices, il faut vous rendre plus simple. Nous vous apprendrons à dire ce que vous avez dans la tête, à « devenir clair », à « mettre les cartes sur table ».

Naturellement, il n'est pas question pour nous de faire pression sur vous, de limiter votre liberté de pensée et de parole; vous pouvez penser comme vous l'entendez. Mais, à partir du moment où vous pensez vous devez nous communiquer ce que vous pensez dans notre langage ou dans le vôtre. Bien entendu vous pouvez parler votre propre langage ; mais, on doit pouvoir le traduire et il sera traduit. Vous pouvez parler poésie, c'est très bien. Nous aimons la poésie. Mais, nous désirons comprendre votre poésie, et nous ne pouvons le faire que si nous sommes en mesure d'interpréter vos symboles, vos métaphores, vos images, dans les termes du langage ordinaire » (*L'homme unidimensionnel*, Paris, éd. de Minuit, 1968, pp.215-216.).

Puisque le philosophe parle un langage qui est inaccessible à l'homme ordinaire, on a confié aux nouveaux clercs de la pensée la tâche de formuler les éléments angulaires de l'éducation à la citoyenneté, laquelle se trouve bien éloignée de l'éducation morale. Examinons pour nous en convaincre les manuels y relatifs inscrits dans les programmes scolaires aux niveaux du primaire et du secondaire.

1- Au niveau du Primaire

Ici, un manuel a été édité par des étrangers et inscrit au programme. Il est intitulé : *Champions en éducation morale et civique.*

L'intention qui sous-tend sa production est la suivante : « Aider les élèves à acquérir des compétences, des attitudes, des aptitudes à la vie pratique devant favoriser leur épanouissement intellectuel, social et culturel dans le respect du milieu qui les entoure (scolaire, familial, national) ... Pour ce qui concerne plus particulièrement l'éducation morale, il appartiendra à l'enseignant de procéder à une évaluation individuelle du comportement de ses élèves ... Le présent manuel, sans se substituer au milieu familial, permettra à l'enseignant de dispenser une véritable éducation à la citoyenneté, seule capable de former les citoyens responsables de demain, aptes à faire des choix personnels dans le cadre d'une société démocratique» (Avant-propos).

Quant au contenu de ce manuel, et, pour ce qui concerne l'éducation morale, ses articulations sont les suivantes :

1-Le respect du règlement intérieur de l'école ;

2-Le respect des autres ;

3-L'application des règles d'hygiène corporelle ;

4-L'apprentissage de la lecture ;

5-L'application et la persévérance dans ce qu'on fait ;

6-Le respect de l'environnement ;

7-Le respect des lois ;

8-Le respect de l'égalité de tous en droits ;

9-Le droit de penser et de donner son opinion ;

10-L'acceptation de l'opinion des autres ;

11-L'appartenance aux groupes ;

12-Le devoir de solidarité envers les autres ;

13-L'esprit d'initiative ;

14-Le choix des loisirs ;

15-L'impératif de la prudence ;

16-Les droits et les libertés des enfants.

Pour le cas de l'éducation civique, on insiste sur :

1-Le rejet du favoritisme ;

2-L'administration de la ville ;

3-L'organisation administrative du Cameroun ;

4-Les symboles de la République ;

5-La défense civique ;

6-La démocratie.

2- Au niveau de secondaire

Le manuel inscrit au programme à ce niveau (classe de première) est intitulé: *Education civique*, avec comme sous-titre : *La vie sociale et politique au Cameroun et dans le monde*.

Ce manuel a été produit par des juristes et des littéraires camerounais. Ses principales articulations sont les suivantes :

1-Notions sur la conquête des libertés ;

2-Notions sur la démocratie et la pratique de la démocratie ;

3-Le citoyen ;

4-Les partis politiques ;

5-Les syndicats ;

6-Les systèmes électoraux dans le monde ;

7-La Constitution camerounaise ;

8-Les structures gouvernementales et l'organisation des rapports entre les pouvoirs dans l'Etat.

L'évaluation que nous faisons des manuels évoqués ci-dessus consistent en ceci qu'ils procèdent de la sociologie positive pour le cas du primaire et de la sociologie politique pour le cas du secondaire.

Pour le premier cas, l'éducation morale telle qu'elle est enseignée tire ses origines de la pensée du précurseur de la sociologie française, Emile Durkheim. Cet auteur a formulé les principes de base de l'éducation morale dans une orientation positiviste axée sur les points suivants :

1-L'esprit de discipline ;

2-L'attachement aux groupes sociaux ;

3-L'autonomie de la volonté.

Il s'agissait, pour lui, d'apprendre aux enfants à s'insérer dans la société en respectant l'ordre établi, en développant une sage résignation. En ce sens, cette éducation est guidée par la notion de statique sociale articulée autour de la notion d'ordre, de telle sorte que la société établie apparaisse comme une structure immuable dont le plus haut devoir de l'individu est d'en être membre.

L'on comprend pourquoi cette éducation positiviste est radicalement opposée à celle qui a été proposée par les philosophes rationalistes du siècle des Lumières (18e siècle). Par exemple, la notion d'autonomie de la volonté, campée chez Durkheim, n'a pas la même signification que celle que lui donne son auteur initial, en l'occurrence Emmanuel Kant.

Chez Kant, en effet la notion d'autonomie de la volonté se traduit en ces termes : « *sapere aude* !», c'est-à-dire : « Ose faire usage de ton jugement ». Cette expression présuppose qu'on apprenne aux hommes à s'affranchir par eux-mêmes de l'autorité des tyrans et des dieux de la terre, à devenir ce qu'ils sont, c'est-à-dire des hommes. Il s'agit donc d'éduquer l'homme à la prise de conscience de sa dignité et de sa liberté.

Or, l'éducation morale positiviste en vigueur, qui n'est autre que l'éducation à la citoyenneté, apprend aux hommes à faire des choix personnels dans une société concentrationnaire. Tout se passe comme s'il était question pour l'éducateur de faire croire à l'individu qu'il est libre même entre les mains de son bourreau.

La conséquence de cette pratique périmée est la suivante : La société se transforme en un asile d'aliénés où les individus ont assimilé les schèmes de l'esclavage en y incluant les maux politiques incurables.

C'est pourquoi, la culture de la liberté et du respect de soi et de l'autre, qui a jadis sous-tendu l'ascension combative des peuples à l'égard des tyrans et des dieux de la terre, n'est pas une valeur de notre société actuelle.

Tout au plus, lorsque nous examinons les secteurs clés de la vie sociale dans notre pays, nous voyons apparaître, dans les comportements individuels, les tendances aux revendications partisanes économistes et la généralisation de l'action trade-unioniste, c'est-à-dire de l'action de gens regroupés en syndicats isolés les uns des autres et qui ne sont préoccupés que par des revendications ponctuelles essentiellement ventriloques, du genre : paiement des droits de licenciement, paiement des arriérés de salaires, augmentation des salaires, etc.

Pourtant, aucune société ne peut se construire si elle n'est pas capable de répondre à la question du pourquoi de l'éducation. C'est ce pourquoi, dans son rapport à l'existence humaine, que nous avons en vue lorsque nous parlons d'éducation morale. Cela signifie que dans notre société, nous sommes confrontés chaque jour avec nos propres possibilités, nous sommes capables d'en prendre conscience et de vivre par-là sous la question du pourquoi de l'éducation morale dans notre société. Cela signifie aussi que dans notre société, il existe des possibilités pour améliorer la condition humaine et des voies et des moyens pour améliorer ces possibilités.

Tout dépend du type de citoyen que nous voulons former pour accomplir cette œuvre de construction d'une nation camerounaise solidaire, démocratique et prospère.

Possibilité de l'éducation morale dans la société camerounaise d'aujourd'hui

« La critique est aisée, l'art est difficile », dit-on souvent. Gardons-nous de développer l'esprit de critique improductif, qui diffère de l'esprit critique positif et innovateur.

Nous voulons des citoyens camerounais qui développent en eux-mêmes le pathos et de la distance et de la distinction, c'est-à-dire ce sentiment fondamental qui permet à l'homme civilisé d'établir la distinction entre ce qui est élevé et digne de respect, et, ce qui est vulgaire et populacier.

C'est ce type d'homme qu'on appelle le bâtisseur de l'Histoire.

Pour cela, point n'est besoin d'invoquer le secours de l'éducation morale dite occidentale, encore qu'aujourd'hui, elle est mise en péril par la civilisation de consommation de masse.

Pour nous, un recours à la pédagogie traditionnelle africaine nous permet d'établir la différence fondamentale qui existe aujourd'hui entre l'éducation morale et l'éducation à la citoyenneté.

L'éducation morale traditionnelle comportait les préceptes angulaires suivants:

1-L'homme dans sa dimension personnelle

Il devait réaliser une harmonie aussi parfaite que possible des qualités du cœur, de l'esprit, et d'un certain nombre d'atouts physiques, le tout porté au plus haut degré que permettait d'atteindre l'éducation traditionnelle bien administrée et assimilée.

1.1--Les qualités du cœur :

-La bonté, entendue comme disposition à toujours rechercher le bien;

-La noblesse de cœur qui fait rechercher une certaine élévation dans les sentiments, dans les entreprises, dans les motivations ;

-Le sens de la dignité de soi par lequel le sujet attache du prix à sa valeur personnelle ;

-La maîtrise de soi et le sens de la mesure qui permettent au sujet de garder une humeur égale en toute circonstance et de contenir ses impulsions, ses passions, ses appétits ;

-Le courage qui permet non seulement de se mesurer à un danger pour le vaincre, mais aussi de prendre ses responsabilités et de les assumer avec bonheur et honneur ;

-La bravoure, l'audace, la hardiesse, le dynamisme, l'endurance (confère les rites d'initiation) ;

-La patience et la persévérance par lesquelles le sujet apprend à se soumettre à l'épreuve du temps. Ce qui lui permet de mûrir sa personnalité, ses projets, ses désirs ;

- L'application et l'amour du travail par où l'individu apprend à se valoriser et à se dépasser dans un effort créateur, c'est-à-dire le sérieux, la minutie, l'esprit de dévouement ;

- La modestie et l'humilité par lesquelles l'individu s'efforce de toujours situer et apprécier à leur juste valeur ses qualités et mérites, ses défauts et ses insuffisances. Donc, le sens de la réserve, de la retenue, la simplicité et la pudeur.

1.2-Les qualités de l'esprit

-L'intelligence, faculté de réflexion et d'adaptation devant les des situations ;

-La mémoire, importante dans la tradition orale ;

-L'imagination, faculté de création et d'innovation ;

-La perspicacité, disposition de l'esprit permettant de saisir la réalité ou un de ses aspects à travers l'apparence ;

-La prévoyance, généralement associée à la prudence ;

-La finesse, l'habileté d'esprit, la volonté associée à la ténacité et à l'endurance ;

-Le sens de la responsabilité ;

-L'amour de la paix et de la liberté.

1.3-Les aptitudes et les habiletés physiques

-La force et l'habileté physique, procurées aux jeunes gens aussi bien par les travaux matériels que par les gammes variées d'exercices appropriés tels que : La lutte, les jeux de sagaie, la course, la danse et diverses autres pratiques spécialement mises au point dans les cérémonies d'initiation ;

-L'habileté manuelle, acquise par la pratique de certains travaux ou métiers spécialisés, et un enseignement systématique portant sur l'exercice de certains métiers et où le souci esthétique contribuait souvent à rehausser l'intérêt et la valeur purement utilitaire des produits fabriqués, par exemple : les écuelles, les ustensiles divers, les masques, les tabourets, les tam-tams, les tambours, etc.

2- L'homme dans sa dimension sociale

La société traditionnelle visait à réaliser l'individu, à assurer son épanouissement, dans une harmonie de la personnalité procurée essentiellement par une profonde assimilation des valeurs analysées plus haut.

2.1-Qualités requises de tout individu comme être social

- La générosité, entendue comme attitude de bienveillance à l'égard d'autrui, qui pousse à s'intéresser à ses problèmes, à lui prodiguer aide et conseils, sans en attendre une reconnaissance en retour. La vertu connexe c'est la bonté du cœur, manifestée essentiellement par l'hospitalité et l'entraide africaine ;

-La compassion, qui est une autre manifestation de la bonté et qui est alliée à la miséricorde et à la pitié ;

-La reconnaissance distincte de l'ingratitude ;

-Le sens de la justice qui implique la droiture, l'équité, l'honnêteté, la sincérité ;

-Le respect du bien d'autrui auquel les enfants sont sensibilisés de bonne heure à l'aide de châtiments exemplaires qu'ils subissent en cas de chapardage, de cleptomanie, de vol. Dans certaines sociétés, on allait jusqu'à couper la main du coupable et, dans d'autres, jusqu'à le vendre comme esclave ;

-Le respect des codes et interdits sociaux qui constitue l'un des objectifs fondamentaux de la pédagogie traditionnelle africaine et dont le respect constitue une condition indispensable du maintien de la sécurité et de la cohésion du groupe.

2.2-Valeurs attachées aux fonctions et catégories sociales

On attendait de l'enfant qu'il soit obéissant envers les autres, déférent et respectueux à l'égard des vieillards, serviable envers tout le monde, même les étrangers.

De l'inférieur ou du sujet, on attendait qu'il se montre à l'égard de son chef : empressé et docile, fidèle dans l'amitié qu'il témoigne à son chef, soucieux de sa sécurité, respectueux et toujours prêt à lui rendre les honneurs dus à son rang ou à sa condition.

Du chef ou du supérieur, l'on attendait qu'il soit : juste, équitable et impartial, généreux en dons, surtout en biens de valeur, magnanime et humain dans l'exercice de son autorité, reconnaissant pour les services rendus, prêt à défendre la vie, la sécurité, les biens de ses sujets ou de ses protégés contre leurs ennemis.

-Les sanctions infligées aux contrevenants : deux types de sanctions :

1-A but correctif ;

2-A but curatif.

Des sanctions à but correctif devaient être infligées aux enfants: privation de nourriture, mise à genoux au soleil sur des cailloux, bastonnade en public rythmée par des chansons ironiques, frictions des yeux avec du piment, etc.

Des sanctions à but curatif infligées aux adultes défaillants à l'égard du groupe et surtout à ceux dont le comportement compromet la survie du groupe : la soumission du coupable à un rite expiatoire ou à une confession publique de sa faute, l'isolement complet ou l'évitement systématique du coupable par le reste de la communauté, le bannissement du coupable en l'excluant du groupe provisoirement ou définitivement, la provocation d'une maladie ou d'une infirmité grave sur le coupable.

Comme on peut le constater, la pédagogie traditionnelle africaine est communautaire. Chacun se sentait concerné par l'éducation de l'enfant. Ensuite, cette éducation vise l'insertion totale de l'individu dans la société. Elle est en même temps polyvalente, puisque l'enfant est exercé à l'apprentissage de plusieurs métiers.

Elle est humaniste et vise la réalisation de l'homme à l'intérieur de lui-même et envers les autres. Elle est fondée sur la psychologie de l'enfant, puisque l'initiation suivait les phases en relation avec le développement psychomoteur de l'enfant.

Ainsi, que l'on nous comprenne bien, notre volonté de réhabiliter l'éducation morale au Cameroun à partir d'une réhabilitation de la pédagogie traditionnelle africaine ne vise nullement à remettre sur le tapis le stérile débat qui a cours actuellement dans notre société, entre tradition et modernité, comme si une société en mouvement pourrait se développer en ignorant les racines fondamentales de son histoire.

Bien mieux, nous voulons faire comprendre à tous nos compatriotes qu'il est urgent pour notre société, de poser aujourd'hui les jalons d'une authentique éducation morale au Cameroun comme condition de possibilité de l'avènement d'un citoyen camerounais de type nouveau, qui exercerait un contrôle effectif sur la production et la distribution de la richesse sociale.

De même, nous ne voulons pas réchauffer le mythe de l'homme sauvage et de la société traditionnelle, victimes du méchant civilisé, qui a jalonné l'histoire des conquêtes de l'Occident impérial, l'obligeant quelques fois à marquer un temps d'arrêt dans son entreprise de destruction de l'homme et de la culture africaine, pour invoquer la transcendance : voir le cas de la religion judéo-chrétienne.

En tout état de cause, la qualité de l'éducation va de pair avec l'existence humaine. L'éducation surgit parce que les relations interpersonnelles doivent être harmonisées, et les conditions de vie doivent être celles des hommes civilisés.

A l'heure actuelle, nous devons nous interroger sérieusement sur les conséquences du rejet des valeurs morales dans notre société camerounaise d'aujourd'hui.

Nous devons faire en sorte que les comportements se fondent sur la rationalité.

Conclusion

Le problème central de la situation du Cameroun à ce moment est de déterminer quel est le degré de liberté des Camerounais et de demander s'ils veulent être des hommes libres. Tout le problème de l'évolution démocratique dans notre pays se résume en un seul mot : L'accès à la liberté au profit du peuple camerounais et dans la mesure où les contraintes majeures imposées par la rigidité du système peuvent entraver l'accès à la liberté.

Il faut repenser de fond en comble le système d'éducation à la citoyenneté et d'organisation de la société tout entière. La bataille prochaine se situe au niveau de la formation morale de la jeunesse camerounaise. Tel doit et tel sera le nouveau cheval de bataille du Parti historique pour les prochaines années.

Communication à la session du Comité directeur de l'UPC, Yaoundé, 23 décembre 2007.

CINQUIEME SECTION

De l'intégration sous régionale

XXXIII

L'Afrique centrale face au défi de la mondialisation

L'humanité contemporaine s'est résolument engagée dans un processus de mondialisation secrété par la fin de l'antagonisme entre les systèmes capitaliste et communiste. Ce conflit mettait aux prises deux entités économico-politiques distinctes et évoluant parallèlement ou en opposition l'une par rapport à l'autre. De fait, l'économie capitaliste charrie un système de production axé sur la gestion rationnelle de l'entreprise privée. Quant au système communiste, il y est question d'une socialisation des moyens de production tout autant que d'une répartition équitable - à chacun selon ses besoins - des revenus issus de 1a vente de marchandises.

L'irruption des aspirations séculaires

L'humanité contemporaine s'est résolument engagée dans un processus de mondialisation secrété par la fin de l'antagonisme entre les systèmes capitaliste et communiste. Ce conflit mettait aux prises deux entités économico-politiques distinctes et évoluant parallèlement ou en opposition l'une par rapport à l'autre.

De fait, l'économie capitaliste charrie un système de production axé sur la gestion rationnelle de l'entreprise privée. Quant au système communiste, il y est question d'une socialisation des moyens de production tout autant que d'une répartition équitable - à chacun selon ses besoins - des revenus issus de 1a vente de marchandises.

En tant que tel, le phénomène de 1a mondialisation reste indubitablement tributaire, non seulement du vacillement de types d'organisation socio-politiques à configuration socialiste, mais, encore, de l'intrusion effrénée des nations de l'univers actuel au sein du système capitaliste. Ainsi, la réalité présente la structure d'un agencement de nations singulières conformément aux réalisations concrètes du capitalisme industriel, notamment : la science et la technologie.

La définition de grands ensembles économiques intercontinentaux - Amérique, Asie, Europe, etc. - traduit inexorablement l'assimilation du progrès à la rationalité technologique. Le dessein humain fondamental de se rendre « maître et possesseur de la nature » (Descartes) suscite une vision du monde technocratique générale. Celle-ci consiste essentiellement en une croyance aux possibilités illimitées du savoir scientifique aussi bien qu'en un assujettissement de l'existence humaine aux manipulations techniques.

C'est ainsi que, manipulés, encensés, réduits à la mendicité, les Africains sont devenus les instruments d'une exploitation et d'un asservissement inhumains. L'efficacité, la satisfaction inédite des besoins sociaux à travers la technologie, la conquête de plus en plus perfectionnée de la nature, englobent également une domination des nations industriellement avancées sur les nations plus faibles. En ce sens, la productivité et la destructivité, la richesse et la pauvreté, la satisfaction immédiate et l'agressivité, cohabitent « pacifiquement » dans l'indifférence quasi générale.

L'intégration sous régionale

Face à une telle situation, la sous-région d'Afrique Centrale n'a qu'une seule alternative : s'unir ou disparaître. Les démons de la division et de la guerre civile doivent céder sous la pression d'un élan vital engendré par le désir d'être ensemble, de se regrouper pour faire obstacle à l'expansion néocoloniale agressive. Il faudrait que la tragédie du génocide démentiel qui secoue actuellement la sous-région puisse être mise en échec par une solidarité à la fois économique et politique.

L'espoir reste permis. Car, de l'UDEAC (Union douanière et économique des Etats de l'Afrique Centrale) à la CEMAC (Communauté économique et monétaire de l'Afrique Centrale), l'ouverture à la possibilité d'un développement économique intégré est effective. C'est dans cette seule mesure que l'Afrique Centrale pourra, à un moment donné de l'histoire humaine, cesser d'exhiber à la face du monde des scènes d'horreur insupportables, caractéristiques d'une humanité qui a échoué dans le temps.

La Voix du Cameroun, N° 114, février-mars 1997, p.8.

XXXIV

Intégration économico-politique en Afrique Centrale : l'avenir du Cameroun en question

Le sommet annuel des chefs d'Etat de la Communauté économique et monétaire de l'Afrique Centrale (CEMAC), qui s'est tenu les 10 et 11 février derniers à Libreville au Gabon, s'est achevé sur une curieuse décision : la création d'une compagnie aérienne baptisée « Air CEMAC ». Tandis que les problèmes de fond relatifs à l'intégration sous régionale ont à peine été débattus par les chefs d'Etat. La Voix du Cameroun fait ici la chronique d'un sommet manqué qui a contribué à inhiber davantage la volonté du Cameroun d'impulser la mise en place rapide de la CEMAC.

L'intrusion néfaste du Nigéria

Le début de la décennie 90 est marqué par de forts soubresauts socio-politiques en Afrique et singulièrement dans la sous-région d'Afrique Centrale, à la faveur de ce que l'on a appelé « Vent d'Est ». Cette période coïncide avec la montée du capitalisme impérial - dont la forme achevée n'est pas autre chose que la mondialisation - caractérisé notamment par : la transformation de la concurrence libre en concurrence enrégimentée, dominée par les cartels nationaux, les trusts, l'amalgame entre le capital financier et industriel, entre l'Etat et les affaires et une politique économique expansionniste vers les régions non capitalistes et les régions capitalistes plus faibles (par exemple exploitation accrue des pays semi-coloniaux et dépendants).

Faut-il rappeler ici ce que tout observateur averti est capable de mettre en évidence, à savoir que dans cette crise de croissance du capitalisme impérial, le cartel pétrolier est le secteur financièrement et techniquement le plus avancé? ;

Que les pays qui possèdent des gisements pétrolifères découverts ou insuffisamment exploités représentent un intérêt stratégique pour ce cartel? En particulier les pays semi-coloniaux et dépendants du continent Africain?;

Que le point d'ancrage des intérêts et des institutions du capitalisme impérial qui déferle actuellement sur ce continent, c'est le Nigéria? Pourquoi nous émouvoir à propos du blocage constaté dans l'exécution du verdict de la Cour internationale de justice de la Haye portant rétablissement de la souveraineté du Cameroun sur la péninsule de Bakassi ?

Seuls les esprits naïfs peuvent encore être surpris aujourd'hui par les louvoiements de la diplomatie nigériane, qui allie malicieusement des gestes d'amabilité apparente et des attaques sournoises à l'égard des autorités camerounaises.

Le président nigérian Olesegun Obasanjo effectue personnellement un déplacement sur Yaoundé pour apaiser les inquiétudes de son homologue camerounais. Au cours du banquet organisé pour magnifier le rapprochement entre les deux pays, Obasanjo déclame un discours dithyrambique sur la solidarité et la fraternité entre les deux peuples et sur sa ferme volonté d'appliquer intégralement le verdict de la CIJ.

Or, aujourd'hui, le constat est simple : poussé par ses mentors, le Nigéria se cramponne sur la péninsule camerounaise de Bakassi avec comme objectif : l'exploitation des gisements pétrolifères découverts dans cette région. Cette situation est symptomatique parce qu'elle permet précisément de déceler la lame de fond qui est en train de freiner le processus d'intégration économico-politique en Afrique Centrale, autant que de bouleverser l'équilibre socio-politique dans la sous-région.

Il n'est pas certain que l'affaire Bakassi, qui engage l'avenir du Cameroun, puisse être solutionnée à court ou moyen terme, par la voie de la persuasion diplomatique. Il faut plus que cela pour faire plier le Nigéria.

L'intégration sous régionale air-sol

Depuis le début de la décennie 90 et ce, à la faveur des grands enjeux économiques et géostratégiques du moment, on a observé qu'une forte propension aux regroupements sous régionaux, régionaux et internationaux, a fait son lit à travers le monde. Les peuples les mieux organisés ont alors compris que ces regroupements constituaient les voies et moyens les plus assurés pour tempérer la furia du capitalisme impérial et pour limiter ses effets dévastateurs, abêtissants, inhumains.

Dans cette mouvance, la diplomatie camerounaise - qui n'est pas toujours absente lors des grandes rencontres internationales - a connu un regain d'activité. Qui plus est, le président de la République Paul Biya s'est personnellement investi dans les consultations nécessaires à la mise en place d'une institution économico-politique sous régionale en Afrique Centrale.

C'est ainsi que, en mars 1994, les six chefs d'Etat de l'ancienne Union douanière et économique de l'Afrique Centrale (UDEAC) ont signé un traité portant création d'une Communauté économique et monétaire en Afrique Centrale (CEMAC). Cet acte historique marquait une évolution remarquable dans la politique des Etats de la sous-région, car, jusqu'alors, l'UDEAC, qui fut créée en décembre 1964 pour les besoins de la cause, n'avait pas vraiment vécu.

La CEMAC fut donc créée. Elle avait pour objectifs : De parachever le processus d'intégration sous régionale, dans le cadre d'une Union économique et monétaire. Certaines institutions avaient également été créées, notamment : un Parlement commun et une Cour de justice commune. La CEMAC sortait ainsi des fonds baptismaux au moyen d'une dynamique semblable à celle qui a donné naissance à l'Union européenne.

Seulement, le dernier sommet de la Communauté à Libreville a débouché sur une supercherie : l'intégration air-sol à travers la création de «Air CEMAC», une compagnie aérienne sous régionale qui sera assistée techniquement par la Royal Air Maroc et dont les activités seront financées par les Etats membres et par la Banque africaine de développement (BAD).

A côté de ce projet aussi onéreux qu'inutile pour la sous-région, qui a beaucoup plus besoin de routes transnationales et de moyens de télécommunications, les chefs d'Etat ont également avancé l'idée d'organiser la première foire CEMAC à Libreville au cours de ce mois de février. Foire pendant laquelle un forum sera organisé sur la réalisation des projets retenus dans la sous-région sous les auspices du Nouveau partenariat pour le développement de l'Afrique (NEPAD), notamment : les routes transnationales, l'interconnexion des réseaux électriques, etc.

Seulement, depuis 1994, la mise en place de la CEMAC est restée à l'état de promesse. Quel est donc ce monstre qui freine l'intégration sous régionale en Afrique Centrale?

La réponse qui va droit au cœur de la question, nous l'avons donnée précédemment au sujet de l'affaire Bakassi : c'est la furia du capitalisme impérial, surtout de son cartel pétrolier.

Cinq des six pays qui composent la CEMAC sont des producteurs de l'or noir, notamment : le Cameroun, le Gabon, le Congo-Brazzaville, la Guinée Equatoriale et le Tchad. Seule la République Centrafricaine ne dispose pas de gisements pétrolifères connus à ce jour. Sao Tomé et Principe, admis comme observateur à la CEMAC, est sur le point d'intégrer le gotha des producteurs de pétrole, grâce à la récente découverte d'importants gisements pétrolifères dans sa région frontalière avec le Nigeria.

Déjà, Sao Tomé et Principe a signé des accords avec le Nigeria pour une exploitation conjointe de ce pétrole. Donc, comme on peut le constater, les pays de la CEMAC représentent un intérêt stratégique pour le cartel pétrolier, lequel ne se sent plus totalement en sécurité dans la région du Moyen-Orient terrorisée par les « fous d'Allah ». Dans ces conditions, l'équilibre sociopolitique constaté dans la sous-région jusqu'alors, marqué par le leadership pacifiste du Cameroun, est aujourd'hui profondément mis en question par l'ivresse de puissance ambiante sécrétée par les pétrodollars.

Les chefs d'Etat de la CEMAC qui, hier, sollicitaient constamment les sages conseils du président de la République du Cameroun, aussi bien que l'assistance matérielle, financière, militaire, technique, etc. du Cameroun pour relever leurs multiples défis socio-politico-économiques et culturels internes, sont ceux-là mêmes qui affirment aujourd'hui du bout des lèvres la nécessité pour eux de réaliser l'intégration sous régionale, tout en cachant mal leurs attitudes de défiance vis-à-vis du « grand frère ».

L'absence de mesures concrètes pour faciliter la circulation des personnes et des biens, les ambitions nationales soudainement exprimées, constituent à l'heure actuelle de sérieux obstacles à l'intégration économico-politique en Afrique Centrale. Cette situation place le Cameroun dans une position délicate, dans la mesure où il doit nécessairement s'appuyer sur les échanges avec les pays qui l'entourent pour assurer son développement.

En tout état de cause, les Camerounais doivent avoir parfaitement présent à l'esprit qu'aujourd'hui, ils existent et font leur vie dans un environnement semi hostile. Aussi, ils doivent rester vigilants et se serrer les coudes pour pouvoir parer à toute éventualité.

La Voix du Cameroun, N° 320, février-mars 2005, p.6.

SIXIEME SECTION

De la mondialisation

XXXV

Le rôle de l'Etat dans les pays en voie de développement

L'Etat désigne généralement le gouvernement d'un pays et l'ensemble des institutions par lesquelles il exerce son autorité. La problématique de l'Etat dans le pays en voie de développement reste posée aujourd'hui, dans la mesure où il est établi que l'actuel processus d'extension du libéralisme à l'échelle du monde - système caractérisé par le retrait de l'Etat du secteur productif - emporte de graves conséquences sur les capacités de développement de ces pays.

Car, ce processus, loin d'entraîner un accroissement des capacités de développement dans ces pays, dont l'impulsion proviendrait de l'activité de l'Etat, provoque au contraire une désarticulation du système étatique. Désarticulation qui sécrète à son tour une destruction du tissu économique. Ainsi prend place ce qu'il est convenu d'appeler le « développement du sous-développement » (A. G. Franck).

Néolibéralisme ou mondialisation : la fin de l'Etat-providence

Depuis 1985, Ronald Reagan aux Etats-Unis d'Amérique et Margaret Thatcher en Grande-Bretagne, ont développé la théorie du néolibéralisme, articulée autour de l'idée du retrait de l'Etat du secteur productif, et, par conséquent, sa limitation à ses fonctions régaliennes (santé, éducation, sécurité). Cette théorie, devenue le point d'ancrage du système de production et de distribution dans les pays libéraux avancés, investit le monde aujourd'hui sous la gangue de la mondialisation.

En fait, le libéralisme comporte deux sens : un sens politique, avec Montesquieu ou Rousseau. C'est une doctrine qui situe la volonté de l'individu à la source des relations sociales et qui tente de délimiter la souveraineté de l'Etat en garantissant l'indépendance des pouvoirs législatifs et judiciaires par rapport au pouvoir exécutif. Au sens économique, c'est une conception selon laquelle existeraient des lois économiques naturelles qui feraient régner l'équilibre entre la production et les besoins. Un ordre s'établit donc spontanément sans qu'il soit besoin d'établir une réglementation, pourvu que subsistent concurrence et liberté d'entreprendre. C'est la doctrine économique du « laissez faire » développée notamment par : Adam Smith, David Ricardo, Stuart Mill, etc., et vivement critiquée par Karl Marx.

Depuis 1985, donc, on assiste à une expansion draconienne de cette doctrine du « laissez-faire » suivant laquelle « le produit crée son propre débouché », à l'échelle du monde. Jusque-là, la théorie du « dirigisme étatique » ou du « libéralisme planifié » avait tempéré cette sorte de darwinisme (les plus forts mangent les plus faibles) dans les relations politico-économiques nationales et internationales. Et, cette tempérance elle-même provenait de la découverte faite par Malthus - repris en cela par Keynes - de la possibilité d'un décalage entre le flux circulaire des investissements et la consommation des ménages. Décalage ouvrant du même coup l'éventualité d'une crise générale de surproduction s'accompagnant de sous-emploi et de chômage généralisé.

Depuis la grande crise économique de 1929 aux Etats-Unis, le dirigisme étatique a dominé le système libéral. Dans ce contexte, l'Etat a joué un rôle capital dans la mise en place et le développement du tissu économique dans les pays en voie de développement, d'autant que c'est lui (l'Etat) qui devait favoriser la mobilisation du capital social nécessaire aux investissements productifs. Il est devenu agissant, comme régulateur extérieur, puis comme sujet de l'activité économique.

L'Etat corrigeait les déséquilibres économiques. Cela supposait la redistribution des revenus, l'atténuation des inégalités sociales, la réalisation d'une meilleure justice sociale. Pour cela, l'Etat imposait des sacrifices pécuniaires (pression fiscale) aux uns pour accroître le revenu monétaire des autres et le revenu réel de l'ensemble.

Donc, la politique financière de l'Etat s'intégrait dans une vision d'ensemble.

L'Etat exerçait des actions diverses dans le domaine de la production. Il produisait lui-même par l'intermédiaire de ses services publics, grâce aux importants investissements qu'il réalisait. Avec le jeu de la fiscalité, il orientait la production privée en favorisant telle branche d'activité par des détaxations ou des impositions légères, ou alors en pénalisant telle autre par de lourds impôts. Bref, par le jeu de la fiscalité et des investissements publics, l'Etat redistribuait d'importantes sommes, créant ainsi de nombreux revenus privés qui accroissaient la demande globale et qui contribuaient à soutenir la croissance des investissements productifs.

Or, aujourd'hui, l'Etat-providence, qui agissait de la sorte pour alléger la lutte humaine pour l'existence, a vraiment vécu. La déréglementation de l'économie, imposée par les bailleurs de fonds (FMI, Banque mondiale), lesquels sont en fait les instruments de la politique économique de nations libérales avancées, a provoqué un effondrement massif de l'Etat dans les pays en voie de développement. D'autant que ce diktat s'exerce dans une situation historique où le capital social nécessaire aux investissements productifs doit être cherchée en grande partie à l'extérieur : précisément dans le bloc de ces nations libérales avancées.

La mondialisation néolibérale ou néodarwiniste est donc un processus économico-technique unidimensionnel, dont les éléments constitutifs sont les suivants :

« -L'écroulement des expériences autarciques ;

-L'internationalisation des entreprises ;

-La diffusion mondiale des informations ;

-Les négociations globales et planétaires sur les problèmes engageant le devenir de l'humanité » (Pierre Moreau Defarges, *La mondialisation, vers la fin des frontières ?*, Paris, éd. Ifri/Dunod, 1996, p.69.).

Ce règne des multinationales n'a rien à voir avec l'avènement d'un monde de liberté économique et politique, équitable pour les Etats-nations. Au contraire s'affirme une dictature du marché qui réfère à un ordre spontané engendré par l'ajustement mutuel de nombreuses économies ouvertes par le biais de la dynamique de la concurrence et se structurant néanmoins spontanément au travers de leur ajustement mutuel.

Ce processus emporte une double conséquence : D'abord, l'Etat cesse d'exercer un contrôle efficace sur l'activité économique. Ensuite, les multinationales animées par le gain de façon unilatérale engloutissent les économies individuelles qui ne possèdent pas assez de puissance pour pouvoir résister à la concurrence. C'est cela qui explique l'état de sous-emploi, de misère généralisée, de paupérisation qui caractérise aujourd'hui l'existence humaine dans les pays en voie de développement.

Restaurer l'autorité de l'Etat

Dans les conditions actuelles de la crise de l'existence qui ébranle celle-ci jusque dans ses fondements dans les pays sous-développés, il apparaît urgent et même vital de rétablir le rôle central de l'Etat dans le fonctionnement de l'économie. Il s'agit donc de rejeter l'assujettissement de toutes les valeurs sociales à la seule dynamique constituante du marché. C'est seulement la réhabilitation de l'Etat qui peut permettre d'orienter le processus économico-technique vers la préservation de la nature et de la vie dans les pays en voie de développement.

C'est ici le lieu de rappeler, pour que cela soit bien compris par tous, que l'Occident chrétien s'est modernisé à un rythme sans précédent, par le simple fait qu'il a placé l'Etat au centre de l'activité économique.

Que l'on se rappelle l'essor du capitalisme impérial après la Deuxième Guerre mondiale. Essor caractérisé notamment par : la transformation de la concurrence libre en concurrence enrégimentée, dominée par les cartels nationaux, par les trusts ; l'amalgame entre le capital financier et industriel, entre l'Etat et les affaires et une politique économique expansionniste vers les zones non capitalistes et les zones capitalistes plus faibles.

Donc, à l'Etat néolibéral qui ne met pas en cause la légitimité de la domination des cartels et des multinationales, nous opposons l'Etat néo-providentiel. Un Etat fort et capable de faire échec à la tentation barbare des puissances de l'argent, en investissant lui-même le théâtre de la production économique. Ce but atteint, il pourrait faire de la justice sociale le but essentiel de son activité économique. C'est cet Etat dont nous avons besoin et non pas l'Etat meurtri par la libéralisation.

La Voix du Cameroun, N° 307, janvier 2003, p.9.

XXXVI

Cancun : fiasco pour l'OMC

La 5ème Conférence ministérielle de l'Organisation mondiale du commerce (OMC) qui s'est tenue du 10 au 15 septembre 2003 à Cancun, au Mexique, s'est achevée sur un constat d'échec, aggravé par le suicide de l'agriculteur sud-coréen Lee Kyang Hae. Celui-ci s'est donné la mort en signe de contestation contre la politique des subventions accordées par les pays riches à leur agriculture, et dont la finalité est d'imposer les conditions d'un commerce international inégal des produits agricoles.

Faute d'avoir obtenu des concessions de la part des pays riches - Etats-Unis d'Amérique et Union européenne notamment - au sujet de cet épineux problème des subventions agricoles, les pays du Tiers Monde - Amérique Latine, Afrique, Asie - se sont mobilisés pour bloquer la suite des travaux de la Conférence. Dans ces conditions, c'est la légitimité même de l'OMC qui est mise en question aujourd'hui.

Le commerce international inégal

En principe, l'OMC a pour fonction cardinale de réguler les échanges commerciaux internationaux au moyen de règles établies et librement acceptées par tous les Etats membres. Les règles elles-mêmes sont fondées sur la nécessité d'instaurer l'équité dans le commerce international.

Il existe un marché mondial où la loi de la valeur présuppose l'échange de deux marchandises ayant des valeurs d'usage différentes pour les parties prenantes, et contenant les mêmes quantités de travail. Autrement dit, à productivité égale, le temps de travail dépensé dans la production des deux marchandises échangées doit être rémunéré à un taux égal. Tel est le fondement de l'équité dans le processus de l'échange.

Seulement, il se pose un problème crucial de valeurs au niveau du commerce international, dans la mesure où les niveaux de productivité et de rémunération du travail sont inégaux, selon qu'on se situe au niveau des pays riches ou au niveau des pays pauvres. Cela signifie qu'à productivité égale, le salaire est plus élevé dans les pays riches que dans les pays pauvres.

Cette situation s'explique par le fait que les pays riches possèdent des capitaux nécessaires aux investissements productifs, alors que les pays pauvres sont obligés de chercher ces mêmes capitaux à l'extérieur, dans le bloc des pays riches. D'où l'existence d'un rapport domination-dépendance dans lequel le développement des pays riches s'accompagne du sous-développement des pays pauvres.

A Cancun, les pays pauvres ont réclamé l'application des promesses qui leur ont été faites par les riches à Doha, au Qatar, en 2001, et qui portaient sur la suppression ou tout au moins la réduction des subventions qu'ils accordent à leur agriculture. Car, ce sont précisément ces subventions qui créent l'inégalité dans l'échange international des produits agricoles. Pourquoi ces subventions? Il faut recourir à des causes historiques pour répondre à la question.

En fait, les pays riches ont accédé au prix de lourds efforts à une efficience, à une rationalité technologique sans précédent. Ils tirent essentiellement leurs capitaux des secteurs de production techniquement avancées - équipements lourds, appareils ménagers électriques, électroniques, véhicules, fusées, avions, etc. Ces secteurs stratégiques constituent la base de leur puissance, la source principale de l'accumulation des surprofits. On comprend pourquoi ces pays riches sont dans un rapport d'échange inégal avec les pays pauvres.

En réalité, les surprofits accumulés servent pour une part à soutenir leur agriculture, afin de la rendre plus compétitive sur le marché international. A productivité égale, l'agriculteur du Tiers Monde perçoit une rémunération au moins cinq fois inférieure à celle de son homologue d'un pays riche.

Dans ces conditions, l'agriculteur subventionné bénéficie des conditions de travail propices à un rendement élevé. Donc, il va atteindre un niveau de productivité que son homologue du Tiers Monde ne pourra jamais rattraper.

D'un autre côté, les pays riches subventionnent l'exportation de leurs produits agricoles. Ils leur accordent des facilités aux niveaux des tarifs, des transports, etc. Un luxe que les pays pauvres ne peuvent pas s'offrir. Le résultat de cette pratique est que les produits agricoles en provenance des pays riches inondent le marché mondial. Ils sont vendus à des prix nettement inférieurs à ceux pratiqués par les pays pauvres qui sont soumis à l'impératif de rentabilité de leurs investissements.

La légitimité de l'OMC en question

Les pays riches ont donc éludé la question de subventions agricoles. Ils ont préféré poursuivre les négociations avec les pays pauvres sur les quatre domaines abordés à la Conférence de l'OMC tenue à Singapour en 1996. D'où l'échec de la Conférence de Cancun. Les quatre domaines en question se présentent comme suit:

-Le rapport du commerce et de l'investissement ;

-La libre concurrence dans les échanges commerciaux ;

-La transparence dans la passation des marchés publics ;

-La levée des barrières non tarifaires.

Ces quatre domaines, qui revêtent une importance fondamentale pour les pays riches, ne sont autres que des mécanismes nouveaux déployés par ces pays pour mettre les économies des pays pauvres en coupes réglées en vue de les soumettre au diktat des multinationales. Car, la raison suffisante de cette tendance évidente des pays riches à l'élargissement de la sphère du commerce international doit nécessairement être trouvée dans le moteur du libéralisme : la recherche du profit.

Dans l'économie libérale, l'élargissement sans cesse croissant du marché provient de ce que la recherche du profit implique la libre concurrence, celle-ci à son tour oblige chaque firme à s'agrandir, à accumuler, à chercher de nouveaux débouchés pour ses produits. L'extension du marché est primordiale dans le système libéral comme source d'accumulation du profit. C'est cet objectif qui est recherché par les pays riches lorsqu'ils mettent en relief exclusivement les quatre domaines dits de Singapour.

La domination des multinationales qui menace d'absorber les firmes fragiles des pays pauvres porte donc en entier sur l'extension mondiale du système libéral. Dans ce contexte, les firmes géantes dispersent leurs activités à travers le monde, au moyen d'une gamme ultra variée de produits dont l'absorption rapide par le biais du marché laisse clairement apparaître l'ère de la consommation.

Or, les pays pauvres refusent les agréments fallacieux, le bien-être cruel d'un système de domination qui les confine au statut de simples producteurs de produits de base, l'initiative des investissements productifs restant entre les mains des pays riches.

La dynamique de ce système en procès montre que si les pays pauvres ouvrent totalement leurs économies aux capitaux étrangers, ils vont, à terme, assister impuissants à un reflux des profits en direction des pays riches. Dès lors, l'aide au développement deviendrait le palliatif qui permettrait de prolonger la domination économique.

Les conditions actuelles de l'échange inégal entre riches et pauvres qui ont provoqué l'échec des négociations de Cancun, sont les conditions mêmes de la dé-crédibilisation de l'OMC. Car, cette institution internationale semble ne pas être en mesure d'instaurer l'équité dans les échanges commerciaux internationaux. Elle semble œuvrer à priori pour la perpétuation de la dépendance économique des pauvres par rapport aux riches. Elle ne remet pas en cause la réalité de la domination ; elle la défend plutôt. Et l'horizon inégalitaire des échanges commerciaux s'ouvre sur un monde rationnellement inéquitable.

En résistant aux velléités d'invasion des multinationales à Cancun, les pays pauvres savent que c'est leur survie même qui est en jeu ; la survie d'êtres humains devenus les instruments des puissances de l'argent. Par leur résistance, ils ne font rien d'autre qu'affirmer leur droit fondamental à une existence authentiquement humaine. Telle est la vérité. Rien de plus.

La Voix du Cameroun, N° 313, janvier-février 2004, p.12.

XXXVII

Immigration en Europe : l'apartheid du visa Schengen

On avait sûrement pensé que le régime de ségrégation systématique des gens de couleur - l'Apartheid- avait été définitivement rangé dans les poubelles de l'Histoire, au lendemain de la révolutionnarisation de la politique sud-africaine au cours de la décennie 90. C'était naïf ! Car, après avoir minutieusement conduit l'Apartheid à l'autodestruction en Afrique du Sud, l'Europe de l'après-guerre froide a repris à son compte l'idéologie de ce régime, en vue de bloquer l'immigration des gens de couleur dans son espace. Chronique de l'apartheid du visa Schengen.

La ruse de l'Histoire

La civilisation européenne a représenté dans l'Histoire l'idéal de la félicité pour tous les peuples qui aspiraient au progrès et au bien-être. L'Europe a longtemps été au cœur de la modernité, en déployant ses valeurs et sa culture à l'échelle du monde. C'est ainsi qu'elle constituait la pierre angulaire de l'immigration en faveur des peuples de couleur en quête du savoir et du savoir-faire.

Cette période de grâce a vraiment vécu. A l'issue de la Guerre froide, de nouvelles perspectives historiques se sont ouvertes pour l'Europe. L'écroulement de l'empire soviétique et l'accession des satellites de cet empire à l'autodétermination avaient amené l'Europe à concentrer son attention sur ces satellites, qui semblaient offrir de meilleures chances à l'entreprise civilisationnelle en Europe.

Désormais, le visage de l'Europe s'est transformé. L'Europe ne pouvant plus s'identifier en tant qu'Europe des systèmes, de l'Ouest libéral et de l'Est communiste, opposés, mais, en tant qu'Europe des nationalités, l'élargissement de son espace est devenu pour elle un impératif. Du coup, l'attention jadis portée par l'Europe en faveur de l'immigration des peuples de couleur s'est déplacée vers les peuples de l'ancien Empire soviétique.

Soucieuse de simplifier les mécanismes de circulation des personnes et des biens à l'intérieur de son espace, justement nommé pour cela « Schengen », l'Europe a établi un visa spécial. Il s'agit d'un cachet authentique, valant autorisation de séjour, apposé sur le passeport par les services diplomatiques (ambassade, consulat) d'un pays quelconque dans lequel désire se rendre le demandeur.

Pour le cas du Schengen, ce cachet apposé par un seul pays est valable pour tous les pays appartenant à cet espace.

A première vue, il s'agit d'une véritable révolution dans les relations humaines en Europe. Seulement, l'analyse de la situation actuelle nous amène à dire que l'espace Schengen est un espace ouvert, non pas à l'immigration tout entière, mais à l'immigration européenne. Ainsi prend place la nouvelle forme historique de l'Apartheid.

La nouveauté de l'Apartheid ainsi advenu procède du fait que la politique de l'immigration sélective en vigueur est systématiquement favorisée par des politiciens et des fournisseurs de communications de masse, pourtant issus eux-mêmes de l'immigration. Leurs origines sont enracinées dans les pays de l'Est européen. Tel est particulièrement le cas de la France, qui ne cesse de proclamer ses liens historiques privilégiés avec l'Afrique, qui prétend être le porte-parole de l'Afrique au sein des institutions internationales, mais, qui, curieusement, s'acharne à expulser de son territoire le sous-prolétariat d'hommes et de femmes originaires de ce continent, et, également, à refuser tout visa aux nouveaux candidats à l'immigration.

L'objectif poursuivi par cette nouvelle politique est clair. Il s'agit de libérer l'espace du savoir et du savoir-faire occupé par les Africains, en vue de le concéder au sous-prolétariat d'hommes et de femmes originaires de l'Europe de l'Est. La main-d'œuvre superflue, que la période de crise, succédant à la période de croissance économique, a exclue de la société productive, à l'intérieur de l'ancien empire soviétique, s'exporte désormais et se vend à bon marché dans l'espace Schengen.

Dès lors, l'accroissement de la force de travail issue de l'Europe de l'Est et de l'Afrique crée une pression sur le développement des moyens de production. Une proportion de cette force de travail devient donc « surnuméraire ». Il faut la supprimer. On décide et on agit pour la supprimer.

Dans ce contexte, le procédé le plus avéré tient dans son caractère essentiellement biologique. Les politiciens immigrés jouissant d'une forte autonomie fonctionnelle occupent le devant de la scène et déploient les appareils répressifs de l'Etat pour protéger leurs frères immigrés blancs, et, pour expulser les parias de couleur que la nécessité et les vicissitudes de l'Histoire ont acculés dans les affres de la lutte pour l'existence.

Face à la résistance de ces parias, qui savent ou qui sentent que c'est leur survie qui est en jeu, la survie d'êtres humains qualifiés d'égaux en droit par les chartes universelles élaborées par la France à travers l'Histoire, mais, qui ont été ravalés au plus extrême abrutissement par les politiciens, les hommes d'affaires et les généraux, on a utilisé une méthode extrême.

On s'est appliqué à cramer la nuit les squats « illégalement » occupés, mais, jusque-là tolérés par les autorités, en vue de justifier les expulsions massives des squatters autant que leur renvoi à leur misère dans leurs pays d'origine.

Récemment, le ministre français de l'Intérieur - lui-même issu de l'immigration - annonçait allègrement que la liste des parias à expulser qu'il avait concoctée comportait déjà 25 000 noms. Aussi, demandait-il aux forces de l'ordre de se montrer déterminées dans la traque des parias, puisque, pour lui, le chiffre qu'il avait annoncé restait encore largement en deçà de la réalité.

Qui plus est, les traitements infligés par les forces de l'ordre aux parias à expulser sont dégradants, abêtissants, inhumains. Des êtres humains deviennent des jouets de comportements pathologiques particulièrement sadiques. Ils sont arrêtés, brutalisés, emprisonnés, enchaînés et expulsés. Ces pratiques nous rappellent les phases antérieures de l'Apartheid.

D'un autre côté, pour les nouveaux candidats à l'immigration, en particulier, ceux qui veulent aller poursuivre leurs études en France, les conditionnalités imposées par les autorités françaises sont dissuasives. On exige au préalable le versement des frais de scolarité. Ensuite, la justification d'un revenu d'au moins 450 euros par mois, etc.

Or, une fois ces conditionnalités remplies, le candidat est surpris de se trouver privé de visa d'entrée en France. Non contente d'expulser les parias, la France dénie maintenant aux Africains le droit d'aller étudier chez elle. Le savoir n'est plus universel; il se transmet désormais dans les conditions de l'apartheid. Aussi, les Blancs peuvent-ils continuer à s'éduquer pour progresser dans leurs facultés et dans leur esprit, tandis que les Africains doivent continuer à rester en arrière.

De même, la France dévalorise le passeport de service, en voyant dans la personne du fonctionnaire qui doit effectuer une mission dans ce pays, un potentiel déserteur visant à utiliser cette opportunité pour fuir la misère et le marasme qui sévissent dans son pays. Aussi, la France bloque-t-elle nos relations avec le reste du monde, en refusant le visa de transit à ceux qui doivent passer par la France pour se rendre dans les pays de leur destination.

En Europe et singulièrement en France, le visa est devenu une affaire d'Apartheid.

L'intérêt réel de l'Europe en Afrique

En agissant tel qu'elle le fait, l'Europe cherche à installer en Afrique les pré-conditions d'une explosion sociale. Au Cameroun, le comportement des Français est perçu comme une tentative de la France visant à déstabiliser le gouvernement camerounais face à son peuple. La France veut ainsi prouver que le gouvernement est incapable de contrôler et de gérer les flux migratoires de sa population.

Ce comportement est inacceptable, d'autant que l'histoire récente nous enseigne que la France exerce un contrôle accru dans les secteurs de la vie économique, financière et sociale, au Cameroun.

Au plan économique, sont concernés des secteurs tels que : la banane, le palmier à huile, l'aluminium, le chemin de fer, le transport aérien, etc.

Au plan financier, les principales banques opérant sur place sont françaises. De plus, c'est la Banque de France, la banque centrale française, qui détient encore les réserves de devises de toutes les anciennes colonies, alors que le franc français a disparu au profit de l'euro. Cela veut dire que ces réserves se sont transformées en euros pour financer la construction de la France au détriment des pays dépositaires.

Au plan social, les Français sont bien accueillis et bien logés au Cameroun. Ils y mènent une vie paisible, à l'abri du besoin. Ils y sont dans l'état de bien-être. Ils habitent les villas les plus cossues des quartiers résidentiels. Seulement, chez eux, les parias africains vivent dans la précarité ; ils font face à l'apartheid du logement ; ils vivent dans des squats insalubres où règne la promiscuité la plus totale ; ils sont les esclaves de la civilisation moderne.

La France doit son salut à l'Afrique. Pourtant, les Français emploient toute leur énergie à rendre la vie insupportable aux Africains vivant chez eux, et, à empêcher nos enfants d'aller étudier chez eux.

Face à cette situation susceptible de créer un fâcheux précédent dans les relations entre la France et l'Afrique, il faut que la France s'explique. Car, demain, quand l'Afrique va réagir, qu'elle ne soit pas qualifiée de xénophobe envers ceux gui nous exploitent et qui nous humilient. Ceux-ci doivent savoir que l'exploitation et l'humiliation constituent les vecteurs fondamentaux des révoltes, des révolutions et des crimes. Les parias expulsés et ceux qui sont sur le point de l'être, pourraient constituer à terme le vivier d'une déferlante de xénophobie qui forcerait les Français à emprunter l'avion même qui a débarqué ces parias, pour rentrer chez eux.

Dans l'ordre des faits et des événements d'aujourd'hui, toute société authentiquement civilisée doit pouvoir revendiquer une existence humaine pour tous ses membres, abstraction faite de leurs origines raciales, de leurs conceptions philosophiques, religieuses ou politiques. Telle est la signification de la notion de « civilisation de l'universel », à laquelle nous voulons participer.

La Voix du Cameroun, N° 323, novembre 2005, p.6.

XXXVIII

Fondements et pratique de l'inégalité dans le rapport ACP-Union européenne

Depuis sa sortie des fonds baptismaux, l'Union européenne - anciennement dénommée Communauté européenne - a toujours entretenu avec les pays ACP - Afrique, Caraïbes et Pacifique - un rapport de forces. Celui-ci procédait essentiellement de la situation historique de la colonisation, mais, il se poursuit aujourd'hui sous la gangue de la mondialisation. Analyse des mystifications et des délires de la société industrielle la plus avancée.

Fondements socio-historiques de la situation actuelle

A l'orée de la Deuxième Guerre mondiale, le national-socialisme hitlérien était parvenu à démystifier l'idéologie de l'Etat-nation bourgeois, axée sur la propriété privée des moyens de production. Le national-socialisme a donc attaqué et détruit, en partie, l'architecture de cet Etat-nation.

Fort heureusement, l'Etat-nation européen trouva en l'Amérique son alliée naturelle, en sorte qu'il put, grâce à la puissance militaire américaine, mettre hors d'état de nuire la nouvelle aristocratie de race et d'élite qui avait mobilisé les masses populaires en Europe, et mis la science et la technologie au service de desseins funestes.

Tout cela se passait à l'époque du règne du capitalisme impérial caractérisé notamment par la transformation de la concurrence libre en concurrence enrégimentée, dominée par les trusts, les cartels, l'amalgame entre le capital financier et industriel, entre l'Etat et les affaires, et, surtout, une politique expansionniste vers les zones non capitalistes ou capitalistes plus faibles ; par exemple, l'exploitation des pays coloniaux, semi-coloniaux et dépendants.

L'ébranlement de l'architecture interne de l'Etat-nation en Europe s'est accompagné par l'affaiblissement de sa politique coloniale. Ainsi, les peuples faibles et opprimés, et particulièrement les peuples de l'Afrique noire francophone, se soulevèrent et revendiquèrent leurs droits et leurs libertés foulés aux pieds dans la poussière de l'exploitation coloniale. Tandis que, de l'autre côté du système d'exploitation, du côté américain, un « plan Marshall » était mis en place pour aider à la reconstruction de l'Europe.

Forte des capitaux énormes en provenance des Etats-Unis d'Amérique, l'Europe put reconstruire, en un temps record, l'ensemble de son appareil de production et de distribution, autant que son secteur d'automation. D'où la disparition des sentiments de haine et de frustration qui avaient longtemps ébranlé l'Europe, et, par voie de conséquence, la mise en place d'une Communauté économique, qui devrait par la suite être complétée par une Communauté politique, pour, en fin de compte, prendre la forme de l'Union européenne.

Faut-il le rappeler, l'une des tendances évidentes du capitalisme, c'est sa concentration en de vastes ensembles amalgamés dans le marché mondial. C'est cela qu'on nomme habituellement, non sans arrière-pensée, « économie mondiale ». Dans ce contexte, face à l'émergence d'une Europe forte et intégrée, constituée en majorité d'anciennes puissances coloniales, les pays de l'Afrique noire francophone s'avéraient faibles, puisqu'ils étaient à prédominance agricole, et, la faiblesse de leur secteur industriel ne leur offrait pas de réelles perspectives pour un développement autonome dans leur région.

Les pays de l'Afrique noire francophone furent contraints par les circonstances de négocier des accords de coopération avec l'Union européenne, en vue de l'écoulement de leurs produits d'exportation - cacao, coton, banane, etc. - sur le marché européen. Cette situation s'expliquait par le fait qu'à productivité égale, la rémunération du travail dans les économies capitalistes avancées - Europe et Amérique - était environ dix fois supérieure à la rémunération du travail dans les pays noirs francophones.

Aussi, l'échange de valeurs entre les produits provenant de ces deux régions du monde se révélait-il fondamentalement inégal, tant les produits africains apparaissaient moins compétitifs que les produits américains et européens.

Aux fins d'éviter l'exclusion des pays africains noirs francophones de la source de leurs recettes en devises, l'Union européenne décida de signer avec eux des conventions d'association renouvelables, au moyen desquelles l'U.E. s'engageait à accorder des facilités aux exportations africaines, en matière de douanes et de tarifs douaniers. En ce sens, les produits d'exportation des pays ACP étaient exonérés des droits de douane. D'où les conventions de Yaoundé, de Lomé, et de Cotonou.

A côté des facilités commerciales concédées par l'U.E. aux pays ACP, figurait également le financement de projets d'infrastructures dans divers domaines, notamment : scolaire, sanitaire et de transport (routes).

En tout état de cause, le soutien commercial et financier apporté par l'UE aux pays africains s'était révélé d'une importance fondamentale, dans la mesure où ces pays avaient ainsi mis en place l'Etat-providence, autrement dit, l'Etat agissant comme régulateur extérieur, et, comme sujet économique de premier plan, à travers de nombreuses sociétés publiques et d'économie mixte qu'il avait créées. C'était l'époque du bien-être et de la félicité en Afrique noire francophone.

La fin de l'illusion

L'Etat-providence entretenait alors l'illusion de la maîtrise, de l'aisance et de la facilité, dans une économie où l'Etat tirait l'essentiel de ses revenus de la vente de deux produits de base : le cacao et le café. Or, c'était sans compter avec cette autre tendance, non moins importante, du capitalisme, à savoir: reprendre de l'autre main ce qu'il a donné d'une main.

Lorsqu'en 1985, les Américains, sous la férule du président Reagan, demandèrent et obtinrent de l'U.E. la déréglementation des conventions sur les produits de base, le glas sonna pour l'Etat-providence. Pourquoi?

La réponse qui allait droit au cœur de la question fut donnée par Reagan et Thatcher - Premier ministre britannique. Selon ces deux partisans du néolibéralisme total, toutes les barrières non-tarifaires imposées par les Etats ou par des groupements, ou par des alliances, pour des raisons non-économiques, devaient être levées. Cependant, ce qu'ils évitèrent de reconnaître, c'était que les économies américaine et européenne avaient atteint leur niveau de pleine capacité.

Or, les débouchés traditionnels pour leurs produits avaient tendance à être saturés. Donc, ces économies étaient menacées par un spectre qui hantait toujours la production capitaliste : la baisse tendancielle du taux de profit.

Qui plus est, ces économies se voyaient obligées, si elles tenaient à dissiper cette tendance, à trouver de nouveaux débouchés pour l'argent superflu dont elles disposaient, et plus encore pour leurs résidus humains, que chaque période de crise, succédant à chaque période de croissance économique excluait en permanence de la société productive.

Après la déréglementation des conventions sur les produits de base, la source principale de la richesse avait donc tari dans les pays africains, plongeant ainsi plus de 2/3 de la population dans le marasme. L'Etat n'avait plus les moyens de sa politique. L'Etat-providence avait vraiment vécu.

Pour sortir de cette situation dramatique, l'Etat n'avait pas d'autre choix que de plier l'échine et de tendre la main aux bailleurs de fonds, constitués en majorité d'européens et d'américains pour les besoins de la cause, pour un Programme d'ajustement structurel (PAS).

Dans la foulée de PAS, figurait, en bonne place, la réduction de la masse salariale et la privatisation des sociétés publiques et d'économie mixte. Ces mesures, imposées de façon dictatoriale par les bailleurs de fonds, visaient à permettre à l'Etat de mobiliser des ressources complémentaires à seule fin d'être capable d'honorer les échéances de dette.

En outre, les bailleurs de fonds pouvaient aisément exploiter les débouchés, que l'effondrement de l'Etat-providence, avec la sanctification du PAS, leur avaient ouverts pour redéployer leur argent superflu et leur main d'œuvre superflue. Pour ce faire, l'astuce fut fort simple, il s'agissait d'organiser une cabale politico-médiatique à l'encontre des pays Africains sous ajustement structurel, en alléguant que ces pays étaient minés par la corruption et la mal gouvernance.

Ce faisant, on visait par-là à jeter le discrédit sur le fonctionnement de l'Etat et des institutions de ces pays, les responsables en place étant qualifiés de corrompus invétérés auxquels on ne pouvait pas faire confiance pour la gestion des crédits, pourtant remboursables, qui leur étaient octroyés par les bailleurs de fonds véreux.

C'est ainsi qu'on fit appel aux Organisations non gouvernementales (ONG) pléthoriques, à l'intérieur de l'Union Européenne, et comprenant la main d'œuvre superflue de l'U.E., pour gérer ces crédits en lieu et place des pays ACP.

Non contents d'exporter leur argent superflu et leur main-d'œuvre superflue, en vue de contrôler des pans entiers des économies des pays ACP, dans les domaines de l'investissement, du commerce et des négociations internationales, les pays membres de l'Union européenne ont franchi le rubicond à travers la France.

En effet, suivant la logique propre à l'U.E., teintée de mépris et d'humiliation à l'égard des pays ACP, la France a convoqué, sans ménagement aucun, les pays africains membres de la zone franc, à Dakar, en son temps, pour leur annoncer, par la bouche de son ministre des colonies, la dévaluation du franc CFA de l'ordre de 50%, décidée par la France, sans aucune mesure de compensation.

Les conséquences économiques et sociales de cette mesure furent particulièrement cruelles pour l'Afrique noire francophone.

Aussi cruelle fut l'obstination de la France de continuer à détenir et à gérer les recettes en devises de ces pays, alors même qu'ils exprimaient un besoin vital en capitaux nécessaires à l'accumulation primitive, en vue de relancer leurs économies.

« Toute civilisation supérieure repose sur la spiritualisation et l'approfondissement de la cruauté », avait déclaré Nietzsche, le psychologue des profondeurs. Il est facile de se jouer de cet argument, mais il est impossible de le réfuter, tant l'histoire de l'Europe nous montre, avec une évidente clarté, qu'elle est jalonnée par une longue suite de meurtres de peuples à peuples.

Aujourd'hui, l'ordre des faits et des événements nous montre que cette cruauté ne dévoile plus, sous le visage de l'Européen, la bête sauvage qui n'a aucun égard pour son espèce, lorsque sa cruauté native se manifeste dans des conditions favorables.

Aujourd'hui, l'U.E. a substitué, à la violence aveugle, une nouvelle forme de violence, plus insidieuse, plus mesquine, mais aussi plus dangereuse. Celle-ci consiste, pour l'U.E., à s'ouvrir à l'Europe de l'Est, en violentant et en blessant, à l'aide des chiens, les damnés de la terre, les parias que la civilisation moderne a exclu de son espace de développement et de progrès. L'U.E. leur imprime cruellement leurs formes propres, faites de misère, de marasme et de désespoir, ou, et c'est l'option la plus douce, l'U.E. les exploite sans vergogne.

Dans ces conditions, la main d'œuvre blanche venue de l'Est est allègrement accueillie par l'Ouest européen, taudis que la main d'œuvre des damnés de la terre, ruinés par le néo-libéralisme américano-européen, est dévalorisée et réduite au plus extrême abêtissement par l'apartheid du visa Schengen.

Au combat désespéré des Africains pour la vie, l'U.E. répond par la violence. Au cri de l'homme africain qui crève de faim, l'européen répond par l'ostracisme.

Au début de l'ère fasciste, Walter Benjamin avait déclaré: « c'est seulement à cause de ceux qui sont sans espoir, que l'espoir nous est donné ».

La Voix du Cameroun, N° 323, Novembre 2005, p.8.

CONCLUSION

A l'heure actuelle, le domaine public des affaires humaines au Cameroun est caractérisé par l'évolution de la politique camerounaise vers le retour au Parti unique.

Faut-il le rappeler, la Constitution du Cameroun du 18 janvier 1996 fut le résultat d'âpres négociations menées par l'UPC et le RDPC dans le cadre de l'Alliance RDPC-UPC du 28 septembre 1992. En effet, cette Constitution consacrait la fin des lois d'exception, la démocratie, la limitation des mandats présidentiels, la décentralisation, etc.

Or, en modifiant cette Constitution de façon dictatoriale pour y faire sauter le verrou de la limitation des mandats présidentiels, l'Etat-RDPC consacrait la logique du pouvoir éternel axé sur l'autorité absolue du père de la nation, du grand chef, du héros, du dieu, etc. Cette évolution fatale plongeait alors le Cameroun dans un avenir incertain.

Tout se passait comme si le théâtre politique n'était rien d'autre qu'une arène où s'exerçaient les forces de vulgaires comploteurs qui entendaient contrôler des pans entiers de l'Etat dans les domaines de l'investissement, du commerce et des négociations avec l'étranger. Pour cela, ils organisaient et entretenaient les intrigues, la délation, la haine, etc. Ils avaient une vision sectaire et rétrograde de la société. Leurs cibles privilégiées, c'était les cadres reconnus pour leurs compétences aux plans national et international, et qui avaient toujours mis tout leur génie au service du pays.

A ce niveau, la situation générale de la gouvernance était caractérisée par l'immobilisme au niveau des institutions héritées de la période coloniale. D'où la prédominance d'une administration articulée autour du principe d'autorité dans les rapports entre l'administration et les administrés ; l'absence de dialogue du sommet à la base de la société, pratique imposée par le Parti unique et qui n'avait pas évolué malgré les discours démagogiques.

Le constat simple et clair était que le pouvoir cherchait beaucoup plus à assurer son maintien qu'à transformer le système social.

La situation générale du pays était donc caractérisée par le mensonge comme moyen de gouvernement, par la corruption des populations et particulièrement la jeunesse, enfin, par la tricherie et la tromperie.

Qui plus est, dans la société camerounaise, le nivellement des valeurs par le bas avait suscité le développement d'habitudes et de comportements dictés par référence à des valeurs archaïques. Ce fut ainsi qu'on se livrait à la destruction des hommes qu'on avait formés pendant des dizaines d'années. Il s'agissait là des tares qui avaient amené les Camerounais à détruire eux-mêmes ce qui représentait leurs instruments précieux dans la lutte pour l'existence.

Ce fut ainsi encore que la systématisation du sectarisme dans certains domaines, la montée de la méchanceté dans les rapports entre les cadres eux-mêmes et la vision sectaire, rétrograde, de la société, avaient empêché la mobilisation des compétences nationales.

Le fonctionnement de cette société mettait en saillie la corruption tous azimuts et la généralisation de la fraude, notamment au cours des opérations électorales. A cet égard, une question de fond se posait : les lois existantes apportaient-elles une solution aux problèmes brûlants que soulevait l'immobilisme qui caractérisait les institutions héritées de la période coloniale? Et quelle solution?

Il existait une typologie de la fraude électorale, dont la mise en relief des éléments angulaires permettait d'établir qu'au Cameroun, et cela depuis la restauration du multipartisme, les consultations électorales qui s'étaient déroulées avaient été entachées de graves irrégularités qui avaient faussé la transparence des scrutins.

Les partis politiques de l'opposition, qui concouraient à l'expression du suffrage universel, se mobilisaient en vue d'affronter les élections.

Les cadres de ces formations politiques parcouraient les provinces du pays, afin de pouvoir faire sortir des listes honorables là où c'était possible.

Seulement, ces cadres rencontraient, à cet effet, une résistance organisée au niveau des autorités préfectorales, dont l'omniprésence dans le processus électoral constituait le signe avant-coureur de la confrontation qui se dessinait à l'horizon. Donc, les élections que ces formations politiques préparaient ne se dérouleraient pas où on le croyait, c'est-à-dire dans les urnes, mais, que c'était sur le plan administratif que se jouerait, en fin de compte, le résultat.

Le fait que l'administration manipulait les procès-verbaux, d'une part, et, le fait de la coalition d'un Parti politique avec l'administration, d'autre part, démontraient que le Cameroun ne pouvait pas atteindre la démocratie par la voie du système électoral en vigueur. Qui plus est, la collusion du Parti-Etat avec l'administration était ici la clé de voûte de ces manœuvres destinées à fausser la transparence sur le terrain.

Ce qu'on avait constaté, en effet, au cours des campagnes électorales, c'était la mobilisation du Parti-Etat, pour mettre ses rouages en branle, d'un côté, et, l'agitation fébrile de l'administration pour canaliser et orienter l'opinion publique, de l'autre.

Le zèle de certaines autorités administratives, d'une part, l'utilisation ouverte de la corruption comme moyen électoral, ajoutés aux intimidations, d'autre part, avaient marqué l'ensemble des campagnes électorales. On avait donc constaté que la corruption imposée aux populations comme une méthode électorale avait utilisé l'état de besoin dans lequel se trouvait plongée une grande partie de la population, au point où on déduisait que l'on appauvrissait les gens pour être en mesure de les acheter.

Les machinations électorales avaient marqué les opérations et il était dès le départ impossible de renverser une machine qui avait été conditionnée pour les malversations. Cela avait abouti aux résultats programmés que tous les Camerounais connaissaient.

Quant à la mise en œuvre de la politique économique de l'Etat, Il convient de rappeler à tous les Camerounais, et, surtout, à nos jeunes que pendant plus de 20 ans après l'indépendance, l'économie nationale reposait principalement sur le cacao et le café. Nous voulons attirer l'attention sur le fait que le cacao s'étendait sur cinq provinces et le café sur deux provinces. Cela veut dire que la production des richesses nationales reposait sur ces deux produits essentiels qui s'étendaient sur sept provinces sur dix.

Après la déréglementation des conventions sur les produits de base imposée par les Etats-Unis d'Amérique, sous la présidence de Ronald Reagan, les secteurs cacaoyer et caféier se sont effondrés.

Le gouvernement n'arrivait plus à subventionner les nombreuses sociétés d'Etat et d'économie mixte qu'il avait créées dans le passé comme le fleuron de l'économie nationale. Il s'en est suivi la sinistrose générale au niveau des recettes fiscales intérieures et au niveau des recettes d'exportation. La source des richesses de plus de 2/3 de nos populations s'était donc tarie, plongeant le pays dans un processus d'appauvrissement continu. Ce fut cette situation qui obligea le Cameroun à recourir au Fonds monétaire international (FMI) pour un Programme d'ajustement structurel (PAS).

L'Etat avait été obligé de libéraliser les filières cacao et cafés, conformément aux accords d'ajustement structurel passés avec les bailleurs de fonds. Parmi les conditionnalités imposées figurait en bonne place la fermeture des sociétés d'Etat et d'économie mixte.

Or, la récession de l'économie camerounaise avait eu des conséquences terribles sur le pouvoir d'achat des ménages. Ce fut ainsi que la loi des finances s'était révélée à l'opinion publique comme une pilule amère.

Car, elle avait consacré le relèvement des impôts et des taxes, avec comme objectif affirmé : l'atteinte du point d'achèvement de l'Initiative PPTE.

Dans une société où les entreprises et les ménages se sentaient englués dans un carcan infernal.

Pour sortir le Cameroun du marasme économique couplé au délabrement du tissu social, les bailleurs de fonds (FMI et Banque mondiale) avaient imposé un remède de cheval. Celui-ci obligeait le Cameroun à rétablir l'équilibre des comptes intérieurs et extérieurs, et à se plier au diktat de ceux qui lui fournissaient les ressources à cet effet.

Cette Initiative, aux dires de ses concepteurs, allait permettre au Cameroun de bénéficier d'une remise substantielle de sa dette extérieure. Trop facile !

A bien y regarder, c'était la politique imposée au Cameroun dans la foulée de l'ajustement structurel et les soupçons entretenus contre le Cameroun par les institutions multilatérales et bilatérales qui constituaient la clé du marasme dans lequel le Cameroun était plongé jusqu'alors.

La thérapie de cheval imposée au Cameroun dans la foulée du PAS s'était révélée être une incroyable erreur. Cette thérapie avait exposé le pays à une dangereuse évolution vers une crise sociale sans précédent. Car, en jetant des milliers de familles dans la rue en l'absence de mesures compensatoires, l'Etat avait forgé les armes de sa propre désintégration.

A ce moment, le chômage était devenu endémique et menaçait l'ensemble de la jeunesse, parce que l'Etat avait choisi comme politique économique, « attendre et voir », en espérant que les capitaux envoyés on ne savait par qui viendraient s'investir dans le pays.

La facilité pour gagner de l'argent par tous les moyens était devenue la pratique courante qui tenait lieu de gestion économique. Nous vivions le règne des faussaires et des contrebandiers de toute nature, qui exerçaient des commerces et des transactions licites et illicites.

L'Etat semblait démissionner envers les trafiquants internationaux. D'où la prépondérance des jeux dans la nouvelle donne économique.

Au lieu de lancer des travaux d'assainissement dans les grandes villes et de construction dans les quartiers populeux, afin de fixer une partie de la jeunesse, on s'était lancé dans une fuite en avant vers l'organisation des forums pour distribuer des promesses, au lieu d'affronter les réalités.

On multipliait les colloques, les symposiums, les tables-rondes, les séminaires-ateliers, comme si on pouvait régler les problèmes concrets par les bavardages et les discours. Sur le plan économique, l'Etat avait sombré dans la polysynodie.

Au Cameroun, le peuple avait accompli un progrès considérable dans le sens de la résignation. Cette fatale attitude qui consistait à subir les événements au lieu d'anticiper sur eux. Car, après l'atteinte du point d'achèvement par le Cameroun, force était de constater que le gouvernement s'était trouvé les mains vides. Car, comment expliquer le fait que le gouvernement se soit lancé dans la polysynodie au sortir d'une échéance aussi capitale pour l'avenir du Cameroun ? Tout se passait comme si le point d'achèvement se révélait être un serpent de mer dont on appréhendait furtivement la silhouette mais dont on ne pouvait identifier ni la tête ni la queue.

Cette absence de vision prospective et stratégique du développement, qui mettait d'office l'Etat en accusation devant l'opinion publique, n'était que la manifestation la plus évidente de l'immobilisme qui caractérisait les institutions héritées de la période coloniale.

De la même façon, tous ceux qui faisaient le bruit autour du point d'achèvement et qui s'étaient plus ou moins liés aux fortunes accumulées par le négoce frauduleux ne pouvaient pas provoquer un changement dans le pays, parce qu'ils tenaient à protéger leurs biens et non l'avenir du pays.

Le régime avait exacerbé les contradictions des partis politiques dictées par les ambitions personnelles et avait permis de dévoiler les perspectives hégémoniques d'une certaine opposition. L'UPC entendait contrarier toute perspective de remettre aux affaires les seuls hommes bien connus du régime et qui lui étaient inconditionnellement fidèles, sans volonté de changement. En cherchant à discréditer l'UPC, certains partis avaient, encore une fois, cassé l'opposition.

Son devoir étant d'assurer son existence sur la scène politique nationale, l'UPC devait s'organiser en conséquence pour éviter d'être noyée par des ambitieux sans scrupules, sans honneur pour défendre un grand idéal : l'indépendance et la liberté du Cameroun.

L'UPC avait respecté ses engagements tandis que le Parti au pouvoir s'était montré ingrat, surtout pour ce qui concernait non seulement la juste représentation des partis signataires de l'Alliance au sein des institutions de la République et dans les administrations publiques, mais, aussi, la création d'un Fonds national de réconciliation en faveur des familles des héros nationaux.

Le Parti au pouvoir n'avait pas voulu des alliés pour gérer le pouvoir. Il voulait des gens à sa disposition, c'est-à-dire un certain nombre de personnes pour continuer sa politique, peu importait les partis de ces personnes. Cela, l'UPC l'avait vécu. On donnait l'impression au RDPC qu'il fallait absolument garder le pouvoir. Les upécistes n'avaient pas l'impression que le Parti au pouvoir acceptait de s'engager dans une politique précise pour, ensuite, en dresser le bilan.

L'UPC avait sauvé la mise à Paul Biya en refusant un scrutin à deux tours pour la présidentielle. Par la suite, Paul Biya n'avait pas voulu comprendre que l'UPC avait joué sa survie pour le sauver. Or, après coup, il avait jeté l'UPC pour tendre la main à l'UNDP. Pour les upécistes, cela s'expliquait par le fait que des réseaux mafieux de toutes sortes ; le vaudou, les francs-maçons et les marabouts s'étaient cristallisés autour du pouvoir, en plaçant celui-ci sous leur régence au point où ils menaçaient même la vie du chef de l'Etat.

Lorsque l'UPC avait accepté d'entrer dans le gouvernement, elle avait négocié une plate-forme préalable. C'était a priori, pas a posteriori. Et cette plate-forme insistait sur l'instauration d'une véritable démocratie au Cameroun. L'UPC avait énoncé les organes qui devaient gérer cette démocratie. Par exemple, l'UPC souhaitait sortir du carcan du monopartisme en aboutissant à un partage réel du pouvoir.

La liberté que l'UPC avait cherchée et qui lui avait coûté trop cher, devait permettre aux Camerounais d'être et de devenir des hommes responsables.

Si le peuple avait appris à connaître la réalité, il agirait et réagirait à bon escient et personne ne pourrait se targuer de le tromper tout le temps. Un homme politique qui excellait dans les intrigues, la machination, le double jeu, croyait que la politique était réduite à de sordides machinations.

Pour bâtir un pays solidaire, il fallait une politique ouverte et connue avec les moyens de cette politique. On ne pouvait pas conduire un peuple dans le brouillard. Il fallait l'aider à découvrir lui-même son chemin.

Collaborer à cette tâche, telle était l'ambition de l'UPC. Le Parti historique entendait alors contribuer au développement du Cameroun. Pour l'UPC, si le pays était riche, le citoyen ne devait pas être pauvre. Il s'agissait de maintenir cette philosophie dans l'action et de la faire triompher, afin de donner une base solide au Cameroun.

L'objectif pour l'UPC consistait à faire partager aux cadres et militants autant qu'à tous les citoyens camerounais, qu'un parti politique n'était pas une formation pour entretenir l'agitation ou organiser des meetings et faire des discours. Il devait agir pour améliorer les conditions de vie des populations.

Or, l'analyse spectrale de la situation sociopolitique au Cameroun mettait en évidence l'existence, au sein de l'Etat, de réseaux structurés sur une base ethnique. Le fait que ces réseaux parvenaient à se concerter pour cibler un dirigeant politique - le Secrétaire Général de l'UPC - qu'ils voulaient déstabiliser devant l'opinion publique, illustrait les dangers qui guettaient les institutions du pays.

Les cibles de ces réseaux, c'était les personnalités qui voulaient faire quelque chose pour le Cameroun, ou alors, qui avaient tout donné pour le Cameroun.

Or, à l'UPC, on pensait qu'il fallait favoriser la convergence de toutes les forces capitales du pays vers la réalisation d'un grand dessein, qui ne pouvait être autre chose que l'affirmation de l'unité et de la paix au sein de l'Etat-nation camerounais. Cet Etat-nation, fruit des lourds sacrifices du peuple, devait être préservé envers et contre tout. Il devait être défendu parce qu'il était l'instrument de la souveraineté du peuple, pour son développement et pour sa place dans le monde.

Les ennemis de la liberté, caciques rétrogrades du Parti unique, avaient programmé leurs hommes-grenouilles et les avaient torpillés en rouge flamboyant, exhibant les symboles de l'UPC, pour la pénétrer, la diviser et la détruire.

L'ostentation exhibitionniste des foulards et des écharpes avec le crabe noir sur fond rouge avait servi d'alibi pour fermer les yeux du peuple camerounais, comme si tous ceux qui portaient le rouge aussi symbolique qu'évocateur étaient animés d'une foi inébranlable pour forcer la victoire. Malheureusement, l'ennemi avait utilisé les apparences et, comme tout le monde devait le savoir, les apparences ont toujours été trompeuses.

Seulement, l'UPC avait su résister avec détermination à toutes ces manœuvres organisées par les ennemis de la liberté pour la détruire. Il s'agissait alors, pour le Parti historique, connaissant les réalités, ayant vécu les faits, ayant compris les tournures des évènements, de poser de façon claire et nette, comment il entendait reconstruire sa base militante, malgré les calomnies et les trahisons.

Les militants de l'UPC devaient renouer avec le courant patriotique dans le pays. Ils devaient donc s'accepter et reprendre, dans l'entente et la discipline, le chemin qui menait à Canaan.

Cette vision d'ensemble était elle-même articulée autour du problème éminemment existentiel de la justice sociale dans l'espèce humaine.

Par suite, la fonction cardinale dévolue à l'Etat par l'institution des « armistices sociaux » qu'étaient les lois, c'était de tenir tous les citoyens en union et obéissance en vue de garantir la sécurité de l'ensemble et de préserver l'intérêt général.

En ce sens, il existait un lien étroit entre l'éducation morale et la construction d'un juste équilibre entre la liberté des particuliers et le pouvoir de l'autorité commandante.

Seulement, à l'opposé des sociétés industrielles avancées, dans lesquelles le danger de voir rompre cet équilibre résidait dans l'orientation destructive de la technologie, au Cameroun, ce furent les comportements irrationnels parce qu'étrangers à toute référence à la morale, qui compromettaient la construction de l'Etat-nation.

Qui plus est, l'humanité contemporaine s'était résolument engagée dans un processus de mondialisation secrété par la fin de l'antagonisme entre les systèmes capitaliste et communiste. Le début de la décennie 90 fut marqué par de forts soubresauts socio-politiques en Afrique et singulièrement dans la sous-région d'Afrique Centrale, à la faveur de ce que l'on avait appelé « Vent d'Est ».

Cette période coïncidait avec la montée du capitalisme impérial- dont la forme achevée n'était pas autre chose que la mondialisation- caractérisé notamment par : la transformation de la concurrence libre en concurrence enrégimentée, dominée par les cartels nationaux, les trusts, l'amalgame entre le capital financier et industriel, entre l'Etat et les affaires et une politique économique expansionniste vers les régions non capitalistes et les régions capitalistes plus faibles. Par exemple, une exploitation accrue des pays semi-coloniaux et dépendants.

Depuis le début de la décennie 90 et ce, à la faveur des grands enjeux économiques et géostratégiques du moment, on avait observé qu'une forte propension aux regroupements sous régionaux, régionaux et internationaux, avait fait son lit à travers le monde. Ce fut ainsi qu'en mars 1994, les six chefs d'Etat de l'ancienne Union douanière et économique de l'Afrique Centrale (UDEAC) signèrent un traité portant création d'une Communauté économique et monétaire en Afrique Centrale (CEMAC).

Cet acte marquait une évolution remarquable dans la politique des Etats de la sous-région, car, jusqu'alors, l'UDEAC, qui fut créée en décembre 1964 pour les besoins de la cause, n'avait pas vraiment vécu.

Cinq des six pays qui composaient la CEMAC étaient des producteurs de l'or noir, notamment : le Cameroun, le Gabon, le Congo-Brazzaville, la Guinée Equatoriale et le Tchad.

Seule la République Centrafricaine ne disposait pas de gisements pétrolifères connus à ce jour.

Donc, comme on pouvait le constater, les pays de la CEMAC représentaient un intérêt stratégique pour le cartel pétrolier, lequel ne se sentait plus totalement en sécurité dans les régions du Moyen et du Proche-Orient terrorisées par les « fous d'Allah ». Dans ces conditions, l'équilibre sociopolitique constaté dans la sous-région d'Afrique Centrale jusqu'alors, marqué notamment par le leadership pacifiste du Cameroun, était désormais profondément mis en question par l'ivresse de puissance ambiante sécrétée par les pétrodollars.

Dans la même perspective hégémonique, l'Organisation mondiale du commerce (OMC) organisait des conférences qui s'achevaient sur des constats d'échec, aggravés par les subventions accordées par les pays riches à leur agriculture, et dont la finalité était d'imposer les conditions d'un commerce international inégal des produits agricoles.

Faute d'avoir obtenu des concessions de la part des pays riches - Etats-Unis d'Amérique et Union européenne notamment - au sujet de cet épineux problème des subventions agricoles, les pays du Tiers Monde - Amérique Latine, Afrique, Asie - s'étaient mobilisés pour bloquer la suite des travaux des conférences. Dans ces conditions, c'était la légitimité même de l'OMC qui était mise en question.

De plus, depuis sa sortie des fonds baptismaux, l'Union européenne - anciennement dénommée Communauté européenne - avait toujours entretenu avec les pays ACP - Afrique, Caraïbes et Pacifique - un rapport de forces.

Celui-ci procédait essentiellement de la situation historique de la colonisation, mais, il se poursuivait aujourd'hui sous la gangue de la mondialisation.

Aux fins d'éviter l'exclusion des pays africains noirs francophones de la source de leurs recettes en devises, l'Union européenne décida de signer avec eux des conventions d'association renouvelables, au moyen desquelles l'U.E. s'engageait à accorder des facilités aux exportations africaines, en matière de douanes et de tarifs douaniers.

En ce sens, les produits d'exportation des pays ACP devaient être exonérés des droits de douane. D'où les conventions de Yaoundé, de Lomé, et de Cotonou.

Aujourd'hui, l'U.E. a substitué, à la violence aveugle, une nouvelle forme de violence, plus insidieuse, plus mesquine, mais, aussi, plus dangereuse pour l'avenir des pays Africains : les accords de partenariat économique.

Au demeurant, le Parti historique a opté pour le développement du Cameroun dans la paix et la solidarité, dans l'intérêt de toutes les populations. Le Parti historique n'accepte pas la discrimination ; il veut bâtir le pays dans la solidarité et l'entente de tous. Il ne veut pas recevoir de leçons de la part de ceux qui ne voient que leurs intérêts quand il s'agit des affaires de l'Etat.

L'ouverture que nous avons souhaitée et soutenue, depuis la relégalisation de notre Parti, a pour ambition de consacrer le respect des libertés individuelles et collectives, pour lesquelles nous célébrons nos martyrs chaque année.

La continuation de la lutte pour le triomphe des libertés a imposé le respect des institutions comme condition du raffermissement de notre Etat. Nous souhaitons, dès lors, que le rêve de la justice puisse triompher, afin de réparer les injustices sur lesquelles repose la nation aujourd'hui.

Le Parti historique combattra toujours l'injustice, parce qu'elle détruit la conscience humaine. Or, notre ambition est de mettre en place une société humaine reposant sur le respect des libertés.

TABLE DES MATIERES

Avant-propos 5
INTRODUCTION 7

PREMIERE SECTION
De la situation politique du pays...21
  I L'enjeu des législatives 97 23
    Le Parti-Etat omniprésent…Mais…! 23
    L'âme des radicaux : Un parti ethno-tribal............................24
    L'ombre du dictateur 25
    Le cercle des trublions 25
    L'UPC : Vers de nouveaux horizons 26
  II Echéances électorales L'administration contre L'ONEL? 28
    Division du travail suspecte 28
    Transparence électorale : Une affaire de structure................29
  III La décentralisation : un aspect essentiel de la démocratie bloqué par la centralisation du régime...30
    La fin des expériences autarciques 30
    L'option démocratique : la décentralisation 30
  IV Après la présidentielle 2004 : Les grandes ambitions torpillées 32
    Etrange crépuscule..32
    Vers une vision d'avenir..33
  V La problématique de la limitation des mandats présidentiels dans la politique camerounaise d'aujourd'hui 35
    La tentation autoritariste 35
    La leçon historique qui nous vient des Etats-Unis 36
    Sauver la démocratie..38
  VI L'alchimie de l'information dans la presse camerounaise 40
    Recul de l'objectivité..40
    Restaurer la déontologie 42
  VII Le problème camerounais : Histoire et progrès....................44
    La crise du pathos de la distance...44
    Renouer avec l'Histoire..45
  VIII Combattre la fraude électorale 47
    Introduction..47
    Conclusion 59

IX Elections 2007 : le suffrage censitaire 60
   Signification politico-sociale du problème 60
   Le règne des concussionnaires et des forbans 61
X Elections 2007 à l'ouest : L'écume des oligarques 64
   L'oligarchie de la mauvaise conscience 64
   Le cercle vicieux 66

DEUXIEME SECTION
De la situation économique du pays 69

XI Du social dans le programme d'action national MINETAGRI 2003 . 71
   Pauvreté et insécurité alimentaire : deux fourches caudines 71
   L'apport du MINAGRI à l'initiative de lutte contre la pauvreté 72
   Accroître les efforts 73
XII Clarification sur la politique agricole du MINETAGRI 75
   Sur le programme d'action MINAGRI 2003 75
   Sur le fonctionnement des projets 76
XIII Délestages : la question des investissements productifs 78
   La crise de la gestion administrative 78
   « Les fleurs du mal » 79
   L'Etat interpellé 81
XIV Economie : Le gouvernement appuie la relance des filières
cacao/cafés 82
   Des filières sinistrées 82
   La nécessité de booster les filières cacao et cafés 84
XV Rupture de la pause fiscale : malaise dans la société 89
   Le coût social d'une mesure 89
   Le point d'achèvement : dans la foulée du PAS 90
XVI La planification du développement dans l'économie libérale :
quelles perspectives pour le Cameroun ? 94
   Signification socio-historique du concept 94
   Le retour du refoulé 96
XVII Au-delà du point d'achèvement de l'Initiative PPTE : des
perspectives colossales pour l'aménagement du territoire 98
   Les origines de l'initiative PPTE 98
   Vers l'atteinte du point d'achèvement 100
XVIII Développement : Le péril du chômage 102
   La crise de la gestion administrative 102
   Le péril du chômage 103

    Quelles perspectives pour la jeunesse ?...105

XIX Après l'atteinte du point d'achèvement : les projets qui symbolisent l'espoir 106
    Les origines de la dépression économique...106
    Dans la foulée du PAS 107
    Crise de confiance..108
    Bâtir un nouvel espoir 108

XX Qu'est-ce que le MINPLAPDAT ? Une question pour comprendre les enjeux de ce Ministère 110
    Les origines de l'interrogation..110
    Enjeux d'un ministère stratégique 111

XXI Cameroun : Après l'atteinte du point d'achèvement, l'immobilisme et la polysynodie 113
    Immobilisme et absence de dialogue social 113
    Pour une culture de développement...115

TROISIEME SECTION
De la situation du Parti...117

XXII Au-delà de la menace fasciste : la voie upéciste de l'édification démocratique..119
    La menace fasciste 119
    La voie upéciste de l'édification démocratique 121

XXIII L'enjeu de légalité au Cameroun : le cas de l'UPC 123
    Le recours à la loi 123
    L'intervention du juge..125

XXIV Alliance RDPC-UPC : le sens d'une réaffirmation 129
    Le temps de la rupture 129
    Le sens d'une réaffirmation...132
    L'engagement historique de l'UPC..134

XXV Présidentielle 2004 : les raisons d'un choix 138
    L'humanisme du jeune Biya...138
    Convergence de vues...139
    L'histoire se répète 142

XXVI 5ᵉ Congrès de l'UPC : pour la reconstruction du courant patriotique 145
    Le problème des tendances 145
    La marginalisation 146
    La dynamique de la reconstruction de l'UPC...147

Le temps du couronnement 148
XXVII UPC : les grandes orientations du Congrès 149
    Une période de transition pour le Parti historique 149
    Axes de l'évolution du pays 151
XXVIII Après le Congrès de la Transparence et de la Vérité :
la reconstruction de l'UPC militante 154
    Rompre avec les habitudes du passé 154
    Reconstruire la base militante du Parti 156
XIX Le Parti des martyrs et l'évolution politique actuelle
du Cameroun 159
    Les origines de la lutte 159
    La relégalisation du Parti 159
    La question de l'unité de l'UPC 160
    La Coordination de l'opposition 160
    La Tripartite 161
    L'alliance RDPC-UPC 161
    Rupture de l'Alliance 163
    La victoire de la légalité 164

QUATRIEME SECTION
De la justice et de la morale 167

XXX Le problème de la justice dans *Le Procès* de Franz Kafka ynthèse
analytique 169
    De la procession existentielle de Joseph K. 170
XXXI Le problème moral et la décadence du Cameroun 183
    Signification des concepts 183
    L'éclairage séculaire des Grecs 185
    Caractéristiques de l'Etat aujourd'hui 187
    Vers la construction de l'Etat-nation 189
XXXII La problématique de l'éducation morale dans la société
camerounaise d'aujourd'hui 191
    Introduction 191
    Contexte socio-historique 192
    Evaluation de l'éducation à la citoyenneté en vigueur 195
    Possibilité de l'éducation morale dans la société camerounaise
    d'aujourd'hui 199
    Conclusion 203

CINQUIEME SECTION
De l'intégration sous régionale 205

XXXIII L'Afrique centrale face au défi de la mondialisation 207
L'irruption des aspirations séculaires 207
L'intégration sous régionale 208
XXXIV Intégration économico-politique en Afrique Centrale : l'avenir du Cameroun en question 209
L'intrusion néfaste du Nigéria... 209
L'intégration sous régionale air-sol 210

SIXIEME SECTION
De la mondialisation 213

XXXV Le rôle de l'Etat dans les pays en voie de développement 215
Néolibéralisme ou mondialisation : la fin de l'Etat-providence 215
Restaurer l'autorité de l'Etat 217
XXXVI Cancun : fiasco pour l'OMC 219
Le commerce international inégal 219
La légitimité de l'OMC en question 220
XXXVII Immigration en Europe : l'apartheid du visa Schengen.......... 222
La ruse de l'Histoire 222
L'intérêt réel de l'Europe en Afrique 224
XXXVIII Fondements et pratique de l'inégalité dans le rapport ACP-Union européenne 226
Fondements socio-historiques de la situation actuelle 226
La fin de l'illusion 228

CONCLUSION 231

Le Cameroun
aux éditions L'Harmattan

Dernières parutions

DÉFAITISME (LE) DES JEUNES CAMEROUNAIS
Ngayou Tchoupe Gaël
Le défaitisme et l'inertie qui caractérisent depuis peu la jeunesse camerounaise sont les principaux défauts que l'auteur reproche à ses jeunes compatriotes. Mais eux qui ne trouvent plus de gêne à tout mettre sur la tête du gouvernement et à se définir comme les victimes sont aussi les principaux acteurs du changement qui fera de leur pays une nation comme ils en rêvent. Pour l'auteur, les jeunes doivent être auteurs d'une révolution qui leur permettra de prendre en main la gestion de la cité.
(Coll. Harmattan Cameroun, 27.00 euros, 268 p.)
ISBN : 978-2-343-04848-2, ISBN EBOOK : 978-2-336-36745-3

CAMEROUN, LES ORPHELINS DE LA RÉPUBLIQUE
ou la trahison des héritiers
Ngono Antoine Marie
Ce livre est une diatribe contre les élites dirigeantes du Cameroun, dont l'action égoïste a conduit, non pas à l'émergence d'un pays auquel la nature a tout donné, mais à celle d'une classe sans cesse croissante de laissés-pour-compte, les orphelins de la République, qu'il faut considérer comme une véritable bombe à retardement.
(Coll. Émergences africaines, 33.00 euros, 318 p.)
ISBN : 978-2-343-04468-2, ISBN EBOOK : 978-2-336-36803-0

GÉOPOLITIQUE (LA) DE L'EAU AU CAMEROUN
Ebogo Frank - Préface de Joseph Vincent Ntuda Ebode
La problématique actuelle des changements climatiques a précipité l'insertion et l'inscription de l'eau dans l'agenda politique national et international des États. En tant que deuxième province hydrologique et aquifère du continent africain, le Cameroun est au cœur des batailles de positionnement entre les différents acteurs intervenant dans son champ hydropolitique. Il est question dans ce livre de déconstruire les modèles figés qui ont été faits sur l'eau pour parvenir à une reconstruction des différents modes de gestion de l'eau.
(Coll. Émergences africaines, 46.00 euros, 466 p.)
ISBN : 978-2-343-04783-6, ISBN EBOOK : 978-2-336-36777-4

FESTIVALS DE DANSE TRADITIONNELLE AFRICAINE ET DÉVELOPPEMENT
Kamga Sofo Dominique
Préface de Pierre Fonkoua
L'Afrique est le continent par excellence des danses ancestrales. On remarque aujourd'hui dans le paysage culturel camerounais une effervescence et un déploiement extraordinaire des festivals de danse patrimoniale en son sein. N'y a-t-il pas, au-delà de cette mobilisation des foules, de sérieux mobiles qui sous-tendent l'agglutination humaine ainsi observée autour des festivals ? Si oui, de quelle nature sont-ils ? Peuvent-ils être d'ordre politique, économique ou tout simplement culturel ?
(Coll. Études africaines, 14.00 euros, 128 p.)
ISBN : 978-2-343-03843-8, ISBN EBOOK : 978-2-336-36605-0

COLLECTIVITÉS (LES) TERRITORIALES DÉCENTRALISÉES (CTD) AU CAMEROUN
Pour un développement de convergence rapide et efficace
Babagnak Gabin
Préface de Désiré Avom
Cet ouvrage indique l'ultime prix à payer pour un développement endogène, rapide, efficace et durable au Cameroun. Il s'attaque aux causes fondamentales de son sous-développement et apporte des solutions étayées par un ensemble de prédispositions et de valeurs éthiques et morales telles que le culte du travail, la méritocratie, la spécialisation, la division du travail, la mutualisation, la coopération, le partage des efforts, des risques et des bénéfices engendrés.
(Coll. Harmattan Cameroun, 14.50 euros, 138 p.)
ISBN : 978-2-343-04144-5, ISBN EBOOK : 978-2-336-36717-0

LEXIQUE DE 30 000 MOTS DUALA-FRANÇAIS
Ekotele ya 30 000 la biala ba duala frensi
Ebele Ekuala
Préface d'E. Ewombè Moundo
La langue duala est principalement parlée par les Sawa, qui constituent la communauté ethnique autochtone de la plaine côtière du Cameroun. D'après certains patriarches, tout Camerounais dont l'ancêtre patrilinéaire résidait sur le territoire allant de Campo à Mamfé, avant la signature du traité de 1884, peut se prévaloir Sawa. Ces communautés tribales revêtiraient aujourd'hui près de 6 millions d'âmes.
(Coll. Harmattan Cameroun, 25.00 euros, 236 p.)
ISBN : 978-2-343-03496-6, ISBN EBOOK : 978-2-336-36724-8

PROVERBES BÀSÀA DU CAMEROUN
Màngèn ma bàsàa ba Kamèrûn
Prix Kadima 2013 - Livre entièrement en bàsàa
Association pour les cultures vivantes et la précieuse nature - CUVIPREN Préface de Henri Marcel Bot ba Njock
Les proverbes bàsàa présentés dans ce livre exaltent des valeurs, mais peuvent aussi servir à l'éclosion et à l'élaboration d'idées généreuses dans les domaines les plus divers, en même temps qu'ils modèlent le comportement de l'individu. La langue maternelle, premier réceptacle de la culture, doit être l'objet de la plus grande attention de la part des populations africaines dont les identités culturelles sont insidieusement et gravement menacées.
(Coédition OIF, 12.00 euros, 96 p.)
ISBN : 978-2-343-05410-0, ISBN EBOOK : 978-2-336-36802-3

THEATRE PRODUCTION AND ARISTIC DIRECTING : LESSONS FROM BUBBLES THEATRE TROUPE
Tanyi-Tang Anne
«Tested on Bubbles Theatre Troupe in theatre practice and theory, this book vividly portrays Anne Tanyi-Tang's invaluable insight into the responsabilities of a theatre producer and artistic director. It will serve as a reference book on theatre production processes». Patrick Tata
(Coll. Harmattan Cameroun, 15.50 euros, 152 p.)
ISBN : 978-2-343-04315-9, ISBN EBOOK : 978-2-336-36496-4

CONTRÔLE (LE) DE GESTION DES SOCIÉTÉS D'ASSURANCE
Le cas de la CIMA
Fotso Jean-Marie - Préface de Roger Jean-Raoul Dossou-Yovo
À travers cet ouvrage, l'objectif de l'auteur est de participer au débat sur l'amélioration du management des entreprises, dans le cadre de la mondialisation des services en cours depuis la fin du XXe siècle. Il s'intéresse particulièrement aux entreprises d'assurance qui évoluent dans un secteur d'activité très réglementé, du fait de leur sensibilité sur les plans économique et social.
(Coll. Harmattan Cameroun, 39.00 euros, 396 p.)
ISBN : 978-2-343-04838-3, ISBN EBOOK : 978-2-336-36403-2

ESPACE (L') D'UNE VIE
Entre la naissance et la mort, les contingences de la trajectoire humaine
Ndjitoyap Ndam Elie Claude
Cet ouvrage aborde les fondements spirituels et temporels du vécu. L'auteur y énonce des idées provenant d'une quête inlassable des «profondeurs» de l'homme et aborde des questions essentielles qui ont vocation à régir les idées et le comportement social. Il fait «reliance» entre la vie et la mort par une appropriation pensée du temps, s'intéresse aux enjeux de la création et de la procréation ou encore à la problématique de l'euthanasie.
(Coll. Harmattan Cameroun, 16.00 euros, 156 p.)
ISBN : 978-2-343-04785-0, ISBN EBOOK : 978-2-336-36363-9

BAMILÉKÉ (LES) DE L'OUEST-CAMEROUN
Vaillance et dynamisme
Tiani François Kéou - Préface de Paul-Gérard Pougoue
Les Bamiléké sont un peuple qui vit à l'ouest du Cameroun, connus pour leur dynamisme. Ce livre présente un point de vue nouveau sur leur dynamisme, objet de nombreuses controverses ; pour cela, il s'efforce de le relire sous l'angle d'un contexte d'insécurité, à partir de la «Préférence sociale pour la vaillance» (PSV). Il se veut être un instrument de développement durable de cette société, ainsi que de la promotion du tourisme culturel à l'ouest du Cameroun.
(Coll. Harmattan Cameroun, 18.00 euros, 172 p.)
ISBN : 978-2-343-04563-4, ISBN EBOOK : 978-2-336-36139-0

SUCRERIES DE CANNE EN AFRIQUE SUBSAHARIENNE
Procédés et métiers
Kapseu César, Ahmed Ali, Mingo Ghogomu Paul, Mbofung Carl, Ndong Essengue Guy Martial
Préface de Louis Yinda ; Postface de Paul Heni Amvam Zollo
Cet ouvrage dresse un état complet des connaissances sur la sucrerie de canne et ses métiers, un processus qui permet de produire du sucre à partir de la canne mais également de produire de l'énergie sous forme de cogénération à partir de la bagasse. Il traite de tous les aspects fondamentaux des opérations unitaires, technologiques et des métiers. Une large place y est consacrée au génie des procédés.
(Coll. Harmattan Cameroun, 27.00 euros, 264 p.)
ISBN : 978-2-343-04564-1, ISBN EBOOK : 978-2-336-36080-5

MÉDECINE (LA) CHEZ LES PEULS DU CAMEROUN SEPTENTRIONAL
1754-2013
Mengue Me Ndongo Jean Paulin
Préface de Hamadou Adama
Voici mis au jour plusieurs aspects de la société peule d'hier et d'aujourd'hui. Cette société jouissant d'un grand équilibre ne peut être réduite aux activités pastorales. Elle regorge de connaissances endogènes autant dans ce domaine que dans ceux de la pharmacopée et de la médecine traditionnelle ou historique.
(Coll. Harmattan Cameroun, 47.00 euros, 480 p.)
ISBN : 978-2-343-02680-0, ISBN EBOOK : 978-2-336-35735-5

ESSAIS (LES) DE MONGO BETI : DÉVELOPPEMENT ET INDÉPENDANCE VÉRITABLE DE L'AFRIQUE NOIRE FRANCOPHONE
Esquisse d'analyse de contenu
Owono-Kouma Auguste - Préface de Lucien Ayissi
Cette étude s'intéresse à la principale condition du développement en Afrique noire francophone selon Mongo Beti : bouter la France dehors, mais aussi à ses propositions en vue de la sortie du sous-continent francophone de l'impasse dans laquelle l'a installé l'ancienne puissance coloniale. Le rapport de la tutelle française au sous-développement durable en Afrique noire francophone est, en effet, l'un des thèmes dominants des essais de Mongo Beti.
(Coll. Harmattan Cameroun, 22.00 euros, 212 p.)
ISBN : 978-2-343-03876-6, ISBN EBOOK : 978-2-336-35779-9

BREVET (LE) D'INVENTION AU CAMEROUN
Les tares du contentieux civil
Tankeu Mathieu
L'annexe I de l'ABR (Accord de Bangui Révisé) a créé un contentieux civil du brevet d'invention qui, tout en étant régi par une procédure spéciale, relève paradoxalement de la compétence des juridictions civiles de droit commun. Alors, se pose le problème de la loi de procédure applicable par une juridiction ordinaire saisie d'un litige relatif au brevet d'invention. L'auteur propose des pistes de solutions pour mettre un terme à cette insécurité juridique avérée.
(Coll. Harmattan Cameroun, 14.00 euros, 128 p.)
ISBN : 978-2-343-03943-5, ISBN EBOOK : 978-2-336-35755-3

CLERGÉ (LE) CAMEROUNAIS
Naissance, évolution et promotion 1935-1982
Kana Bella Madeleine-Gertrude
Préface de Mgr Léopold Bayemi Matjei
Postface du professeur Daniel Abwa
L'auteur dresse une fresque historique qui aide à comprendre le contexte dans lequel la question de la formation du clergé autochtone a été abordée et réalisée au Cameroun, à partir d'une documentation riche et variée. Le livre apporte des éclairages sur ce que certains observateurs appellent le «miracle camerounais», faisant allusion aux progrès rapides de l'évangélisation du Cameroun.
(Coll. Églises d'Afrique, 38.00 euros, 364 p.)
ISBN : 978-2-343-00381-8, ISBN EBOOK : 978-2-336-35939-7

DIDÁCTICA DE LENGUAS EXTRANJERAS
Orientaciones teóricas en español
Manga André-Marie - Prólogo de Justo Bolekia Boleká
¿Quién aprende, qué aprende, cómo y dónde se desarrollan dichas actividades ? Éstas son algunas cuestiones fundamentales que preocupan a los que se dedican a la enseñanza/aprendizaje de una lengua extranjera. El propósito de esta reflexión es poner al alcance de los docentes y los alumnos unos aspectos de suma trascendencia en el proceso didáctico de una lengua extranjera.
(Coll. Emergences africaines, 17.50 euros, 164 p.)
ISBN : 978-2-343-04263-3, ISBN EBOOK : 978-2-336-35724-9

CAMEROUN (LE) À L'ÉPOQUE DES ALLEMANDS (1884-1916)
Temgoua Albert Pascal
Si la présence allemande au Cameroun date de 1851, c'est en 1884 que se déclencha véritablement un processus d'exploitation systématique du pays à partir des ambitions de l'Allemagne. L'annexion sur le papier fut suivie par la conquête et l'occupation, et, en l'espace de trois décennies, les sociétés du Cameroun vécurent l'intrusion de nouvelles conduites politiques, de nouvelles forces économiques, d'une nouvelle religion et d'une nouvelle langue. Voici un éclairage sur cette période mal connue, tant dans ses méthodes que dans ses résultats.
(Coll. Harmattan Cameroun, 30.00 euros, 302 p.)
ISBN : 978-2-343-01398-5, ISBN EBOOK : 978-2-336-35665-5

LION'S (LE) SPIRIT
Et si les Lions Indomptables nous avaient révélé le genre de peuple que nous sommes ? Devenons profondément nous-mêmes
Tchaha Serge, Degaule Christophe
Le Cameroun est une jeune mais grande nation. Non seulement parce que ce pays se voit comme «l'Afrique en miniature», mais aussi car il a su démontrer à moult reprises «qu'impossible n'est pas camerounais». Ce sont les lions indomptables du football qui ont donné chair à cette «vérité». Cependant un examen approfondi de ce peuple laisse entrevoir, au-delà des seuls footballeurs, d'autres Lions Indomptables Éternels. Qui sont-ils ? Qu'est-ce qui les rassemble ? Le Lion's Spirit...
(Coll. Points de vue, 25.00 euros, 238 p.)
ISBN : 978-2-343-02831-6, ISBN EBOOK : 978-2-336-35630-3

L'HARMATTAN ITALIA
Via Degli Artisti 15; 10124 Torino

L'HARMATTAN HONGRIE
Könyvesbolt ; Kossuth L. u. 14-16
1053 Budapest

L'HARMATTAN KINSHASA
185, avenue Nyangwe
Commune de Lingwala
Kinshasa, R.D. Congo
(00243) 998697603 ou (00243) 999229662

L'HARMATTAN CONGO
67, av. E. P. Lumumba
Bât. – Congo Pharmacie (Bib. Nat.)
BP2874 Brazzaville
harmattan.congo@yahoo.fr

L'HARMATTAN GUINÉE
Almamya Rue KA 028, en face
du restaurant Le Cèdre
OKB agency BP 3470 Conakry
(00224) 657 20 85 08 / 664 28 91 96
harmattanguinee@yahoo.fr

L'HARMATTAN MALI
Rue 73, Porte 536, Niamakoro,
Cité Unicef, Bamako
Tél. 00 (223) 20205724 / +(223) 76378082
poudiougopaul@yahoo.fr
pp.harmattan@gmail.com

L'HARMATTAN CAMEROUN
BP 11486
Face à la SNI, immeuble Don Bosco
Yaoundé
(00237) 99 76 61 66
harmattancam@yahoo.fr

L'HARMATTAN CÔTE D'IVOIRE
Résidence Karl / cité des arts
Abidjan-Cocody 03 BP 1588 Abidjan 03
(00225) 05 77 87 31
etien_nda@yahoo.fr

L'HARMATTAN BURKINA
Penou Achille Some
Ouagadougou
(+226) 70 26 88 27

L'HARMATTAN SÉNÉGAL
10 VDN en face Mermoz, après le pont de Fann
BP 45034 Dakar Fann
33 825 98 58 / 33 860 9858
senharmattan@gmail.com / senlibraire@gmail.com
www.harmattansenegal.com

L'HARMATTAN BÉNIN
ISOR-BENIN
01 BP 359 COTONOU-RP
Quartier Gbèdjromèdé,
Rue Agbélenco, Lot 1247 I
Tél : 00 229 21 32 53 79
christian_dablaka123@yahoo.fr

Achevé d'imprimer par Corlet Numérique - 14110 Condé-sur-Noireau
N° d'Imprimeur : 122810 - Dépôt légal : octobre 2015 - *Imprimé en France*